中国百村调查丛书
『九五』国家社会科学基金重点项目
『十五』国家重点图书出版规划项目

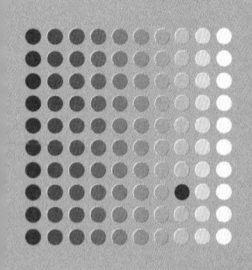

中国古村调查

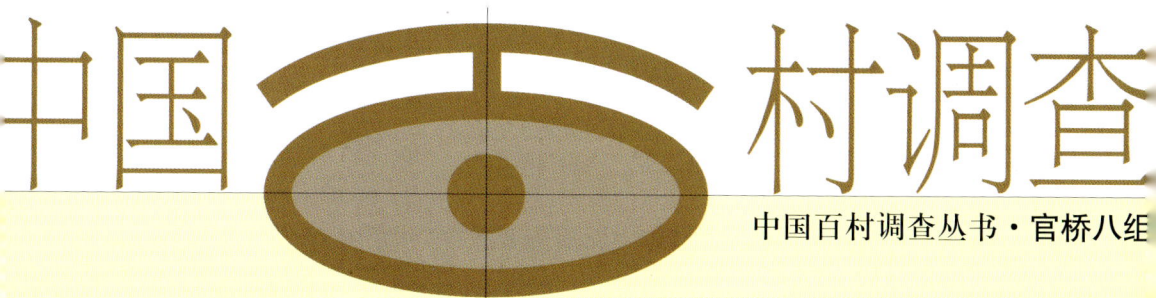

中国百村调查

中国百村调查丛书·官桥八组

神州第一组
鄂南明珠官桥八组
The First Group In China

主编／李友清　水延凯

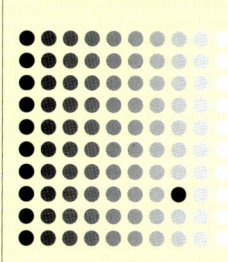

社会科学文献出版社
SOCIAL SCIENCES ACADEMIC PRESS (CHINA)

各章撰写者 / 序　　王兆民

研究报告	李友清	水延凯	王德芳	曹小莉
	廖朝晖	杜承清		
第一章	石正义	何岳球	魏一峰	
第二章	黎群武	谢成宇	吴玉梅	尧怀荣
第三章	黎育松	龚国富	李文杰	王樱娜
第四章	李志雄	徐志清	方高文	徐　蕾
第五章	黄知荣	刘金雄	刘　畅	张晓燕
第六章	商文斌	胡俊超	魏自涛	明　智
	刘宗南			
第七章	邹绍华	陈国和	曹雨花	
第八章	韩冰华	张　敏	陈　志	刘彦文
	钟学斌	朱俊成	徐新创	
第九章	单长江	夏红星	郭　彧	和凌娜
	单　怡			
专题一	王德芳	汪　虹	金建中	
专题二	陶炎武	余五洲	朱志先	
专题三	李文杰	李友清		
专题四	黄瑞春			
专题五	陈从阳	梅贤臣		
专题六	陈睦富	陈志勇		
专题七	祝敏鸿	周遏年		
专题八	周　文	何三发	叶子溪	曹小莉
专题九	陈国和	谢文芳		
报告一	水延凯	曹祥海	范　杉	李　华
报告二	水延凯	毛　晔	陈拥彬	

附录一、二和大事记　王德芳
后　记　　李友清　水延凯
图　片　　赵　强　石正义

中国 村调查

1978年前的官桥八组

嘉鱼县官桥八组位置示意图

如今的官桥八组

生产车间

官桥八组工业园

中国百村调查

中国百村调查丛书·官桥八组

田野集团办公大楼

村民文化活动中心

田野山庄

武汉大学东湖分校学生军训

中国百村调查丛书总编辑委员会

主　　编　陆学艺　何秉孟

副 主 编　张晓山　水延凯　谢曙光　谢煜桐

常务编委　(按姓氏笔画)

　　　　　王思斌　王雅林　王春光　王开玉　牛凤瑞
　　　　　叶南客　邓壬富　刘　敏　刘豪兴　宋宝安
　　　　　汪开国　杜受祜　折晓叶　陈光金　何耀华
　　　　　郭书田　赵树凯　金嘉祥　俞　萍　张卓民
　　　　　张厚义　乐宜仁　邵　峰　李友清　顾益康
　　　　　黄　健　曹晓峰　曹锦清　詹天庠　廖　逊
　　　　　戴建中　魏子熹　樊　平

编　　委　(按姓氏笔画)

　　　　　王　颉　王晓毅　史昭乐　刘　倩　刘少杰
　　　　　朱玉坤　乔亨瑞　杨宜音　杨海波　陈婴婴
　　　　　陈　昕　邹农俭　邹德秀　范广伟　周伟文
　　　　　郭泰山　胡必亮　钟涨宝　张友琴　张书琛
　　　　　张大伟　张永春　唐忠新　秦均平　秦谱德
　　　　　徐建国　曹贵根　龚维斌　彭立荣　程贵铭
　　　　　宋国恺　胡建国　胡　荣　孙兆霞　朱启臻
　　　　　马福伦

秘 书 长　谢曙光(兼)　张厚义

副秘书长　王　颉　范广伟　陈光金　樊　平　马福伦

《中国百村调查丛书·官桥八组》
编辑委员会名单

主　任　李友清　王兆民　周宝生

副主任　水延凯　夏福卿　廖朝晖　鲍晓峰　周志专
　　　　蔡正发　杜承清　王德芳　黎群武

委　员　(以姓氏笔画为序)
　　　　王兆民　王德芳　水延凯　石正义　杜承清
　　　　李友清　李文杰　李志雄　吴鸣虎　单长江
　　　　周宝生　周志专　夏福卿　徐启刚　商文斌
　　　　曹小莉　曹祥海　韩冰华　鲍晓峰　蔡正发
　　　　廖朝晖　黎育松　黎群武

《神州第一组——鄂南明珠官桥八组》编写组成员名单

主　编　李友清　水延凯

副主编　王德芳　石正义　曹小莉　李志雄　李文杰

成　员　（以姓氏笔画为序）

水延凯	王德芳	王樱娜	毛　晔	方高文	石正义
叶子溪	刘金雄	刘宗南	刘　畅	刘彦文	尧怀荣
朱俊成	朱志先	李友清	李文杰	李志雄	李　华
杜承清	陈国和	陈　志	陈从阳	陈志勇	陈拥彬
何岳球	邹绍华	汪　虹	陈睦富	吴玉梅	张晓燕
张　敏	余五洲	何三发	单长江	范　杉	周　文
周遐年	明　智	金建中	和凌娜	单　怡	祝敏鸿
赵　强	胡俊超	钟学斌	郭　彧	陶炎武	徐志清
夏红星	徐　蕾	徐新创	商文斌	曹小莉	曹雨花
曹祥海	黄知荣	黄瑞春	龚国富	梅贤臣	韩冰华
谢文芳	谢成宇	廖朝晖	黎群武	黎育松	魏自涛
魏一峰					

《神州第一组——鄂南明珠官桥八组》调查人员名单

(以姓氏笔画为序)

水延凯	王德芳	毛晔	方高文	王樱娜	王显红
石正义	叶子溪	刘金雄	刘和军	刘宗南	尧怀荣
朱俊成	朱志先	刘畅	刘彦文	李友清	李文杰
李志雄	陈国和	何岳球	李华	邹绍华	陈志
汪虹	陈睦富	吴玉梅	陈从阳	陈志勇	陈拥彬
张晓燕	张敏	余五洲	何三发	单长江	范平
范杉	周文	明智	周遐年	金建中	和凌娜
单怡	祝敏鸿	赵强	胡俊超	钟学斌	郭彧
陶炎武	徐志清	夏红星	徐蕾	徐新创	商文斌
曹小莉	曹雨花	曹祥海	黄知荣	黄瑞春	龚国富
梅贤臣	黄利民	韩冰华	谢文芳	谢成宇	黎群武
黎育松	魏自涛	魏一峰			

内容摘要

《神州第一组——鄂南明珠官桥八组》是国家社会科学基金重点课题"中国百村经济社会调查"（批准号为98ASH001号）的子课题成果。它是一部以官桥八组为调研对象，全面反映官桥八组改革开放30年来发展变化的史料性文献，是一部深入探索社会主义新农村和农村城镇化建设发展模式的研究性文献。全书由4个部分构成：一是研究报告；二是总调查报告；三是专题调查报告；四是问卷调查报告。

官桥八组是湖北省咸宁市嘉鱼县官桥镇官桥村的一个普通村民小组，地处鄂南农村，是一个既无区位优势，又无资源优势，既无产业优势，更无科技优势的偏僻小山村。然而，在组长周宝生的带领下，经过30年的艰苦创业，顽强拼搏，奋力开拓，不断创新，实现了经济和社会的快速发展，2007年，全组生产总值达到6.5亿元，集体总资产超10亿元，现已成为中国社会主义新农村和农村城镇化建设的一个典范，成为镶嵌在祖国大地上的一颗璀璨明珠。

中国是一个农业大国，"三农"问题即农业、农村、农民问题是关系党和国家事业发展全局的大问题。党的十七届三中全会明确指出，农业是安天下、稳民心的战略产业，没有农业现代化就没有国家现代化，没有农村繁荣稳定就没有全国繁荣稳定，没有农民全面小康就没有全国人民全面小康。党的十七届三中全会的召开，标志着社会主义新农村建设已经成为全党工作的重心、社会发展的主题。官桥八组30年来建设与发展的成功实践，为新时期社会主义新农村建设作出了示范，为农村城镇化建设开辟出一条新路径。本课题的主旨，就是试图通过对官桥八组

全面客观地调查研究、比较分析，努力探索社会主义新农村建设的路径和农村城镇化建设的模式，为党和国家以及各级政府破解"三农"问题提供科学决策的依据，为今天正在进行新农村建设的地方和人们提供可资借鉴学习的范例。全书资料翔实，客观真实，图文并茂，生动具体，是人们认识了解官桥八组、学习交流社会主义新农村建设和农村城镇化建设经验的窗口与平台，具有很强的时代性和可借鉴性，具有较高史料保存价值和学术研究价值。

总　　序

　　中国百村经济社会调查，是继全国百县市经济社会调查之后，又一项由中国社会科学院组织协调的大型社会调查研究项目。进行这项大规模调查研究的目的，是为了加深对我国国情的认识，特别是为了加深对我国现阶段农民仍占总人口 70% 的农村社会的认识。

　　1988 年初，中共中央宣传领导小组提出，为了拓宽拓深对社会主义初级阶段理论的认识，要进行国情调查。中国社会科学院承担了这项工作，指派专业人员进行策划、拟定开展国情调查的方案，并于 1988 年 4 月在全国社科院院长联席会议上，向全国社会科学界发出了"开展县情市情调查"的倡议，得到了各省、市、自治区社会科学院、党校、高校和政策研究机构的响应和支持，并得到国家社会科学基金会的资助，被列为"七五"国家哲学社会科学重点课题（以后又列为"八五"国家哲学社会科学重点课题），从此，此项大规模的国情调查就在全国 31 个省、市、自治区开展起来。

　　1988 年 8 月，在全国范围内选定了 41 个县市作为国情调查的第一批调查点。8 月在郑州召开了首次国情调查协调会议，会议主题是讨论如何开展此项调查，怎样选点、怎样调查、调查内容和调查方法，与会代表对此项国情调查的重要意义和目标作了进一步的讨论，还就如何组建调查专业队伍等问题交流经验；会议还讨论修订了统一的县、市情调查提纲和调查问卷。

　　1989 年 5 月 24～25 日在南京召开了第二次国情调查协调会议。会议是在南京师范大学开的，由当时中国社科院分管政法社会学片的副院长郑必坚同志主持，会议集中讨论了本次国情调查成果的编写方针问题，与会者结合已写成的《定州卷》等初稿，进行了热烈争论。最后确定，国情丛书的编写方针是，以描述一个县（市）1949年以来，特别是改革开放以来的政治、经济、社会、文化的发展状况为主的学术资料性专著。实事求是，以描述为主，要具有科学研究价值、实用价值。会议还决定，本丛书正式定名为《中国国情丛书——百县市经济社会调查》。

1990年8月在北京西郊青龙桥军事科学院招待所召开了第三次国情调查协调会议。出席这次会议的有总编委会的主要成员和各地分课题组的负责人共80余人。会前中国社科院党组决定了总编委会的组成人员，主编丁伟志，副主编陆学艺、石磊、何秉孟、李兰亭，何秉孟和谢曙光分别为正副秘书长。经过多方协商，丛书由中国大百科全书出版社出版，出版社总编辑梅益等领导同志给予了极大的支持，并于1991年成立以谢曙光同志为主任的中国国情丛书编辑部，专事于这套丛书的编辑出版工作。该编辑部后来成为总编委会事实上的日常办事机构。

本次会议的主题是研讨如何定稿。丁伟志同志在会上提出了这套丛书要在坚持正确的政治方向的同时，坚持严肃认真的科学态度，从实地调查到写作、定稿都要贯彻真实、准确、全面、深刻的方针，并为此作了详细的阐述。经过讨论，大家一致通过这个方针，认为这是实现这项大型经济社会调查既定目标的保证，也是检验每项调查、每本书稿的标准。为了保证丛书的质量，会议还确定，各地的书稿定稿后，先送总编委会，由总编委会指定专家进行审阅，通过后再交出版社编辑出版。本次会议还就第二批调查点的布点问题作了认真部署。

青龙桥会议以后，各课题组对初稿按总编委会的要求进行了认真修改，第一批书稿陆续送到北京。经何秉孟同志为首的专家审稿组的认真审阅，丛书编辑部编辑加工，第一本《中国国情丛书——百县市经济社会调查·定州卷》于1991年4月正式出版。20世纪30年代，社会学家李景汉教授曾写过《定县社会概况调查》，定州卷则是描述了30年代以来，特别是1949年以后40多年的经济社会的变迁状况。

1991年4月，总编委会在河北省香河县中国科学院大气物理所的工作站召开了第四次国情调查协调会议。其间，国情调查的第二批点21个县市的调查已在各地展开，会上总结了国情调查3年来的经验和教训，对第一批点还未定稿的几个县市作了如何扫尾的安排，对第二批点的调查和写作提出了规范化的要求，特别强调从第二批点开始，都要求对城乡居民进行500～700户的问卷调查，此后问卷由总编委会统一印制，抽样、调查方法由总编委会数据组统一规定。经过大家讨论，认为强调县市调查要有居民家庭问卷调查，这是使本项调查更加科学规范，并能获得更深层第一手资料的保证。大家一致同意，从第二批调查点起，没有城乡居民家庭问卷调查及其数据分析的，不能通过评审和出版。会议上总编委会对第三批调查作了部署。

1991年9月总编委会在中国社科院报告厅举行了《中国国情丛书——百县市经济社会调查》定州卷、兴山卷、诸城卷、海林卷、常熟卷首批5卷成果发布会。丛书总编委会顾问邓力群、中国社科院副院长刘国光、著名学者陈翰笙等专家学者与上述5卷的主编和调查点的党政负责同志共百余人出席了会议。著名经济学家董辅礽、文献专家孙越生等学者对丛书首批成果作了评述。专家们对这项大型国情调查首批出版的成果都表示了充分的肯定和赞赏。从此，这套丛书就在国内外公开发行。

1993年7月，总编委会在中央党校召开了第六次国情调查协调会议。在会前，考虑到此项国情调查已经进行了6年，各地涌现了一批从事此项调查的专业骨干，他们都有继续长期进行国情调查，并作进一步研究的希望和要求，为了便于交流和研讨问题，经过酝酿并得到中国社会科学院的批准，决定成立中国社会科学院国情调查研究中心，由陆学艺任主任，何秉孟、谢曙光为副主任，北京和各地的一部分专家（多数是从事此项调查的）为研究员，聘请丁伟志、邢贲思为顾问。在协调会议期间国情调研中心举行了成立大会。此次协调会主要是研究讨论并解决调查点的调研、写作中的问题。考虑到前两批点，调查已经完成，但由于研究分析和写作、统稿等方面的原因，有些卷的质量达不到要求（有连续三次退回修改的），而调查的材料已有3～4年了，所以会议要求，第

一、第二批点未完成写作任务的，都要求再做新的调查，要把近几年的变化写进去。会议还布置了第四批点的调查。

到1994年底，有约50个县市完成了调研和写作，出版了30余卷。就全国范围说，100个县市调查的布点工作已经结束，但各地的课题组仍在继续进行调研和审稿工作。开始时总编委会商定，每个省市自治区根据人口区划的不同，部署2～5个调查点，要求选取不同经济发展程度，不同类型（山区、丘陵、平原等）和有各种代表性的县市，以求全面、准确地反映整体国情。1995年以后，总编委会根据各地调研的实际情况，又陆续批准了一些新调查点，以求填平补齐，使布点尽可能达到合理。另外还有一些是由于丛书出版以后，社会反响很好，有些市、县的领导主动要求列为调查点，如新疆的吐鲁番市、广东的珠海市等，总编委会根据总的布局平衡，也批准了一些新点，所以到最后全国一共布点108个。

1994年以后，总编委会的几位同志曾先后到湖北、新疆、广西、辽宁、山东、广东、江苏、云南、江西、海南、黑龙江等省区，同当地的社会科学院、党校的同志一起走访了这些省区被调查点县市的领导和群众，听取他们对丛书的意见，也参加一部分书稿的评审会或出版后的发布会。各地对本丛书调研、写作和出版都很重视，给予了很高的评价，有不少卷被当地评为社会科学优秀著作并获奖。

从1988年2月，中国社会科学院开始酝酿组织这项大型国情调查时起，直到1998年10月最后一卷出版，历时10年零8个月，终于完成了这项国情调查任务，这是中国自1949年以来进行的少数几次大规模经济社会调查之一。先后共出版了105卷，总数4000多万字。后来，经过总编委会和国情丛书编辑部的同志开会评议、协商，从中减去了5卷。所以，最后送交中国社会科学基金会作为最终成果的是100本。当时预定的目标，是希望通过对100个县市经济社会政治文化等方面的调查，对1949年以后特别是改革开放以来所取得的成就以及现代化建设中面临的各种矛盾、问题进行全面系统的调查研究，从多种角度、各个层面来提供第一手的真实准确的资料和数据，以便进一步摸准摸清我国的基本国情，拓宽加深对于社会主义初级阶段理论的认识。可以说，这个目标是基本实现了。这100本国情丛书，每一本都是以描述一个县（或市）的历史和现实发展状况为主的学术资料性专著，它既可以作为制定政策和发展战略的依据，也可以作为全面研究基本国情或研究社会科学某一方面专题的资料，亦可作为进行国情教育的基础参考书，所以这套丛书既具有实用价值，又有科学研究价值。因为它是在20世纪80~90年代真实记录分布在全国31个省市自治区的各种类型、各种发展水平的100个县（市）的实际状况和发展轨迹，这些资料来之不易，十分珍贵，所以这套丛书又具有保存价值，历史愈悠久，其价值愈可贵。

  国情丛书出版以后，受到国内外学术界的欢迎，被认为是社会科学界的一项很重要的学术资料基本建设，具有十分重要的学术价值。广东省社会科学院的一位领导说，将来这套丛书的资料和数据能培训一大批博士、硕士出来。实际工作部门的同志也很欣赏，诸城市委的领导在读了《诸城卷》之后，认为这部书是诸城的百科全书，应该是诸城干部特别是市委、市政府的领导干部必读的书，对熟悉市情，对做好工作，以及对外交流都很有意义。中国社会科学院在建院20周年，评选建院以来优秀成果时，给"中国国情丛书——百县市经济社会调查"颁发了特别荣誉奖。

  国情丛书总编委会原来有个设想，在100个县市情调查告一段落以后，要组织相应的课题组，对这100个县市调查提供的资料和数据，分门别类，进行纵向的专题研究，写出如农业、工业、社会、文化、教育、科技等专题研究专著，最后进行综合研究，写出集大成的国情分析报告。20世纪90年代中期曾经启动过几项专题研究，但因人力、财力等各方面的原因，此项研究计划并没有付诸实施，这是美中不足的一个方面，有待以后弥补。

  1996年，当百县市调查基本告一段落的时候，课题组内外的一部分专家提出，百县市经济社会调查是一项重大的学术成果，对认识国情有很重要的价值。但一个县市，上千、几千平方公里，几十万、上百万人口，所以，对县经济社会的调查，总体上属于中观层次的调查。对农村基层情况的调查还是比较少。而中国是一个农民占绝大多数的大国，改革开放以后，农村率先改革，这 20 年，农民变化最大，农村基层社会变化最深刻，这是决定中国社会主义现代化命运的基础，是弄清国情必不可少的。如能在百县市情调查的基础上，再做 100 个村的调查，从微观层次上对这些村乃至村里的每个农户在改革开放以来的变化状况加以调查，经过分析，全面系统地加以描述，形成村户调查的著作，这就更有意义了。百村调查是百县市经济社会调查的姊妹篇，两者结合起来研究，将相得益彰，对加深认识中国的基本国情，就更加完整了。对此建议，总编委会的几位同志经过反复研究，认为这个意见很好，而且很及时。于是做了两件工作：一是组织一个课题组，到河北省三河市行仁庄进行试点调查，形成村的调查提纲、调查问卷和写作方案，以便为将来开展此项调查作准备；二是在 1997 年 7 月写出了"中国国情丛书——百村经济社会调查"的课题报告，向国家社科基金会申请立项，基金会的领导同志认为这个创意很好，很有价值。但因为此时国家社科基金"九五"重点课题都已在 1996 年评审结束，立项时间已过，不好再单独立项。后来经过总编委会同国家社科基金会反复协商，基金会考虑到百县市经济社会调查课题组很好地完成了任务，考虑到再作一次百村调查是百县市国情调查的继续，很有必要。所以，于 1998 年 10 月特别批准了"百村经济社会调查"这个课题，将其补列为国家社科基金"九五"重点项目，并专门下批文确认，批文为 98ASH001 号。

"百村经济社会调查"立项后，受到各地社会科学界，特别是原来进行百县市经济社会调查的单位和专业工作者们的欢迎，至今已经有 30 多个单位组织了课题组，并已陆续选点、进点，开展了村情的调查。

"百村经济社会调查"的目的，同样还是为了加深对全国基本国情的认识，特别是要对全国农村、农民、农业的现状和发展有一个科学的认识。"不了解中国农民，就不了解中国社会"至今仍不失为至理名言。现阶段的农民境况到底怎样？他们在做什么？想什么？特别是他们将来会怎样变化？中国的农村将怎样实现社会主义现代化？不同地区的状况是不同的。我们要通过对不同地区、不同类型、不同发展程度的农村进行调查研究，来描述、反映中国50年来农村、农业、农民变化的状况。

行政村是中国农民世世代代繁衍生息的最基本的地域单元，也是构成中国农村社会最基础层次的政治单元。20世纪80年代中期以后，农村实行了村民自治，由全体村民直接选举村委会主任和委员，组成村民自治委员会，实行民主选举，民主决策，民主管理，民主监督。十多年来，中国的村民自治已经取得了很大的成绩，积累了很多经验，造就了农村社会安定有序的政治局面。所以，党的十五届三中全会称赞村民自治是中国农民的又一个伟大创造。

行政村还是一个事实上的经济实体。它的前身是人民公社下属的生产大队。原来在政社合一体制下，既有组织生产经营的经济功能，又有行政功能。改革以后，农村实行家庭联产承包责任制，在生产大队一级组织村民自治委员会。法律规定，村委会是土地集体所有的承担者，是土地的发包单位。这些年实践的结果有多种情况，有些集体经济比较雄厚的村，在村民自治委员会以外，还组建有农工商公司或（合作）经济委员会，同受村党支部（或党委）领导，村是一个比较完整的经济实体，但这类村是少数。现在全国绝大多数村的状况是，村已不是完整的集体经济、生产经营单位，村作为集体所有土地的发包单位，把土地（包括山林等）分包给农户，农民家庭成为自主生产经营的实体。其中的一些行政村，还有一部分经济职能，对农业生产实行统一灌水排水、统一机耕、统一供种、统一植保等社会服务。而在经济不发达和边缘山区，行政村连这类社会化服务也办不到，只是一个基层的行政单位和土地发包单位。

从农村实行家庭承包责任制至今，已经二十多年了，总的发展是好的，农村有了很大的变化，但各地区村庄的发展过程和发展状况千差万别，农户分化的状况也是千差万别。我们这项百村经济社会调查，就是要通过对这100个村及其农户的调查，对这些村自1949年以来，特别是改革开放以来的政治、经济、社会、文化的变化过程、变化状况"摸准、摸清"，经过综合分析，通过文字、数据、图表把这个村过去和现在的状况如实地加以描述，既能通过这个村的发展展示农村50年、20年来发展

的一般规律，也能展示这个村特有的发展轨迹。

现在展示在大家面前的是一套与"中国国情丛书——百县市经济社会调查"有着天然联系的关于现实中国农村的调查研究成果，经与出版单位反复酝酿，最后定名为《中国百村调查丛书》，后缀所调查的村名。每本书有一个能概括该村庄内在特质的书名，如行仁庄是一个内发型村庄为基本特质的村落类型，我们就把这一卷定名为《内发的村庄》。

"中国百村调查丛书"同样是一项集体创作、集体成果。参加这项大型国情社会调查的，有国家和各省、市、自治区的社会科学院、大学、党校以及党政研究机构的社会科学工作者，同被调查地区的党政领导干部相结合，并得到他们的支持和帮助，并且只有被调查行政村的干部和群众积极配合，实行专业工作者、党政部门的实际工作者和农民群众三结合，才能共同完成这项科学系统的调查任务。

中国百村调查丛书
总编辑委员会
2000 年 12 月

从官桥八组的发展看
新农村建设的希望（代序）

王兆民[*]

  2008年是党的十一届三中全会召开、中国实行改革开放30周年。30年来，中国的经济社会结构发生了巨大而深刻的历史性变革，中国的经济建设和社会发展取得了举世公认的巨大成就。其中，中国的农村正在由一个传统的、封闭的农业社会转变为工业化、城镇化的现代社会，建设社会主义新农村已经成为全党工作的重心、时代发展的主题。中国是一个农业大国，"三农"问题一直都是党中央、国务院十分重视和关切的重大问题。如何探索和走出一条符合中国国情的社会主义新农村建设的新路子，如何带领广大农民走共同富裕的道路，是广大农村基层干部的历史使命。地处鄂南农村的"官桥八组"，正是这样一个紧跟改革开放步伐、坚持发展集体经济、走共同富裕道路、实现农村工业化城镇化建设的典范，是破解"三农"难题、探索社会主义新农村建设新路径的开拓者和实践者。

  国家社会科学基金"中国百村调查"总课题组将官桥八组选为调研对象，既是对官桥八组改革开放30年来发展成绩的充分肯定，也是对官桥八组的全面总结和大力宣传，我为官桥八组感到荣幸和自豪，这同时也是我们嘉鱼县人民的光荣和骄傲。为了认真做好"中国百村调查·官桥八组"子课题的调研工作，充分展示官桥八组的时代风姿，客观地总结官桥八组的发展经验，咸宁学院作为课题承担单位，组织精兵强将，投入物力财力，组成强

---

[*] 中共嘉鱼县委书记；嘉鱼县人大常委会主任。

大的调研阵容，历时一年多时间，出色地完成了此次调研任务，其研究成果即将出版，用实际行动实践了该校"融入地方，服务基层，为地方经济建设和社会发展服务"的办学理念。同时，该课题也得到了湖北省社会科学院、中共咸宁市委市政府以及有关部门的高度重视和大力支持。在此，我谨代表中共嘉鱼县委、嘉鱼县人民政府，向《中国百村调查丛书·官桥八组》编委会和编写组的各级领导和专家学者们一并表示衷心的感谢。

《神州第一组——鄂南明珠官桥八组》一书，是一部以官桥八组为调研对象，全面反映官桥八组改革开放30年来发展变化的史料性文献，同时更是一部以官桥八组为调研背景，深入探索社会主义新农村建设发展模式的研究性著作。该课题组按照"真实、准确、全面、深刻"的八字方针，组织调查人员60余人，于2008年1月深入到官桥八组以及所属的田野集团的企业、村民、干部、职工中去调查访谈，召开过多次座谈会，发放调查问卷120余份，之后又针对某些专题进行了多次小规模的补充调查，掌握了大量的第一手资料，在此基础上形成了35.4万余字的研究文稿。该书资料翔实，客观真实，图文并茂，生动具体地记录了官桥八组改革开放30年来的发展历程，全面立体地展现了官桥八组在政治、经济、文化、社会等各个方面的建设成就，是人们认识了解官桥八组、学习交流社会主义新农村建设经验的平台，具有很强的时代性和可借鉴性，也具有较高的史料保存价值和学术研究价值。完全可以相信，历时愈久远，其价值愈珍贵。

官桥八组是一个地处嘉鱼县城南部丘陵地带的普通村庄，常住农户只有58户241人，土地面积1.56平方公里。就是这样一个没有区位优势、资源优势、产业优势，更没有科技优势、人才优势的普通村民小组，经过30年的艰苦创业，由一个贫穷落后的村民小组，发展成今天拥有众多高科技项目，集科研、开发、生产、经营及教育于一体的企业集团，与30年前相比，其年生产总值、集体总资产、农民人均纯收入分别增长了1.7万倍、3.8万倍和260倍。官桥八组先后获得了"全国精神文明建设先进单位"、"全国村镇建设文明村庄"、"全国先进基层党组织"等多项荣誉称号，并被中联部、外交部确定为国外政党代表团参观我国社会主义新农村建设的定点接待单位。

从官桥八组的发展看新农村建设的希望（代序）

提起官桥八组必然要说到周宝生。周宝生是官桥八组组长、田野集团党委书记、董事长，是官桥八组的好带头人。他先后当选为第七、第八、第九、第十、第十一届全国人大代表和党的十六大、十七大代表，是全国优秀共产党员、全国劳动模范、全国优秀企业家，并享受国务院特殊津贴。作为嘉鱼县委书记，一方面，我为见证了官桥八组及田野集团的发展壮大、为嘉鱼能拥有这样的企业而自豪；另一方面，我也为自己能认识周宝生、结识周宝生而感到幸运。与周宝生打交道近20年，我已自觉不自觉地把他当成自己的良师益友，当作自己人生道路上的一根标杆，从他的身上学到了许多宝贵的经验和道理，让我终身受益。

纵观官桥八组改革开放30年来取得的巨大成绩，我深刻认识到，官桥八组的发展，首先应归功于党的改革开放好政策。官桥八组30年的发展轨迹，可以说是对党的改革开放政策的实践史。1979~1982年推行联产承包、组织富余农民"洗脚上田"开店经商，到1982~1993年，采取"滚雪球"方式兴办十多个资源型企业；1993~2003年果断关停"五小"企业、推行股份制改造、组建田野集团、创建田野高新技术产业园和田野博士后基地，到投资创办武汉大学东湖分校、合资新建中石特种钢管项目、大力发展高科技工业、高等教育以及生态农业、生态旅游，每一次跨越都是对改革开放政策的大胆实践。正如一些理论专家评价所说：官桥八组跨出的每一步，都顺应了时代发展的潮流，走在了时代发展的前列。

官桥八组的发展，得益于有一个好的"领头雁"。谈到官桥八组的发展，没有人不称赞周宝生。这充分说明，一个地方的快速发展与一个好的领路人密不可分。早在30年前，周宝生就说过："我就不信中国农村永远是这个样子"。他有一个梦想，就是"要让农村人过上城里人一样的生活"，后来又"要让城里人过上官桥八组一样的生活"。他是这样说的，也一直是这样做的。这些年，周宝生一直在努力实现年少时的梦想，以自己的实际行动多为群众做点事，要让八组的群众更快地富裕起来，真正过上好日子，这就是他的思想灵魂和人生境界之所在。所以八组群众都说："做一个八组人是幸运的，而最大的幸运就是拥有一个贴心的当家人、开明的领路人"。

官桥八组的发展，更在于尊重科学、尊重知识、尊重人才，坚持实践科学发展观。在20世纪90年代初期，他们便主动关停资源型企业，敢于走出去、请进来，开展对外合作，创办股份制企业，实现了第二次创业。在官桥八组的发展历程中，他们始终坚持科技是第一生产力，人才是第一资源，敢于出高薪聘请科技专家，花巨资新建专家公寓；敢于让专家以技术入股，舍得让大利给员工分红，不断增强集团公司的整体凝聚力和战斗力。这些年来，官桥八组没上过一个污染环境、浪费资源的项目，这些决策和做法就是对科学发展观的最好实践和示范。

官桥八组的发展，还有一条重要经验，就是始终坚持"四个文明"一起抓。官桥八组这面先进基层党组织的旗帜之所以能高高飘扬，就在于八组包括田野集团党政领导班子始终坚持与时俱进，坚持以经济建设为中心，实现物质文明与政治文明、精神文明、生态文明同步协调发展。2007年，官桥八组实现生产总产值6.5亿元，集体总资产达到10亿元，农民人均纯收入13000元，每户农民家有楼房、户有存款、年有分红、病有医疗、老有社保，让全组村民率先过上小康生活。周宝生是多年的全国人大代表、党代表，对党的路线、方针、政策始终做到宣传好、贯彻好、落实好，坚持执行民主集中制和组务公开，注重发挥干部和党员的作用，在企业集团中营造了一个良好的政治和思想氛围。在文化生活上，八组不仅做到文化、体育设施齐全，经常组织群众性文体活动，而且对封建迷信、抹牌赌博和邪教活动，制定了严格的管理制度和处罚措施。多年来，官桥八组没有人练"法轮功"，没有邻里纠纷，没有群众上访现象，更没有发生一起刑事、民事和社会治安案件。特别是在生态建设上，近几年官桥八组积极开展生态旅游专项建设，投资新建了田野山庄、田野广场、南北人工湖，使本来山清水秀、森林覆盖率高的官桥八组生态环境更优美，人与自然更加和谐，成为名副其实的都市化农村、花园式工厂和旅游休闲度假村。

党的十七届三中全会的召开，为新时期社会主义新农村建设进一步指明了方向。官桥八组的成功经验，为社会主义新农村建设闯出了一条新路径，提供了一个好样板。在广袤的农村大地上，自然环境有东西南北之分，经济条件有贫富强弱之别，建设社会主义新农村不可能按照一个模式去进行。但是，八组人敢为人先的开拓精神、借力发展经济的智慧、追求共同富裕的理想、四个文明一起抓的眼界，永远是值得学习和借鉴的。鲁迅先生说得好，"其实地上本没有路，走的人多了，也便成了路"。

2008 年冬·嘉鱼

目　录

研究报告

善借八方之力，开拓城镇化新路
　　——湖北省咸宁市嘉鱼县官桥村八组研究报告…………………… 3

第一编　总调查报告

第一章　概述 …………………………………………………… 27
第二章　自然村庄 ……………………………………………… 39
第三章　经济发展 ……………………………………………… 57
第四章　政治事务 ……………………………………………… 76
第五章　文化事业 ……………………………………………… 97
第六章　社会建设 ……………………………………………… 112
第七章　婚姻、家庭和生育 …………………………………… 131
第八章　村庄建设 ……………………………………………… 145
第九章　社区精英 ……………………………………………… 157

第二编　专题调查报告

专题一　周宝生：官桥八组的领头人 ………………………… 171
专题二　田野集团的形成与发展 ……………………………… 188
专题三　武汉大学东湖分校的创立与发展 …………………… 197
专题四　一个现代化企业的崛起
　　——关于田野集团中石特种钢管有限公司的调查报告 …… 219

目 录

专题五	农民文化中心纪实	225
专题六	发展中的田野山庄	231
专题七	一位村民的过去、现在和未来	245
专题八	一位引进人才的感受和建议	
	——田野集团合金厂副厂长黄波访问记	256
专题九	一位外来工的体会和希望	
	——嘉裕管业股份有限公司余志威访问记	261

第三编　问卷调查报告

报告一	一支新型城镇化的生力军	
	——官桥八组村民家庭问卷调查报告	269
报告二	一批闯入广阔天地的创业者	
	——田野集团职工问卷调查报告	306

附　录

附录一	官桥八组、田野集团所获荣誉、信誉证书一览表	323
附录二	官桥八组组长、田野集团党委书记、	
	董事长周宝生所获荣誉一览表	328
"中国百村调查·官桥八组"课题组工作大事记		331
后记		337

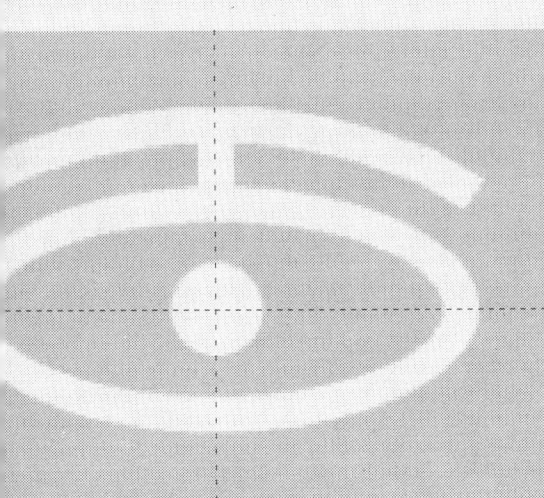

研究报告

善借八方之力，开拓城镇化新路
——湖北省咸宁市嘉鱼县官桥村八组研究报告

李友清　水延凯　廖朝晖　王德芳　曹小莉　杜承清

官桥八组组长周宝生有一个信念，就是"我不相信农民不能干大事！""我不相信农村永远这样穷！"周宝生还有一个梦，就是"要让农村人过上城里人一样的生活"。不仅如此，他还"要让城里人想过上官桥八组人一样的生活"。他是这样说的，也是这样干的。经过30年努力，他不仅带领八组村民过上了城里人一样的生活，而且开拓出农村城镇化这样一条城镇化新路，使官桥八组成了闻名遐迩的"神州第一组"。今天，官桥八组村民生活的某些方面，已令许多城里人羡慕和向往。如果您想了解周宝生和官桥八组是怎样开拓这条城镇化新路的，那就请您读读这篇研究报告吧！

一　农村城镇化——城镇化的一条新路

1. 城镇化潮流

城镇化是世界历史的潮流，特别是发展中国家和地区，人口城镇化正在经历一个持续高速发展过程。根据世界银行年度报告资料，1980年，世界上高收入国家的城镇化水平为75%，而中等收入国家、中低收入国家和低收入国家的城镇化水平仅分别为38%、32%和24%。但是，到1999年，世界上高收入国家的城镇化水平为77%，而中等收入国家、中低收入国家和低收入国家的城镇化水平则分别提高到50%、41%和31%。[①] 预计到2025年发达国家的城镇化水平将达到83%，发展中国家则达到61%。

中国城镇化发展速度也正在逐步加速，其变化情况见表1。

表1 中国城镇化速度变化情况

单位：万人，%

年份	总人口	城镇人口	平均每年增加城镇人口	城镇化率	平均每年增加城镇化率
1843	40588	2070	—	5.1	—
1893	39169	2350	5.6	6.0	0.02
1936	48300	3415	24.8	7.1	0.03
1949	54167	5765	180.8	10.6	0.27
1978	96259	17245	395.9	17.9	0.25
2000	126333	45594	1288.6	36.1	0.83
2007	132129	59379	1969.3	44.9	1.26

资料来源：a. 1843～2000年数据，引自胡顺延、周明祖、水延凯等著《中国城镇化发展战略》，中共中央党校出版社，2002，第146页。b. 2007年数据，引自《中华人民共和国2007年国民经济和社会发展统计公报》，2008年2月29日《人民日报》。

表1数据说明，人口城镇化年均增长率，1978～2000年增长了0.83个百分点，2000～2007年为1.26个百分点，后者比前者高0.43个百分点，即高52%。这说明，20世纪末、21世纪初的中国，正处于人口城镇化的高速发展阶段。

2. 城镇化途径

一般的说，城镇化有三种途径。

第一种途径，是原有城镇扩张。它有两种方式：一是，农村人口转变为城镇人口，扩大城镇人口规模；二是，把农村并入城镇，扩大城镇范围。例如，1993～2002年，武汉市市区面积已由2718平方公里扩大到8494平方公里，[②] 即扩大了2.13倍。

第二种途径，是新兴城镇设立。即把原来的农村建设成为新兴城镇。例

[①] 世界银行：《2000/2001年世界发展报告：与贫困作斗争》，中国财政经济出版社，2001，第280～281页。

[②] 国家统计局城市社会经济调查总队编《中国城市统计年鉴1993～1994》，中国统计出版社，1995，第74页；《中国城市统计年鉴2003》，中国统计出版社，2004，第111页。

如，1978年全国只有193个市、2173个镇，2005年增至661个市、18888个建制镇。① 其中，新建的许多市、镇就是直接从农村建设成为城市或建制镇的。

第三种途径，是农村城镇化。即在发展农村经济基础上，村民住宅、基础设施、公共设施等物质条件日益完善，思想观念、生活方式、行为方式等主观因素日益现代化，致使农村与城镇的本质区别逐渐消失。例如，华西村就是农村城镇化的典型。

简言之，农村城镇化就是把农村改造成为城镇，它是一条新型城镇化道路。对于拥有7亿多农民的中国来说，探索这条新型城镇化道路具有特别重要的意义。

3. 城镇化含义

把城镇化理解为"农村人口"转变为"城镇人口"，甚至简单化为"农村户口"转为"城镇户口"，是不正确的。城镇化的全部含义，应该包括相互联系、相互影响的三方面。

一是，经济结构现代化，即经济结构以机械化、信息化等现代生产工具为主，以现代第二、第三产业为主，以发达的商品经济为主等。

二是，生活方式现代化，即衣食住行等物质生活条件的现代化，以及劳动方式、消费方式、休闲方式、交往方式、社会活动方式等方面的现代化。

三是，人口素质现代化，即以较高文化、开放思想、文明行为为特征的城镇文明取代封闭落后的农村文明，实现由"农村人"到"城镇人"的转变。

上述城镇化三方面的相互关系是：经济结构现代化是基础，生活方式现代化是主体，人口素质现代化是核心。

二 官桥村八组——已迈入城镇化门槛

1978年以来，官桥八组在新型城镇化道路上取得了巨大进步，其具体表现在以下几方面。

---

① 1978年数据，引自胡顺延、周明祖、水延凯等著《中国城镇化发展战略》，中共中央党校出版社，2002，第113~114页；2005年数据，引自国家统计局编《中国统计摘要2006》，中国统计出版社，2006，第1、121页。

1. 经济结构现代化已达到较高水平

1979~2007年，官桥八组的发展经历了4次历史性跨越，即1979~1982年推行联产承包，实现了由贫困向温饱的跨越；1982~1993年大办资源型、劳动密集型企业，实现了从第一产业为主向第二、第三产业为主的跨越；1993~2003年成立田野集团、创建高科技产业园，实现了从资源型企业向高科技企业的跨越；2003年以后兴办武汉大学东湖分校、发展生态农业和旅游业，开始了从第二产业向多元化产业发展的跨越。

1994年田野集团的成立，促进了官桥八组高科技产业的迅速发展。到2001年10月，经国家科学技术部火炬高技术产业开发中心认定，田野集团已成为国家火炬计划重点高新技术企业，并已成为该组经济支柱。2007年，全组生产总值达到6.5亿元，集体总资产10亿元，上交税金523.44万元。[①] 按全组241人计算，人均生产总值269.7万元，集体总资产414.9万元，上交税金2.17万元。这个水平，已大大超过许多大、中城市。

2. 生活方式现代化已初具物质基础

据55户、236人《村民家庭问卷调查》资料，从收入水平看，2007年村民收入户均53373元，人均12439元，相当于全国城镇居民人均可支配收入13786元的90.2%，比全国农村人均收入4140元[②]高8299元，即高200.5%。从收入结构看，工资性收入占73.1%，转移性收入（主要是亲友馈赠）占10.8%，财产性收入占10.0%，经营性收入仅占6.1%。

从支出水平看，户均35469元，人均8266元。从支出结构看，食品占28.5%，家庭设备用品及服务占16.5%，文化教育娱乐及服务占13.9%，衣着占9.0%，转移性支出（主要是馈赠）占8.7%，居住占8.2%，交通通信占8.1%，其他占7.1%。恩格尔系数（食品支出占生活消费支出的比重）为31.5%，大大低于全国农村居民的43.1%。[③]

[①] 嘉鱼县统计局编《嘉鱼统计年鉴》第190页。
[②] 国家统计局：《中华人民共和国2007年国民经济和社会发展统计公报》，2008年2月29日《人民日报》。
[③] 国家统计局：《中华人民共和国2007年国民经济和社会发展统计公报》，2008年2月29日《人民日报》。

从家庭财产水平看，户均 212569 元，人均 49539 元。按 1 美元兑换 7 元人民币计算，户均 30367 美元，人均 7077 美元。据 2008 年 5 月 6 日巴克莱财富研究报告：2007 年"中国的家庭平均资产……1.8 万美元"。[①] 按此计算，该组村民家庭财产水平比全国平均水平高 87.1%。从财产结构看，住宅占 82.5%，耐用消费品占 9.8%，存款、股票等占 6.7%，其他占 1.0%。

从住宅和耐用消费品看，该组村民住宅中别墅式楼房占 98.2%，户均建筑面积 211 平方米；每百户拥有彩电 178 台、冰箱 104 台、煤气灶 107 台、电扇 267 台、空调 120 台、抽油烟机 104 台、手机 247 部；户均藏书 135 册，订阅报纸杂志 1.53 份。此外，全组公用设施齐备，环境整洁卫生，已成为山清水秀、生态优美的花园式社区。

显然，无论从收入水平、收入结构看，还是从支出水平、支出结构看；无论从财产水平、财产结构看，还是从住宅条件、拥有耐用消费品看，以及从享有公用设施、优美环境看，官桥八组村民的生活方式，都已初步具备了城镇化、现代化的物质基础。

3. 人口素质现代化已取得长足进步

据 58 户、241 人《村民家庭问卷调查》资料，6 周岁以上 228 人平均受教育 9.2 年，全国各地区县 6 岁及 6 岁以上人口平均受教育 6.4 年，[②] 前者比后者多 2.8 年。

在 14 周岁以上的 205 人中，中共党员占 11.7%，共青团员占 22.9%。2007 年 6 月底，在全国农村 14 周岁以上的人口中，党员占 3.9%，[③] 共青团员占 3.5%。[④] 前者比例大大高于后者。

在 140 名在业人员中，在第二产业工作的占 85.8%，在第三产业工作的占 7.8%，在第一产业工作的占 6.4%；管理人员占 18.6%，专业技术人员占 5.7%，办事员占 3.6%，技术工人占 30.7%，一般体力劳动者占 41.4%。

---

① 《港富豪密度冠全球》，2008 年 5 月 7 日《星岛日报》；转引自 2008 年 5 月 8 日《参考消息》。
② 国家统计局人口和社会科技统计司编《中国人口统计年鉴 2000》，中国统计出版社，2000，第 34~35 页。
③ 《全国党员人数已达 7336.3 万名》，新华网，2007 年 10 月 9 日。
④ 《全国共青团员人数 07 年底达 7543.9 万人》，中新网，2008 年 5 月 4 日。

经过多年来教育和管理，全组没有邻里纠纷，没有刑事、民事和社会治安案件，没有赌博，没有打架斗殴，没有邪门歪道，甚至连烟头、纸屑也很难寻见，真正做到夜不闭户，路不拾遗，民风淳朴，生活文明。这一切都说明，村民的文明程度已大大提高。

上述事实说明，官桥八组村民的文化素质、政治素质、行业结构、职业结构、道德水平和文明程度都有了很大提高，他们早已不是原来意义上的农民了。

4. 城镇化、现代化永无止境

无论从经济结构看，还是从生活方式、人口素质看，官桥八组早已不是原来意义上的农村了，他们已经开拓了一条城镇化新路，已经迈入了城镇化门槛。

但是，城镇化是不断发展的，经济结构现代化、生活方式现代化和人口素质现代化更永无止境。2007年的官桥八组，无论在经济结构方面，还是在生活方式方面，特别是在人口素质这个城镇化的核心方面，现代化水平还不高，投入产出比还不高，还必须长期努力，真正全面实现现代化目标。

三　善借八方之力——快速腾飞的关键因素

官桥八组地处嘉鱼县南部西梁湖与长江之间的狭长丘陵地带，位于官桥镇东250米，东接任家桥村，南临绿岭村，西与白湖寺村相连，北与石鼓岭村接壤。北距嘉鱼县城鱼岳镇5公里，东距咸宁市区45公里，西南距赤壁市区28公里，北距武汉市市区80公里。总面积1.56平方公里（折2340亩），2007年底常住58户、241人。

官桥八组是个既无区位优势，又无资源优势，更无产业、科技优势的偏僻小山村。然而，在组长周宝生带领下，经过30年艰苦奋斗、不断开拓，实现了快速腾飞，现已成为中国社会主义新农村建设和农村城镇化的一个典范。对于官桥八组的成功经验，人们做过种种总结和概括，其中最具代表性的是官桥八组组长周宝生和嘉鱼县县委书记王兆民的看法。

周宝生说，"回顾我们组艰苦创业的历程，之所以能取得比较好的经济效益，……重要因素是我们……比较好地处理了少数人富裕与共同富裕、分配与积累、发展工业与发展农业、发展资源型产业与发展高科技产业、物质文明建设与精神文明建设等重大关系"。①

王兆民认为，"官桥八组的发展，归功于党的改革开放好政策"，"得益于有一个好的领头雁"，"充分体现和实践了科学发展观"，"始终坚持了走共同富裕的道路"，"重在坚持四个文明一起抓"，"对于我县新农村建设起到了很强的典型示范作用"。

周宝生和王兆民的上述看法，是对官桥八组基本经验的总结。这些看法，都是有根据、有道理的，而且非常全面、系统，具有重要指导意义。此外，官桥八组快速腾飞还有一个关键因素，这就是：善借八方之力，促进自我腾飞。具体表现在以下几方面。

1. 善借政策之力

1978年底，安徽省凤阳县小岗村18位农户，敢冒天下之大不韪，实行"包产到户"，从此揭开了中国农村体制改革序幕。1979年9月28日，中共中央十一届四中全会通过的《关于加快农业发展若干问题的决定》规定，按劳分配的定额管理，"可以按定额记工分，……也可以……包工到作业组，联系产量计算劳动报酬，实行超产奖励"。同时指出，"社队企业要有一个大发展，逐步提高社队企业的收入……比重"。② 1979年10月，刚刚担任生产队长的周宝生抓住小岗榜样和政策机遇，在嘉鱼县率先实行旱地按劳力、人头各半联产计酬，水田划分4个作业组承包经营，使1980年粮食增产10多万斤。同时，带领农民"洗脚上田"，先后创办钉丝厂、自营店、熟食店、冰棒厂，盈利7000多元，一举解决了温饱问题。

1982~1993年，国家出台了一系列鼓励发展乡镇企业的政策，广东、江浙一带乡镇企业蓬勃兴起。周宝生和官桥八组村民根据沿海经验和政策导向，采取"滚雪球"方式先后兴办了小煤窑、砖瓦厂、沙发厂、家具厂、铸造厂、金属结构厂等一批资源型、劳动密集型企业，取得了较好的经济效

---

① 周宝生：《嘉鱼县官桥村八组发展情况汇报》，2008年1月21日，第4页。
② 中共中央文献研究室：《三中全会以来——重要文献选编》（上），人民出版社，1982，第185、191页。

益。这个阶段，他们不仅完成了经济起飞前的原始积累，而且开始反哺农业，投入200多万元，修建塘堰、泵站等设施，把230亩望天收农田改造成为稳产高产良田。此外，还编制村镇建设规划，统一改建村民住宅，兴建自来水厂、文化中心、图书室、灯光球场、办公室等设施，使全组实现了从温饱向小康的跨越。至1992年，官桥八组先后成为嘉鱼县、咸宁市、湖北省乃至全国农村各类先进典型，国内外参观者络绎不绝，周宝生也成为各级各类先进人物，当选为第七届、第八届全国人大代表。

1992年中共十四大作出了"抓住机遇，加快发展"的决策，1993年十四届三中全会又通过了《中共中央关于建立社会主义市场经济体制若干问题的决定》。周宝生和官桥八组村民受到极大鼓舞，决心勇闯市场经济大潮，开拓经济发展新路。正是这个时候，拥有高性能铸造铝镍钴永磁合金专利技术的武汉冶金研究所高级工程师、享受国务院特殊津贴专家刘业胜来组考察，当了解到刘业胜急于把自己的专利技术转变为现实生产力的强烈愿望后，周宝生立即抓住这个机遇，果断引进刘业胜及其专家组，创办了湖北长江合金厂，仅用3个半月就生产出了原来主要依靠进口的高性能永磁合金，从而打响了发展高新技术产业的第一炮。合金厂的成功，坚定了周宝生和官桥八组发展高新技术产业的决心和信心。他们清醒地认识到，市场经济条件下高新技术竞争的关键是人才竞争，人才竞争的基础是营造良好的工作和生活环境。1995年，官桥八组推掉了一座荒山，建起了4万平方米标准厂房的高科技园和专家别墅，先后创办了长江缆索公司、嘉裕管业股份公司、神农制药公司等高新技术企业。2001年，田野集团被国家有关部门认定为国家火炬计划重点高新技术企业。

2002年12月28日，全国人大常委会通过了《中华人民共和国民办教育促进法》。正在寻求多元化发展道路的周宝生认为，这是一个可以开拓的新领域。经过多次考察和咨询，田野集团决定与武汉大学、武汉弘博集团联合在2000年8月经教育部批准设立的武汉大学职业技术学院基础上创办武汉大学东湖分校。2003年7月18日，签订联合协议，当年开始招生。到2005年8月，东湖分校已征地1250亩，第一期工程投资6.3亿元，完成了35万平方米校舍建设任务，一座布局合理、配套齐全、环境优美、管理规范的现代化大学城,已出现在武汉市江夏区汤逊湖畔。截至2007年,东湖分校设有文学院、外语学院、法学院、管理学院等11个学院,开办本、专科40多个专业,涵盖文、法、经、管、理、工等多个学科领域,在校学生12000余人,教职工1000余人。

上述事实说明,官桥八组腾飞的每一阶段,都蕴含着善借政策之力的高度智慧。可以说,善借政策之力,敢"舀第一瓢汤",是他们屡屡抢得先机、实现快速腾飞的一大秘诀。

2. 善借政府之力

官桥八组借助政府之力,主要表现在以下几方面。

(1)通过党政领导和政府部门了解信息,解读政策,把握方向。周宝生和田野集团领导经常参加各级党委、政府召开的各种会议,这是官桥八组掌握各种信息的主要渠道。此外,各级党委、政府领导人经常来官桥八组和田野集团检查、指导工作;各级各部门经常来田野集团召开各类会议,举办各类培训班,这是官桥八组获取最新信息、解读政策、把握方向的重要环节。

(2)通过相关部门批准设立有关机构。1981~2006年,通过相关部门批准先后成立了从灯丝厂(1981年)到中石特管公司(2006年)等30个企业、公司、总公司和企业集团;成立了官桥八组党支部(1986年)、博士后工作站(2002年)、武汉大学东湖分校(2003年)、田野集团党委(2006年)等组织或机构,从而对官桥八组发展产生了巨大推动作用。

(3)通过党政部门评选先进单位和个人,提高社会知名度和美誉度。据不完全统计,1984~2008年,官桥八组和田野集团获得各级各类先进称号134次(其中,国家级19次,省级52次,地、市级29次,县级34次);周宝生个人获得各级各类先进称号58次(其中,国家级11次,省级19次,地、市级12次,县级16次)。

(4)通过新闻媒体宣传官桥八组,扩大知名度。据不完全统计,1983~2006年之间的19个年度中,以人民日报、湖北日报、咸宁日报为主的中央、省、地(市)和县的各级各类新闻媒体对官桥八组的宣传报道达64篇,对周宝生的宣传报道达87篇,合计151篇,年均7.95篇。这些宣传报道,对提高官桥八组和周宝生的知名度、美誉度产生了巨大影响。

有关田野集团的报道

（5）通过党政部门审批征用土地。2006年6月，田野集团投资组建中石特管公司，由于原工业园区已无可用之地，急需征用土地。嘉鱼县政府及时召开会议，征用官桥村第一、第二、第三、第九组集体土地600余亩，并给予招商引资优惠政策。对于这些土地，田野集团只承担农民补偿部分，县政府减免土地出让金，并负责完成土地平整任务。

（6）通过相关部门实行优惠税率。例如，2007年官桥八组生产总值6.5亿元，交纳税金523.44万元，实际税率仅为0.81%。

官桥八组善于借助政府之力，不仅提高了决策的科学性和合法性，而且有利于变政治优势、组织优势为经济优势，促进了自己的快速发展。

3. 善借市场之力

官桥八组经济决策的一条基本原则是，围绕市场开办企业和调整企业。

例如，从1981年开始，官桥八组按照"离土不离乡"原则，利用市场经商办厂，到1982年已创办钉丝厂、自营店、熟食店、冰棒厂等企业，盈利7000多元，从市场挖掘回了"第一桶金"。由于有了这挖"第一桶金"的经验，1982年底又开办小煤矿，1983年产煤4000吨，产值60万元，盈利9万元，从而开始了起飞前的原始积累。

善借八方之力，开拓城镇化新路 ○ 中国百村调查丛书·官桥八组

1983年后，根据市场需求的变化，官桥八组先后创办了沙发厂、家具厂、铸造厂、手套厂、金属结构厂、砖瓦厂等企业，推动了经济起飞。例如，1986年，根据城乡建房热、红砖需求大、周边没有砖瓦厂的现状，官桥八组决定利用本组红土、煤炭和劳力资源兴建砖瓦厂，仅用4个月时间，一个24门窑的红砖厂就正式投产，不到一年就收回了全部投资。

1993年，官桥八组通过市场获得一项高新技术，创办了湖北长江合金厂，开始了由资源型企业向高新技术型企业的转变。1996年，官桥八组根据"五纵七横"国道主干线建设需要大量缆索的信息，果断兴办了缆索厂，生产出的"田野"牌桥用缆索被国家经贸委、科技部列为"国家重点技术创新项目"、"国家重点新产品"，在市场上大受欢迎，目前已用于武汉白沙洲长江大桥、荆州长江大桥、军山长江大桥、缅甸玛哈邦多拉大桥等多座国内外大桥。

2006年6月，根据市场上特种钢管走俏的信息，田野集团与"中石机电"（中石机电设备制造安装公司）和一民营企业家合资组建了中石特管公司。2007年6月正式投产，当年销售收入2.5亿元，占田野集团年销售收入的38.46%。其产品已遍及油田、汽车和工程机械等行业，还出口到中东和俄罗斯的一些油田，市场前景良好。

当然，在市场经济海洋中游泳难免呛水，甚至上当受骗。例如，1980年前后兴办的一些资源型、劳动密集型企业，由于技术含量低，市场竞争激烈，寿命都很短，许多被淘汰；又如，1993年与香港一家公司合作经营湖北维嘉牧业设备有限公司，进口了一批老旧设备，被骗数十万美元。但是，从总体看，官桥八组善于借助市场之力，始终围绕市场开办企业和调整企业，这是他们较快完成原始积累、实现快速腾飞的另一重要原因。

4. 善借科技之力

官桥八组是靠资源型、劳动密集型企业起家的。但是，在市场经济博弈中，周宝生和官桥八组逐步认识到只发展资源型、劳动密集型企业不是长久之计，要长远发展，必须大力发展高科技产业；要发展高科技产业，就必须善于借助外部的高精尖科学和技术。

从1993年开始，官桥八组投入大量资金，集中力量建设了"田野高科

技工业园",与一些高等院校、科研院所共建各类专业科研所,先后创办了"长江合金厂"等高科技企业,开始了由资源型、劳动密集型产业向高新技术产业的转变。现在,这几家高科技企业运转正常,效益良好,已形成在国内有一定影响的高新技术产业基地,被科技部认定为"国家重点高新技术企业",经人事部批准设立了"田野集团博士后工作站"。目前,官桥八组先后引进和研发的先进适用技术有:高性能铸造铝镍钴永磁合金生产技术、高强度低松弛钢缆索生产技术、高强度重型钎具生产技术、特种无缝钢管生产技术等;主导产品有永磁合金、桥用缆索、重型钎具、新药固齿散、特种无缝钢管等高新技术产品。这些产品均具有完全自主知识产权,科技含量和附加值高,市场前景好,已广泛应用于交通、冶金、机械、石油、采矿、医疗、军工、航空航天、水利水电建设等行业。

除了在生产技术方面借助高科技之力外,官桥八组还非常注重在企业管理中借助科学管理之力。主要体现为:建立现代企业管理制度,建立"精干、高效、流动"的管理干部队伍,实行"扁平化"管理。据对田野集团6个单位、280名正式员工的统计,其中高级管理人员26人,占9.3%;中、下层管理人员36人,占12.8%;一般员工218人,77.9%。如果再加上雇请的临时工,其管理人员的比例是相当低的。此外,田野集团所属企业,一般都实行了微机化、网络化管理。总体看,田野集团人员不多,效率较高。2007年,田野集团职工仅600多人,生产总值6.5亿元,人均100万元左右,生产效益是相当高的。

借助高科技生产技术之力和借助现代管理科学之力,是官桥八组腾飞的两个翅膀。没有这两个翅膀的强力支撑,就不可能有官桥八组的今天。

5. 善借外脑之力

善借科技之力的关键,是善借外脑之力。借外脑之力,主要是借助两类外脑。

(1)科技型人才。有两种引进方式:①以资金、技术入股方式引进。例如,1993年6月,以技术入股方式引进了享受国务院政府特殊津贴专家、武汉冶金研究所高级工程师刘业胜(男,70岁),来田野集团后任长江合金厂厂长,他的主要贡献是使高性能铸造铝镍钴永磁合金产品质量和技术达到国内一流水平，市场占有率达70%以上，还出口到德国、瑞士和俄罗斯，10多年累计实现利税1亿元以上（2004年合同到期后，公司每年仍为其支付养老金10万元）。又如，2002年以技术入股方式引进了中国地质大学教授、高级工程师叶凌云（男，60岁），来田野集团后任湖北嘉裕管业股份有限公司总经理，他的主要贡献是成功开发了高炉开口钻杆、石油钻探管、地质钻探管、凿岩钎钢及其他凿岩工具，产品质量和技术居国内领先水平，产品已广泛应用于矿山、能源、交通、水利和军工等领域，并远销美国、加拿大、澳大利亚、印度等国家，企业综合生产能力居全国同行业前三名。再如，2006年以资金、技术入股方式引进了黄石市中石机电公司高级工程师王书林（男，55岁），来田野集团后任湖北中石特种钢管有限公司董事长、总经理，他的主要贡献是使主导产品直径73～168毫米、壁厚5～25毫米、长度＜12000毫米多品种、多规格的无缝钢管，居全国同行业领先水平，年产达15万吨，产品销往新疆、大庆、中东、南非等国内外油田及机械加工等行业。

②以请教或合作方式引进。例如，缆索厂刚刚开始建设，就接到了武汉长江三桥的制索业务。为了解决锚固技术难题，周宝生多次上门向中国科学院的一位院士求教。有一次天下大雪，周宝生专程拜访这位院士。不巧，这位院士外出未归，周宝生就站在雪地里一直等到深夜。这位院士回来后，望着冻得脸色发紫的周宝生很受感动，他说："有你周宝生这种精神，缆索厂一定能办好！"就是在这种精神的感召下，上海同济大学权威教授范立础、铁道部桥梁科学研究院著名专家党志杰、湖南大学桥梁系主任程翔云、中国路桥总公司副总工程师王荣等一批技术权威，主动充当了缆索项目的技术后盾。10多年来，官桥八组已取得了与全国各地100多名科技人才的联系，还与清华大学等著名学府和科研单位建立了合作关系。

（2）管理型人才。例如，主持田野集团日常工作的副总经理蔡正发，原是嘉鱼县卫生局局长，具有丰富的管理经验和广泛的社会联系；主持集团财务工作的副总经理龙明，原是嘉鱼县财政局科长，精通财务管理，擅长审计工作，是集团的好管家；主持集团行政工作的副总经理杜承清，不仅承担着繁重的行管、文秘、接待等任务，而且亲自起草、输入、打印文件，整理档案。管理人员少而精，是田野集团小而强的另一重要秘诀。

当然，在借助外脑过程中，官桥八组也有过沉痛教训。例如，1997年原经营红火的缆索公司，由于引进人员在采购中拿回扣，无法完成投标任务，致使公司走了弯路。但是，从总体看，官桥八组借助外脑是成功的。他们善于借助科技型、管理型人才，合理利用外来人才，这是他们事业越做越大、实力越来越强的一个重要原因。

6. 善借外资之力

官桥八组在发展过程中引进外部资金的主要形式是银行贷款和吸引外部投资。

例如，为了加快武汉大学东湖分校新校区建设，2003年田野集团在自筹资金不足的情况下，首先，积极与武汉弘博集团联合。其次，向银行申请贷款，极大缓解了资金压力，在短短10个月内，完成建筑面积35余万平方米，使分校达到能容纳2万名学生的就读规模。

2006年，为了做大做强高科技产业，同时形成风险共担、利益均沾的良性发展机制，田野集团与黄石市中石机电设备制造安装有限公司、高级工程师王书林合作创办了中石特管公司，吸引外部投资2630万元。2007年3月，中石特管公司年产15万吨生产线已顺利投产，当年实现销售收入1.4亿元，利税1200万元。

7. 善借外劳之力

官桥八组自有劳动力有限（2007年仅140人），自1980年创办乡镇企业后，劳动力就一直比较紧张。从1990年开始，已对外招收工人。特别是1994年成立田野集团后，外来劳动力逐渐增加，并很快成为第一线生产、服务的主力。

2007年，田野集团及其直属企业有员工600余人。据对其中58名职工的问卷调查，他们的基本情况是：男性占70.7%；34~49岁占79.2%；高中文化以上的占86.2%；参加党团组织的占65.5%；管理人员占12.1%，专业技术人员占10.3%，办事员占36.2%，技术工人占29.3%，体力劳动者仅占12.1%；本镇的占22.4%，本县的占31.0%，本省的占36.2%，省外的占10.3%；来集团工作9年及以上的占17.2%，3~4年的占22.4%，1~2年的占37.9%，1年以下的占22.4%；2007年人均月工资1594元。显然，田野集团之所以能快速腾飞，这支外来的素质较高、流动较快、工资居中的职工队伍功不可没。

8. **善借外地之力**

官桥八组不仅自有劳动力有限，而且自有土地也很有限（1.56平方公里，折2340亩），要实现腾飞，就不能不借外地之力。截至2007年，官桥八组已4次借外地之力。

（1）向邻近村镇借地。1980年发展资源型产业初期，由于本组只有一些"鸡窝煤"，开采价值不大，于是到附近村镇租地开采。例如，租赁官桥村跑马岭煤矿、咸宁古田煤矿采煤等。它对官桥八组的原始积累起了重要作用。

（2）到武汉郊区借地。2003年创办武汉大学东湖分校，到武汉市郊区汤逊湖征地1250亩，解决了校舍建设用地问题。在征用土地、支付补偿、组织拆迁等过程中，曾遭遇过许多困难，但在当地政府大力支持下都得到了妥善解决。

（3）向本村的邻组借地。2006年，为创办中石特管公司，在嘉鱼县政府支持下，征用官桥村一组、二组、三组、九组集体土地共600余亩。从此，田野高科技工业园的面积拓展到1000亩，为集团进一步发展打下了良好基础。

（4）到贵州大方借地。2007年7月，经过科学论证，集团决定在贵州省大方县投资5000万元，开办年产80万吨标准煤的正达煤矿。该矿占地4平方公里，煤炭储量4000万吨。征地、修路、建房、钻探以及办证等工作正在紧锣密鼓进行。

实践证明，在社会主义市场经济条件下，一个地区、一个单位经济发达或不发达，竞争能力强或不强，关键不在于自己拥有自然资源的多寡和优劣，而取决于聚集生产要素、特别是高素质生产要素的能力。官桥八组善借八方之力的实质，就是善于借用两只手——一只有形的手（政府及其政策），一只无形的手（市场），千方百计地引进科技、人才（包括科技人才和管理人才）、资金、劳动力、土地等高素质生产要素，从而实现了快速腾飞。

实践还证明，要善借八方之力为我所用，必须有一个高素质的带头人，一个坚强的领导核心。他和他们应该具有共产党人强烈的政治意识、责任意识和服务意识,应该具有现代企业家永不言败的机遇意识、创新意识和竞争意识。历史是不可能重复的。官桥八组所处的历史条件、所走过的道路,别人也无法重复。但是,他们的带头人和领导核心所具有的共产党人的品质和现代企业家的素质,则是完全可以学习、借鉴,甚至可以大大超越的。从这个意义上说,官桥八组的经验对于一切缺乏区位优势和自然资源的地区、单位是完全适用的。

四 启示

中国是一个农业大国。"三农"问题即农业、农村、农民问题,关系党和国家事业发展的全局。党的十七届三中全会指出,农业是安天下、稳民心的战略产业,没有农业现代化就没有国家现代化,没有农村繁荣稳定就没有全国繁荣稳定,没有农民全面小康就没有全国人民全面小康。改革开放30年来,中国的经济社会结构发生了巨大而深刻的历史性变革,中国的经济建设和社会发展取得了举世瞩目的巨大成就,建设社会主义新农村已经成为全党工作的重心、社会发展的主题。

被誉为"神州第一组"的官桥八组,紧跟改革开放的脚步,经过30年的发展,由一个贫穷落后的偏僻小山村变成了富裕文明和谐进步的社会主义新农村,并成功地开辟出了一条农村城镇化建设的新路径,为今天正在进行的社会主义新农村建设提供了一个鲜活的成功的范本。然而,今天的广大农村与当年的官桥八组相比,无论是政治环境、社会环境,还是经济环境,都发生了巨大变化,今天的发展环境比过去任何时候都要优越。比如,党的十七届三中全会提出的农村改革发展的基本目标任务,为新农村建设指出了具体而明确的奋斗目标;社会主义市场经济体制的建立和完善,国家综合国力的不断增强,国家投入大量资金反哺农业,为新农村建设提供了强大的经济支撑;随着经济体制改革的不断深入,农村土地承包制度和林权制度的改革得到进一步深化与完善,农业税费的减免、种田和退耕还林的补贴、农副产品的保护价政策、"村村通"工程、免费义务教育、新型农村合作医疗等惠

善借八方之力，开拓城镇化新路 ○ 中国百村调查丛书·官桥八组

民富民政策的实施，为新农村建设营造了良好的政策环境；随着国家经济建设的不断发展和市场体系的日趋成熟，农村的交通条件得到极大改善，城市与农村之间的商品流通渠道已被打通，农副产品的开发和物资流通空前活跃，国家一批批重点项目的开工建设对农村经济的拉动，城市经济和商品市场对农村经济的辐射，新一轮的产业转移对农村经济的推动，资源节约型、环境友好型社会建设和生态旅游资源的开发，农村土地流转政策的实施和农民工回归等经济现象的出现，为新农村建设创造了千载难逢的发展机遇；特别是随着经济社会的发展和科学技术的进步，人类已经步入了信息时代，信息的快速传递与劳动力的频繁流动，使人们知道农村已不再是"落后闭塞"的代名词，人们的思想观念、竞争意识、生活方式已发生了显著的变化，广大农民渴望脱贫致富奔小康的愿望比以往任何时候都要强烈，这就为新农村建设催生出不竭的发展动力。因此，新形势下的社会主义新农村建设，不可能去重复或者模仿官桥八组的发展模式，但是，官桥八组30年来的发展经历和成功经验，却能为今天正在进行社会主义新农村建设的地方和人们提供许多有益的启示。

1. 启示一：勇于解放思想，创业敢为人先

官桥八组作为一个中国农村最基层的村民组织，经过30年的不懈努力，能够取得今天这样骄人的成绩，首先得益于他们勇于解放思想，创业敢为人先。在改革开放初期，八组人在组长周宝生的带领下，敢于解放思想，转变观念，敢于冲破计划经济体制下"左"的思想路线的桎梏，率先推行联产承包责任制，敢于"洗脚上田"经商办企业，闯出了一片组级经济的新天地，实现了八组人由贫穷向温饱的跨越。在八组经济起飞阶段，八组人没有被小农经济思想、"小富即安"的陈旧观念所束缚，而是不断地追求更高的目标，"泥脚子"竟然盘起了高科技，农民创造了办高等教育的神话，这些别人连想都不敢想的事情，他们不仅办到了，而且很成功。他们以一种超常规的思维、超常规的发展方式，开辟了一条独特的发展之路，实现了八组人由温饱向小康的跨越。为什么在同一时期甚至同一地域内有许多与八组条件相同甚至要优越得多的地方没有发展起来？究其原因还是在于这里的干部群众思想不解放，观念陈旧。因此，社会主义新农村建设首要的任务还是要进一步解

放思想，切实增强发展意识、机遇意识、责任意识和创新意识，确立新的发展理念，探索新的发展思路，"聚精会神搞建设，一心一意谋发展"，才能开辟出新农村建设的一片新天地来。

2. 启示二：发展集体经济，坚持共同富裕

官桥八组经过30年的不断发展，实现了从单一农业到办厂经商的跨越，从资源型企业到高科技企业的跨越，从工业向生态农业、办高等教育的跨越，从省内向省外的跨越，从贫穷到温饱再到全面小康的跨越。集体总资产从最初的不到1万元发展到10亿元，其成功的秘诀就在于，发展集体经济，坚持走共同富裕的道路，充分显示了集体的力量和魅力。改革开放之初，组长周宝生就带领乡亲们艰苦创业，大家抱作一团，为集体的发展出谋献策、添砖加瓦，使集体经济不断壮大。在八组发展的关键时刻，他们没有分掉通过原始积累攒下来的7000万元血汗钱，而是将其用于继续发展之中。正是因为有了集体经济的力量，他们才扛住了因投资失误带来的损失和风险。在八组的发展过程中，集体的利益在八组人的心中分量最重，他们真正做到了集体资源共同拥有、发展成果共同享受、发展风险共同承担，人们为生活在八组这个集体里感到骄傲和自豪。在社会主义市场经济条件下，官桥八组坚持发展集体经济，走共同富裕的道路，是非常难能可贵的。而在当今的许多经济落后的乡村，土地和山林等集体资产承包到户后，集体只剩下一个"空壳"，集体经济几乎为零，共同富裕成了一句口号；也有近年来出现的"城中村"、"城边村"、经济开发区或者国家重点项目建设范围内的一些地方，人们把土地、资源开发得来的收入不是用在培植造血功能、扩大再生产、促进可持续发展上，而是土地卖光了，钱也分光花光了，虽然洋楼盖起来了，可是生活来源没有了，也没有给集体经济留下存在和发展的空间，这种现象值得深刻反思。官桥八组的经验是成功的，是值得学习和借鉴的。

3. 启示三：寻找自身优势，找准发展定位

官桥八组地处鄂南的一个偏僻小山村，这里既无区位优势，又无资源优势，更无产业、科技优势，他们是靠什么发展起来的呢？他们的优势又在哪里呢？实践表明：在经济起步阶段，他们一方面立足本土，通过联产承包率先解决了群众的温饱问题；另一方面向外延伸，以"滚雪球"的方式经商办厂，积累资金；在经济发展阶段，他们利用自己的"一亩三分地"，充分发挥自己的资金优势和管理经验，"筑巢引凤"，创办高科技产业，同时向外扩张，"借鸡下蛋"，借地生财，现在又用发展的成果来反哺农业，打造生态农业，发展第三产业包括生态旅游业，并已初具规模和初见成效。八组的经验告诉我们，本地的经济发展了，既可以解决当地劳动力就业、提高劳动者素质的问题，又可以吸纳外地劳动力来此就业，为社会作贡献。而现在有许多地方，虽有自然资源，却捧着金饭碗找饭吃；虽有人才和人力资源，但形不成合力，只能为别人作"嫁衣裳"；年年搞项目开发，却见不到经济效益而盲目发展；有求发展的强烈愿望，但又不知从哪里下手、发展什么、如何发展，如此等等，他们应该从官桥八组的发展中得到启迪。

4. 启示四：主动融入市场，积极参与竞争

实现计划经济向市场经济的转变，是社会主义经济体制改革的标志性成果。社会主义市场经济体制的确立，为中国特色的社会主义和现代化建设注入了新的活力。谁能较好较快地适应社会主义市场经济体制的转轨，谁就能得到较好较快的发展。官桥八组实现经济腾飞的关键因素就在于，围绕市场办产业，根据市场需要调整产业，主动融入市场，积极参与竞争。八组在创业之初，他们的口号是"什么赚钱就干什么"，后来发展为"市场需要什么就生产什么"。没有资金就引进资金，没有技术就引进技术，没有人才就引进人才，只要是他们看准了的项目，有条件的赶快上，没有条件的创造条件也要上，主动参与市场竞争，在竞争中求得发展。现在的许多地方，其经济之所以发展不起来，尽管影响因素很多，但缺乏市场观念和竞争意识不得不说是一个重要原因。他们不仅没有外向型企业作支撑，即使有一定的自然资源，如矿产资源、林木资源、水产资源、农特产品等，仅仅停留在粗放型开发的水平上，科技含量和附加值低，没有形成产业并把它推向市场，没有规模效益，更谈不上什么竞争力，谋求经济发展只能成为一种奢望。官桥八组的经验值得借鉴。

5. 启示五：着眼长远未来，谋求科学发展

在官桥八组这样一个方圆不足2平方公里的弹丸之地，既有现代化的工厂车间、宽阔街道、文化广场、宾馆楼堂，又有农家别墅、生态农业、青山

绿水、田园风光，第一、第二、第三产业齐头并进，和谐发展。改革开放30年来，八组人用自己的勤劳和智慧，演绎着一个个神话，创造了许多的奇迹，这都得益于八组人是在用科学的方法谋求发展，用战略的眼光谋划未来，用自觉的行动实践科学发展观。官桥八组是靠资源型、劳动密集型企业起家的。但是，在市场经济的博弈中，八组人逐步意识到靠办资源型、劳动密集型企业终究不是长久之计，要谋求长远发展，必须大力发展高科技产业。于是，他们果断关停了那些资源型、劳动密集型企业，集中力量建设高科技工业园。这些年，八组没有上过一个"高污染、高能耗"的项目，而是自觉地保护生态环境，以工业反哺农业，建设生态农业，改善人居环境，发展生态旅游，建设自己的美好家园，为"两型"社会建设作出了示范。而在我国，特别是在沿海地区，多少地方是以牺牲宝贵能源和破坏生态环境为代价，换取一时的经济繁荣，结果陷入了"先污染后治理"的怪圈，这种代价有的要让几代人来偿还，其教训极为沉重和深刻，这些行为与官桥八组相比，令人们不得不佩服八组人的远见卓识。今天的新农村建设，必须坚持科学发展观，对过去的失误要深刻反省，认真吸取教训，着眼长远未来，谋求科学发展，建设"资源节约型、环境友好型"社会，共同保护和建设好人类自己的家园。

6. 启示六：致力经济发展，促进全面进步

党的十六届五中全会提出建设社会主义新农村的重大历史任务，并明确提出了"生产发展、生活宽裕、乡风文明、村容整洁、民主管理"的20字要求；党的十六届六中全会将社会主义新农村建设作为促进社会和谐的一项重要措施；党的十七届三中全会提出的农村改革发展的基本目标任务，涉及农村经济建设、政治建设、社会建设、文化建设和生态文明建设等各个方面，为新农村建设提出了具体而明确的奋斗目标。其实，中央提出的这些要求，在官桥八组早就已经达到，已经成为活生生的现实。官桥八组在经济起步阶段，就千方百计发展集体经济，在实现经济腾飞的同时，着力改善人们的居住环境，积极推进民主管理，不断增加村民的经济收入，努力提高村民的文明素质，真正做到了"劳有所得、住有所居、学有所教、病有所医、老有所养"，做到了"村容整洁、乡风淳朴"、"夜不闭户、路不拾遗"，真的为城里人所不及。由此可见，我们绝对不能把新农村建设理解为单纯的经济

上的繁荣和生活上的富裕，绝对不能只追求经济上的发展而忽视政治文明、精神文明、社会文明和生态文明的建设，否则，只会出现经济愈发展、负面影响就愈多的尴尬局面，就会背离社会主义新农村建设的初衷和原则。在现实社会中，这样的现象还真的无法避免，有的地方虽然富裕起来了，经济发展起来了，人们的腰包也鼓起来了，但社会风气和人们的文明素养却没有得到相应的提升，出现了"经济爬坡、道德滑坡"的反差现象，如抹牌赌博之风盛行，生活腐化问题突出，挥霍浪费现象严重，封建迷信活动猖獗等，这与官桥八组相比，真是相形见绌，与社会主义新农村建设的要求更是格格不入，大相径庭。

7. 启示七：增强机遇意识，营造发展环境

官桥八组的经验还告诉我们，一个地方的经济建设和社会发展，除了这个地方的干部群众自身努力之外，还必须有一个很好的外部发展环境。推进社会主义新农村建设，指导和帮助广大农民脱贫致富奔小康，既是我们国家的基本国策，更是各级党组织和政府的政治责任。官桥八组的发展，凝集了八组人的汗水甚至泪水，历尽了千辛万苦，确实来之不易，而当地各级党委政府的正确领导、指导、支持和帮助，为八组营造的优良发展环境，也功不可没。党的十七届三中全会的召开，预示着新一轮农村综合改革又拉开了序幕，党和政府的一系列惠农富民政策已经或即将出台，农村经济社会发展的又一个春天正在到来。是抢抓机遇，乘势而上，赶上时代飞奔的列车，主动谋划和融入新一轮的大发展，还是等待观望，向国家伸手等靠要，企盼天上掉下馅饼而坐享其成？这是考验和检验各级领导干部是真干还是假干、是称职还是不称职的试金石。广大农村的各级党委和政府以及广大基层干部，应该切实增强政治意识、机遇意识、发展意识、服务意识和责任意识，因地制宜，科学规划，正确指导，克难奋进，为当地的新农村建设营造健康的发展环境，带领广大农民脱贫致富奔小康，这是党和人民交给我们的政治责任，是时代赋予我们的历史使命。等待观望或坐享其成，其最终结果只能是继续贫穷，永远落后。

8. 启示八：同享一片蓝天，谋事关键在人

毛泽东同志曾经说过："政治路线确定之后，干部就是决定的因素。"伟

大的时代催生伟大的事业，伟大的事业造就无数的风流才俊，周宝生就是其中的一个。在改革开放的30年里，官桥八组之所以能从一个贫穷落后的小山村发展成为享誉荆楚、闻名天下的富裕文明村，一个最直接的原因，就是他们有一个好带头人——周宝生。可以这样说，没有周宝生，就不可能有今日的官桥八组。为了改变家乡贫穷落后的面貌，让父老乡亲们过上幸福安康的新生活，周宝生几十年如一日，团结带领乡亲们艰苦创业，主动放弃了许多自己独立经商发财和从政当官的机会，用毕生的精力致力于家乡的发展。他虽然早已"功成名就"，但他从不居功自傲，从不搞特权，依然保持着一个共产党员的政治本色和农民的质朴感情，如今仍然在组长的位置上劳碌奔波，继续谋求八组的更大发展。所以，乡亲们都发自肺腑地说："做一个八组人是幸运的，而最大的幸运就是拥有一个贴心的当家人、开明的领路人。"官桥八组的发展充分说明，一个地方的快速发展，与一个好的领路人密不可分。为什么同在一片蓝天之下，有的地方发展得快，有的地方发展得慢，这与有没有像周宝生这样的一心为公、精明能干、不怕吃苦、甘于奉献的领头人有很大关系。因此，无论在哪个地方，要建设好社会主义新农村，就必须有一个思想觉悟高、群众信得过、发展有本事、敢于扛大梁、能为大家办实事、肯吃苦、讲奉献的好带头人，这应该说是一个颠扑不破的真理。

"为有牺牲多壮志，敢教日月换新天。"官桥八组30年的发展历程充满了传奇色彩，其发展成就令人赞叹钦佩。他们成功的经验和敢为人先、勇立潮头、开拓进取、百折不挠、顽强拼搏、尊重科学、追求卓越、艰苦创业、爱组如家的团队精神，是值得学习和借鉴的宝贵财富。

第一编

总调查报告

第一章 概述

第一节 历史沿革

一 官桥村名的由来

官桥村名的由来，有两种说法：一是历史记载，二是民间传说。

历史记载：官桥村因紧靠官桥铺而得名，官桥铺又因官桥而得名。据说，元朝以前并无"官桥"地名，这一带只是武昌至岳阳古驿道上的一个驿站。当时，通过这里要绕过白湖（今三湖连江水库），还要翻越几座小山，交通非常不便。据《嘉鱼县志》记载："官桥，在官桥铺白湖汊上。元至正二十四年（1364年）驿路改道时，由知县李夔主持修建。为单孔石拱桥，长7米，宽4米，高3米，孔跨5米。"[1] 明清两朝，这里一直是"置邮传令"的驿站，并以驿站为中心形成了村落和小集镇。这个小集镇因官桥而得名，称官桥铺。"1965年嘉蒲公路在官桥处裁弯取直，路线西移700米，桥逐弃置。仅存桥基。"[2]

民间传说：官桥镇一带民间流传着一个古老传说：很久以前，人们要渡过白湖港汊，由于没有桥梁，要沿湖绕行一个大圈，居民来往极不方便。有一年，白湖港汊北岸的方家庄人与南岸的周姓、蔡姓商量，决定合作修建一

---

[1] 嘉鱼县地方志编纂委员会编《嘉鱼县志》，湖北科学技术出版社，1993，第552页。
[2] 嘉鱼县地方志编纂委员会编《嘉鱼县志》，湖北科学技术出版社，1993，第552页。

座桥。于是，有的出石料，有的出木料，有的出劳力，不久桥就竣工了。可是，三姓却为桥名而发愁。周姓认为，当地周姓人最多，应该叫"周家桥"；方姓则说，修桥他们出力最大，桥应该姓方才合适；蔡姓也当仁不让，主张叫"蔡家桥"，三姓为此争执不下。这时，一位县官从这里路过，听说此争论后说："本官是这里的父母官，今天从这桥上经过，这个桥就叫'官桥'吧！"三家都不敢反对。从此，这个桥就称为"官桥"，官桥所在的集镇就称为官桥铺，官桥铺旁边的村庄就叫官桥村。

二 绿化八队的形成

官桥八组是官桥村的组成部分，官桥村则是官桥镇下辖的一个基层组织。

历史上的官桥镇，从西晋至宋，为丰义乡。明洪武年间，为丰义里。清代光绪三十四年（1908年），为绿岭小区，后改为官桥小区。辛亥革命后，改小区为联保。民国20年（1931年），属第一区，分置官玉、白湖、绿岭3乡。民国26年（1937年），3乡合并为官桥乡。民国34年（1945年），日本投降后，撤区建乡镇，与西堡乡合并为官堡乡。

1949年5月25日，嘉鱼全县解放。1950年3月，废除保甲制度，改保为乡，官桥村所在的镇属第一区。1951年10月土地改革结束后，官桥村属第一区胜利乡管辖。1953年4月，官桥村所在的胜利乡与生产乡合并为官桥乡。官桥村"1949年为官堡乡第五保。1950年属生产乡。1952年为绿化、官桥两个农业生产合作社。"[1]

1956年1月，官桥村所在的官桥乡与白湖、团结等乡合并为绿化乡，属鱼岳区管辖。1958年，推行政社合一的人民公社体制，官桥村所在的鱼岳区绿化乡更名为鱼岳公社绿化管理区。"1958年两社（绿化、官桥两个农业生产合作社——引者注）合并为绿化大队"。[2] 下辖8个生产队，其中第8生产队就是绿化八队。1961年5月复区，官桥村所在的绿化管理区改为鱼

---

[1] 嘉鱼县官桥镇志编纂委员会编《官桥镇志》，1991年编撰，第59页。
[2] 嘉鱼县官桥镇志编纂委员会编《官桥镇志》，1991年编撰，第59页。

岳区绿化公社。1962年春，中共中央发出《关于改变农村人民公社基本核算单位问题的指示》后，全国农村人民公社基本核算单位很快由生产大队改变为生产队。至此，绿化八队才算最后形成了具有独立核算权的生产单位。

官桥八组老照片

三 从绿化八队到官桥八组

1971年3月，撤区并社，硃砂公社并入绿化大队所在的绿化公社，仍称绿化公社。1975年2月，硃砂公社分设后，绿化公社改称绿岭公社。"1981年（绿化大队——引者注）更名为官桥大队。"[①] 1983年10月，中共中央、国务院发出了《关于实行政社分开建立乡政府的通知》。1984年1月，嘉鱼县调整区划设置，撤销了人民公社体制，建立了区、乡设置。原官桥大队所在的绿岭公社，分置为官桥、绿岭两个乡，属官桥区管辖。1987年10月撤销区建制，官桥乡和绿岭乡合并改置为官桥镇。[②]

---

① 嘉鱼县官桥镇志编纂委员会编《官桥镇志》，1991年编撰，第59页。
② 嘉鱼县官桥镇志编纂委员会编《官桥镇志》，1991年编撰，第1页。

中国百村调查丛书·官桥八组 ○ 神州第一组

1984年2月，官桥大队改为官桥村民委员会（以下简称"官桥村"）。1989年，官桥村下辖28个自然村，16个村民小组，412户，2028人，耕地4674亩。① 以后，16个村民小组合并为8个村民小组。官桥大队改为官桥村民委员会的同时，官桥第八生产队就改成了官桥八组，即官桥村的第八小组。它由老江边村、前郭城塘村、后郭城塘村和王栗林村4个自然村组成。2007年，官桥村下辖8个村民小组，总人口3056人，总面积17.6平方公里，其中耕地4755亩，山林5300亩，水面3450亩。②

1979年后，由于官桥八组经济发展较快，特别是组办企业迅猛崛起，1984年经有关部门批准成立了"湖北省嘉鱼县官桥农工商综合公司"。1986年，为了加强党组织对官桥八组及其企业的领导，经上级党组织批准，建立了官桥八组党支部（中共党支部一般建立在村，而不是在村民小组），隶属于中共官桥村总支委员会。从此，官桥八组及其党支部已成为相对独立于官桥村及其党总支的基层群众自治组织和基层党支部。

第二节　区位条件和自然资源

一　区位条件

嘉鱼县在鄂东南长江中游南岸，咸宁市西北部，南接赤壁市，西与洪湖市、北与武汉市汉南区隔江相对，东北与武汉市江夏区相连。嘉鱼县是鄂东南幕阜山脉与江汉平原的结合部，素有"武昌上游之邑，湘湖要冲之区"的美称。嘉鱼县处于"1+8"武汉城市圈的南部，东南距咸宁市45公里，东北离武汉市77公里，具有明显的区位优势。

官桥八组地处嘉鱼县南部西梁湖与长江之间的狭长丘陵地带，位于官桥镇东250米，东接任家桥村，南临绿岭村，西与白湖寺村相连，北与石鼓岭村接壤。北距嘉鱼县城鱼岳镇5公里，东南距咸宁市区45公里，西南距赤

---

① 嘉鱼县官桥镇志编纂委员会编《官桥镇志》（图书准印文号［91］第1号，内部发行），第59页。

② 官桥村民委员会：《官桥村基本情况》，2007年9月11日。

壁市区 28 公里，东北距武汉市区 82 公里；离京珠高速公路嘉鱼连接线 12 公里，离京广铁路和 107 国道 17 公里，离长江深水码头 6 公里。总体看，地理位置不算优越，交通条件也不太方便。

二 地理环境

1. 地质地貌

官桥八组处在幕阜山脉和江汉平原结合部，以低丘岗地为主，地表高程 18.9～26 米，地表下 1800 米为三叠纪大冶灰岩，上覆侏罗纪、第四纪地层，为全新世现代冲积层，冲积厚度 150～260 米。官桥八组属于侏罗纪以前的地层，处在沔阳沙湖至湖南湘阴大断裂带的南面，地层岩石受到 1.8 亿年前三叠纪中晚期印支运动和 0.7 亿年前侏罗纪和白垩纪燕山运动的影响，发生强褶皱和断裂。全组处在丘岗地区，地表土壤由志留纪分化之后的泥质页岩、石灰岩、石英砂岩、红色砾岩和原生次生植物积累熟化生成，多为红壤。

显然，官桥八组的地貌地质较差，低丘岗地缺水怕旱，效益低下；以相对贫瘠的红壤为主，不利于农作物生长。

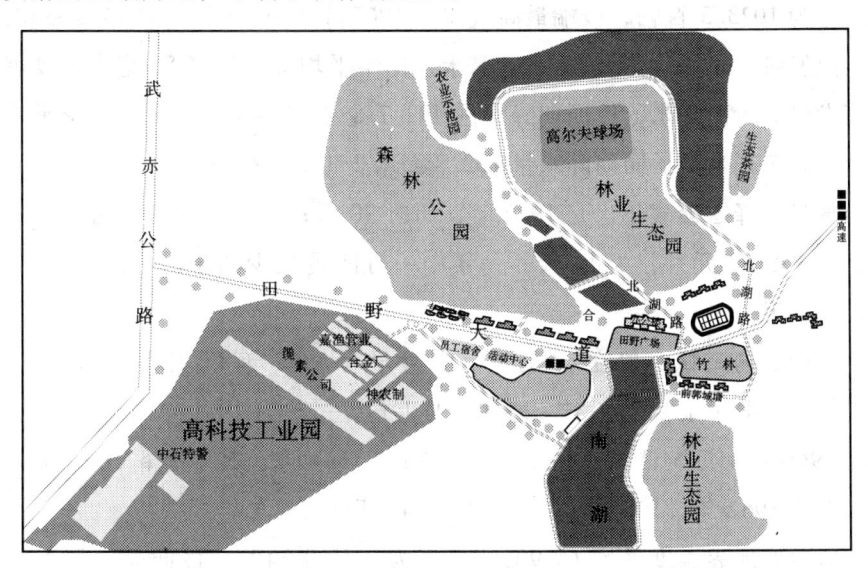

官桥八组平面示意图

2. 气候

日照。年平均日照1878.9小时，日均5.1小时。其中，夏季日均7.4小时，8月日均8.1小时；冬季日均3.8小时，2月日均3.5小时。日照率夏季平均为54%，8月为62%；冬季为33%，3月为31%。辐射量为105.9千卡/平方厘米。

气温。年温差，平均16.9℃，最高17.7℃（1961年），最低16.2℃（1957年）。月温差，7月最热，平均29.2℃；2月最冷，平均4.1℃。稳定通过5℃的持续期，为农作物的生长期，平均初日在2月27日，终日在12月10日，初、终之间287天，活动积温为5818℃。

雨量。年平均降水日数137天，降水量1380毫米，其中，春季509.2毫米，夏季492.7毫米，秋季215.3毫米，冬季162.8毫米。一年中，6月降水量最多，246.7毫米；元月最少，44毫米。日降水量≥50毫米的降水日数，1957~1985年出现134次，平均每年4.8次；日降水量≥100毫米的强降水过程，1957~1985年出现15次，平均两年一遇。

气压。年平均气压为1012.6百帕。月际气压变化量呈单谷型，7月最低，为999.6百帕。极端最低气压为1982年7月30日的998.9百帕；元月最高，为1023.3百帕，极端最高气压为1967年1月15日的1044.6百帕。

蒸发量。年平均蒸发量1436毫米，比年平均降水量多56毫米。夏季平均蒸发量635.9毫米，比同期降水量492.7毫米多143.2毫米；冬季平均蒸发量150.7毫米，比同期降水量162.8毫米少12.1毫米。

雪日。降雪最多年份是1957年，历时20天；一年中一月降雪最多的天数，是1981年元月，为14天；一年中一月降雪最少的年份，是1961年元月，为1天。

霜期。初霜日一般在11月下旬，最早为1957年11月14日，最晚为1977年12月26日；终霜日一般在三月上旬，最早为1961年2月17日，最晚为1969年4月5日。最短霜期为1978年，94天，其中有霜日15天；最长霜期为1962年，105天，其中有霜日43天。

地温。地表温度平均18.9℃，最高为7月份34℃，最低为元月4.8℃。地表5~10厘米低0.6℃，15~20厘米低0.5℃。

总之，官桥八组属于北亚热带季风气候鄂中气候区，四季分明，春暖夏热，秋凉冬寒；光照充足，热量丰富，间有冷害；雨量充沛，分布不匀，年差较大，总体气候较为适宜。

三　自然资源

1. 土地

总面积1.56平方公里，折合2340亩，其中可耕地约637亩（其中，水田373亩，旱地264亩），山林约1600亩，水面约100亩。

2. 水文

嘉鱼县水资源非常丰富，有主要湖泊12处，总面积109.98平方公里，占全县国土面积1017.31平方公里的10.81%。官桥八组境内无大湖泊，无较大地表河流，但西临三湖连江水库，东近西凉湖，地下水非常丰富。但是，他们很少地下取水。1979年前，村民多是露天取水。老江边村用一口直径约3米、深约4米的露天水井，前郭城塘村和后郭城塘村多从水塘取水，王栗林村人畜用水都靠到山脚下的郭城塘村肩挑。1979年后，全村都饮用水源来自长江的自来水。田野集团工业用水量很大，都取自三湖连江的库水。

3. 矿藏

以煤为主。据《嘉鱼县志》记载："煤田名称：官桥"；"开采所在地：官桥乡官桥村"；"煤系名称：侏罗纪香溪系"；"煤田段块：6"；"煤田总储量：13万吨"，而且全部为"地质型"。[①] 此外，官桥八组还有少量石灰石。

综上所述，官桥八组自然资源比较匮乏，无任何优势可言。

第三节　人口和劳动力

一　人口数量和素质

1. 人口数量的变化

据《官桥镇志》记载，1989年，官桥八组有80户、330人。其中：前

---

① 嘉鱼县地方志编纂委员会编《嘉鱼县志》，湖北科学技术出版社，1993，第46页。

郭城塘村18户、70人，后郭城塘村27户、130人，老江边村19户、70人，王栗林村（《官桥镇志》称该村为"栗山坡"）16户、60人。①

1974年，官桥八组人口最多，达360余人。此后，由于计划生育和人口外迁，人数逐渐减少。2007年底，已减至58户、241人。

2. 人口数量和素质的现状

表1-1 2007年底官桥八组58户、241人基本情况

单位：人，%

(一)

总计人数	性别		年龄						
	男	女	<6岁	6~14	15~24	25~34	35~49	50~59	>60岁
241	126	115	13	23	46	39	72	23	25
比重	52.3	47.7	5.4	9.5	19.1	16.2	29.9	9.5	10.4

(二)

6周岁以上	文化程度								
	文盲	小学	初中	高中	中专	职高	大专	本科	研究生
228	11	45	101	34	11	2	11	12	1
比重	4.8	19.7	44.3	14.9	4.8	0.9	4.8	5.3	0.4

(三)

民族	政治面目				婚姻状况				
汉族	14周岁以上	中共党员	共青团员	无党派	15周岁以上	未婚	已婚	离婚未婚	丧偶未婚	同居
241	205	24	47	134	201	46	145	3	5	2
比重	85.1	10.0	19.5	55.6	83.4	19.1	60.2	1.2	2.1	0.8

(四)

总计人数	在业人员状况			不在业人员状况					
	小计	正常工作	超龄工作	小计	学龄前儿童	在校学生	无业未就业	家务	丧失劳动力
241	140	136	4	101	12	56	4	12	17
比重	58.1	56.4	1.7	41.9	5.0	23.1	1.7	5.0	7.1

资料来源：据《村民家庭问卷调查》资料。

---

① 嘉鱼县官桥镇志编纂委员会编《官桥镇志》（图书准印文号[91]第1号，内部发行），第5页。

从表1-1的数据可以看出。

①户数和人口有所减少。1989~2007年，户数减少22户，即减少27.5%；人数减少89人，即减少27.0%。其主要原因是部分村民外迁到嘉鱼县城、咸宁市和武汉市。

②性别结构：男126人，女115人，性比例为110，比全国性比例106①高4个百分点。

③年龄结构：241人共8207岁，人均34岁。其中，0~14岁少年人口占总人口14.9%，15~59岁占74.7%，60岁以上人口占10.4%（含65岁以上12人，占5.0%）。2007年，全国人口的年龄结构是：0~14岁占19.4%，15~59岁占69.0%，60岁以上占11.6%（其中65岁以上占8.1%）。② 上述数据说明，官桥八组人口年龄结构中0~14岁的人口和60岁以上的人口比例偏小，15~59岁人口比例偏大，正处于"人口红利"的鼎盛时期。

④文化程度：6周岁以上228人中，平均受教育9.2年。全国各地区县6岁及6岁以上人口，平均受教育6.4年。③ 这说明，官桥八组人口的文化素质高于全国平均水平。

⑤政治面貌：在14周岁以上的205人中，有中共党员24人，占11.7%；共青团员47人，占22.9%。2007年6月底，全国农村党员2310.2万人，④ 约占农村14周岁以上人口的3.9%。2007年底，全国农村共青团员2032.5万人，⑤ 约占农村14周岁以上人口的3.5%。显然，官桥八组14周岁以上人口中中共党员、共青团员比例大大高于全国平均水平。

⑥婚姻状况：在15周岁以上的201人中，未婚46人，占15周岁以上

---

① 国家统计局：《中华人民共和国2007年国民经济和社会发展统计公报》，2008年2月29日《人民日报》。
② 国家统计局：《中华人民共和国2007年国民经济和社会发展统计公报》，2008年2月29日《人民日报》。
③ 国家统计局人口和社会科技统计司编《中国人口统计年鉴2000》，中国统计出版社，2000，第34~35页。
④ 《全国党员人数已达7336.3万名》，新华网，2007年10月9日。
⑤ 《全国共青团员人数07年底达7543.9万人》，中新网，2008年5月4日。

人口总数的 22.9%；已婚 145 人，占 72.1%；离婚未婚 3 人，占 1.5%；丧偶未婚 5 人，占 2.5%；同居 2 人，占 1.0%。全国 15 周岁以上人口中，未婚占 15 周岁以上人口总数的 18.8%，已婚占 74.3%，离婚占 0.9%，丧偶占 6.0%。[①] 上述对比数据说明，官桥八组 15 周岁以上人口中，未婚、离婚、同居人口比例较高，已婚、丧偶人口比例较低，现代婚姻特色比较明显。

⑦在业人员状况：在业人员 140 人，占总人口 58.1%。全国就业人员 76990 万人，占总人口 58.3%；乡村就业人员 47640 万人，占乡村人口 65.5%。[②] 官桥八组比全国就业人口比例低 0.2 个百分点，比全国乡村就业人口比例低 7.4 个百分点。

⑧不在业人员状况：不在业人员 101 人，占总人口 41.9%。其中，在校学生比重最大，占总人口 23.2%。全国在校学生 22868 万人，占总人口 17.3%。[③] 官桥八组高于全国在校学生比例 5.9 个百分点。这是官桥八组在业人员比例低于全国乡村就业人口比例的主要原因，也是官桥八组今后发展的希望所在。

⑨劳动力负担系数：官桥八组总人口 241 人，其中在业人员 140 人，劳动力负担系数为 1:1.721；全国总人口 132129 万人，其中就业人员 76990 万人，[④] 劳动力负担系数为 1:1.716。基本持平。

二 劳动力资源及其性别结构

2006 年底，官桥八组人口的年龄结构和劳动力人口的性别结构情况见表 1-2、表 1-3。

---

① 国家统计局人口和社会科技统计司编《中国人口统计年鉴 2000》，中国统计出版社，2000，第 40~41 页。

② 国家统计局：《中华人民共和国 2007 年国民经济和社会发展统计公报》，2008 年 2 月 29 日《人民日报》。

③ 国家统计局：《中华人民共和国 2007 年国民经济和社会发展统计公报》，2008 年 2 月 29 日《人民日报》。

④ 国家统计局：《中华人民共和国 2007 年国民经济和社会发展统计公报》，2008 年 2 月 29 日《人民日报》。

从表1-2、表1-3的数据可以看出。

（1）劳动力资源较为丰富。劳动力年龄人口占总人口的比例为73.4%，劳动力负担系数为1∶1.36，正处于"人口红利"的有利时期。

（2）劳动力资源性比例不算太高。劳动力年龄人口性比例为108，还算合理。

表1-2 年龄结构

单位：人，%

合计	少年人口		劳动力年龄人口		老年人口	
	人数	比例	人数	比例	人数	比例
241	40	16.6	177	73.4	24	10.0

说明："少年人口"指15岁以下人口；"劳动力年龄人口"指16~64岁人口；"老年人口"指65岁及以上人口。

资料来源：田野集团妇联。

表1-3 劳动力人口的性别结构

单位：人，%

合计	男 性		女 性	
	人数	比例	人数	比例
177	92	52	85	48

资料来源：田野集团妇联。

三 人口和劳动力流动

1. 人口流动

据不完全统计，截至2005年7月，官桥八组迁出人口35人，其年龄结构见表1-4。

表1-4 迁出人口年龄构成

单位：人，%

合计	15岁以下		15~49岁		50岁以上	
	人数	比例	人数	比例	人数	比例
35	6	17.1	23	65.7	6	17.1

资料来源：田野集团妇联。

从表 1-4 的数据可以看出：(1) 迁出人口 35 人，占 2006 年底总人口 241 人的 14.5%。(2) 迁出人口中，老年、青壮年、少年儿童均有，很可能是以家为单位外迁。(3) 迁出人口以青壮年为主，其中 15~49 岁人口占 65.7%。

2. 劳动力流动

一方面，是劳动力流出。据本课题组《村民家庭问卷调查》资料，2007 年底官桥八组劳动力流出情况见表 1-5。

表 1-5　2007 年底官桥八组劳动力流出情况

村　名	户　主	姓　名	性别	年龄	文化程度	工作地点	行　业	职　业
老江边	周柏林	周柏林	男	54	初中	官桥镇	个体户	裁　缝
老江边	周呈全	周　波	男	24	大学本科	青　岛	民营企业	白领人员
王栗林	周瑞猛	任文华	男	42	初中	嘉鱼县	个体户	跑运输
王栗林	周新才	周　洁	女	22	高中	省　外	餐饮业	服务员
王栗林	周新龙	周　霞	女	20	高中	省　外	餐饮业	服务员
前郭城塘	周廷涛	周廷涛	男	52	初中	咸宁市	建筑业	包工头
前郭城塘	周海忠	周海忠	男	39	初中	官桥镇	运输业	跑运输
前郭城塘	周东生	周丽萍	女	25	大学本科	省　外	—	白领人员

从表 1-5 的数据可以看出：流出的劳动力中，男性居多；全部是青壮年；全部是初中以上文化程度，其中高中、大学本科各占 25%；湖北省内外各占一半；自己当"老板"（包括个体户、跑运输和包工头）的占 50%，白领（两位大学本科）占 25%，蓝领（服务员）占 25%。

另一方面，是劳动力流入。据田野集团提供的部分员工花名册，2008 年 1 月员工总数为 325 人，其中外来员工 211 人，占 64.9%。

据对 58 名员工进行《职工问卷调查》的资料，他们的基本情况是：男性占 70.7%；34 岁及其以下的青年人占 37.9%，35~49 岁的中年人占 41.3%，平均年龄 38.6 岁；他们的文化程度，高中占 31.0%，大专以上占 55.2%，平均受教育 13 年；中共党员、共青团员占 65.5%；官桥八组以外的职工占 86.2%；来田野集团工作 2 年以内的占 60.3%，3~4 年的占 22.4%。显然，流入劳动力的综合素质是比较高的。

第二章 自然村庄

第一节 自然村的过去

一 自然村的村名

官桥八组由老江边、前郭城塘、后郭城塘、王栗林4个自然村庄组成。4村呈伞状分布,彼此间隔200~500米。这4个自然村的村名,都各有来历。

1. 老江边村

据说,很久以前,老江边村村边有一条河流与长江相连,因而得此村名。1935年,"国民政府"在金口修建金水闸。从此以后,流经村边的河流失去水源,逐渐干涸、消失,因而老江边村已名不符实。但是,历史上的这个村名却流传了下来。

2. 前郭城塘村和后郭城塘村

郭城塘村村名的由来,有两种说法:一是,"村前有一口水塘,原为葛姓、程姓两户所修,人称葛程塘,"[①] 后改称郭城塘。塘南的村,就叫前郭城塘村;塘北的村,就叫后郭城塘村。二是,很久以前,村子有一个晒谷场,晒谷场对面是另一个村子。为了方便,人们就将这两个村子分别取名为

---

① 嘉鱼县官桥镇志编纂委员会编《官桥镇志》,1991年编撰,第5页。

"前谷场"村和"后谷场"村。后来,由于当地方言口传的原因,就演变成了"前郭城塘"村和"后郭城塘"村。

3. 王栗林村

王栗林村,又称栗山坡村。据《官桥镇志》记载,这个村建在"一个小山丘的坡地上。过去多栗树。"① 因而称栗山坡村。由于最先到这里落户的是一王姓人家,山坡上的一片栗树都是他家种的,因而又被称为王栗林村。

二 1979年前的自然村

官桥八组4个自然村历史悠久,均以周姓为主。相传"宋太祖赵匡胤平鄂州时,闻周国俊勇略,招置幕府,平定李煜立有功,晋为镇国将军不受,避居少阳横山(鱼岳镇青山)。南宋咸淳年间,其后裔周金俊移居官桥。"②元朝仁宗年间,周氏第51代周家第四房兄弟移居老江边村、后郭城塘村、前郭城塘村和王栗林村,③ 以农、渔、商为业,人丁兴旺,过着"日出而作,日落而息"的农家生活。

1. 老江边村

1949年前,老江边村有19户人家,均为周氏一族。村里建有周氏祠堂,为一间约70平方米的平房。屋内正中靠墙摆放着一张长条桌,桌上依次供奉着周氏历代祖宗牌位,其前方有香炉等祭祀用品。每逢农历节日,由各家自备香、蜡、酒、果等祭品进行祭祀活动。村民家遭遇不测,也常到祠堂祭祀,以求祖先保佑。1949年后,该祠堂被拆除。

过去,全村人共用一口直径约3米、深约4米的露天水井,木质水桶、粗陶水缸是他们挑水和盛水的工具。全村共用一个稻场、一副石碾,收割水稻时,先在田里将成熟水稻捆扎好,挑运到稻场后用牛拉着石碾碾压稻谷,并不时翻动稻草,直到谷粒基本脱离稻草为止。然后,就地晾晒,待稻谷晒干后再储藏起来。储粮方式多种多样,有木制桶仓,有陶制大缸,有竹制篾

---

① 嘉鱼县官桥镇志编纂委员会编《官桥镇志》,1991年编撰,第5页。
② 嘉鱼县官桥镇志编纂委员会编《官桥镇志》,1991年编撰,第31页。
③ 参见《周氏家谱》,爱连堂,1998年修撰。

席，有麻制包袋，其容量少则几十斤，多则数千斤。稻草晒干后储藏起来，既是喂养耕牛的饲料，又是烧水做饭的燃料，还可冬季用来铺床御寒。村里有一座榨油作坊，收获的油菜、芝麻、花生、黄豆等可在作坊加工，废渣可用来喂猪或作肥料。

19户村民，约2/3为贫困户。他们的住宅多是土砖、布瓦房或草房，大都年久失修，破烂不堪。房屋结构多为一连两间或三间，即一间堂屋一间卧室，或一间堂屋两间卧室，面积50~80平方米。卧室与厨房往往没有分隔。另外，约1/3经济状况较好的村民，房屋墙壁多为下半截青砖、上半截土砖，房顶则用木檩铺盖布瓦，房屋结构多为一进两重，一连两间或三间，几兄弟或几代人一起居住。村内卫生条件极差，杂草丛生，污水横流，房前房后的露天茅厕，夏天蚊蝇乱舞，臭气熏天。村民建房多随心所欲，大门朝向各取所好，房屋布局杂乱无章，羊肠小道弯弯曲曲，仅有一条狭窄山路与邻村相连。

老江边村经济以农业为主，水田种植水稻，旱地种植小麦、大麦、芝麻、油菜、红苕等，每家养殖少量猪和鸡、鸭等家禽。农作多用传统铁木工具，耕作粗放，土地利用率不高，水稻亩产200~250斤，大、小麦亩产一般40~60斤。经济情况较好的人家，可维持一日三餐，或略有节余；多数贫困村民都是糠菜半年粮，每逢青黄不接不得不靠借贷果腹，甚至外出乞讨度日。村民着装，以土棉布为主，许多人衣衫褴褛，夏难遮羞，冬难御寒。所谓"新三年，旧三年，缝缝补补又三年"；"新老大、旧老二、花子老三"，就是当年多数村民衣着状况的真实写照。

2. 前郭城塘村

官桥一带山地含湖，自然灾害较重。俗话说："山多不连山，水多又怕旱，晴得三天水车响，雨后三天变汪洋"，就是这里自然条件的真实写照。但是，郭城塘村依狗头山脉的地理优势，在大火面前往往损失较轻。因而，当地流传一句俗语："两方带一梁（指附近方姓与梁姓村庄），最好是郭塘。"

1949年以前，前郭城塘村沿袭着几千年以来的封建土地制度。据村民周瑞松介绍，长工：每年农历正月十六上工，十月底秋收后满工，年发单衣一套、毛巾一条，草帽一顶，日供简陋住宿和粗糙饮食，年工价稻谷5~6石（童工2~3石），患病不付药费，久患解雇。月工：以月计算，供粮食，月工价1~1.5石；日工：以日计算，供粮食，日工价2~3升米。租佃，有定租、支租、工租、搭锄头4种。定租，不分年成好歹，按定价收租，水田每亩租额上则2石、中则1.5石、下则1~0.7石；支租，按定租先交四成，秋后交六成；工租，佃田一亩，给地主做工30~40天，不另收租谷；搭锄头，地主供种子肥料，佃户耕种，秋后地主得六成，佃户得四成，如秋后地租交不齐，认息改佃。

1949年5月前郭城塘村解放后，实行减租减息、清匪反霸、土地改革运动，农民在政治上翻了身，经济上摆脱了封建剥削。1953年后，逐步走上互助组、合作社和人民公社道路。但是，直到1978年，全村9户70余人，住的仍然是9栋约30间土坯、砖木结构平房；吃的以大米为主，青黄不接时常吃国家返销粮，有时还得靠糠粑、红苕充饥；穿的主要是土棉布衣；用的是旧式家具；夜间照明主要是煤油灯，无家用电器，村里1980年才通电。水井、水塘、晒谷场等设施，与3个邻村共用。

3. 后郭城塘村

过去的后郭城塘村，有32户，约200多人。村前是水塘，后面是狗头山，左边是通往其他村的乡间土路，右边是晒谷场。村民房屋分散在各个角落，一连三间或两间，多以土砖砌墙，顶上盖茅草，全家几代人居住在一起。村里村外都是泥土路，人们常抱怨说："住在土坯房，做饭烟尘扬，晴天一身土，雨天踩泥浆。"村民人多地少，生活穷困。水田多种稻谷、油菜，旱地多种黄豆、苎麻、红薯、芝麻、花生等。亩产稻谷200多斤，如遇灾年往往颗粒无收。农作工具主要是犁、耙、锄头，每3~5户共一头耕牛。

村里有一座陈德庙，面积约100平方米，一连三间，进门为天井，天井后为正屋，两边是两间偏房，供人居住。据村里老人讲，该庙无专人管理，由一外来讨饭的看庙，也算他的临时住处。庙里供奉着菩萨，每年农历二月初二（相传是土地菩萨的生日），各村各户都备肉、酒，来陈德庙焚香、点烛敬奉、祷告，希望来年"五谷丰登，六畜兴旺"。后来，陈德庙被拆除。

据说，1949年前"真耶稣教"（基督教一派）曾传入后郭城塘村。由于"真耶稣教"宣传迷信，破坏生产，号召信徒变卖家产"升入天堂"，被当时的政府取缔。

4. 王栗林村

王栗林村坐落在半山腰上，山不高，比对面老江边村后的狗头山矮一半。最先到这里落户的是一王姓人家，周姓迁入后人口迅速繁衍，王氏一脉无增，后迁出。至1948年，村子有12户、58人，皆为周氏一族。男性略多于女性。人口以青壮年为主，18岁以下约占40%，18~40岁约占40%，40岁以上为20%。绝大多数人都是文盲，进过学堂或读过1年以上私塾的只有2人。青壮年劳动力均为农民。

村庄坐东朝西，每户一栋房屋，多为下半截青砖、上半截土砖，木檩铺盖布瓦，横连三间正屋。正房旁多有土砖薄屋，较正屋矮1/3，或瓦或茅草盖顶，分为两截，前间为厨房，后间为猪圈和茅厕。每栋房屋占地面积约100平方米，栋与栋之间前后3~5米，左右1~3米。全村没有水塘水井，人畜饮用水都靠到山脚下的郭城塘村去肩挑。家什比较简陋，许多家房屋内空空荡荡。

1949~1979年，王栗林村除房屋老旧、人口增加外，村民的生产、生活无明显变化。所不同的是，劳力耕作统一由生产队安排。20世纪70年代后，开始使用脱谷机、碾米机等农业机械。衣着样式大同小异，中老年男性多穿对襟短衣、阔腰裤，青年和学生则多穿中山装、前开衩裤；中老年妇女多穿深色、古式便装，青年女性则多穿浅色、细花布衣服。全村没有一台缝纫机、一辆自行车、一块手表、一部收音机，即当时人们向往的"三转一响"。村民皆以务农为生，家家养猪（一般1~2头）、养鸡（3~10只），户户种自留地，四季的蔬菜、肉食基本上都靠自养自给。

20世纪60~70年代，村里只有一个"老三届"高中毕业生，名叫周复兴，后到官桥公社任中学教师，另有初中文化程度10余人，小学文化程度10余人。由于生活贫困，王栗林村外迁户较多，有的进县城，有的举家异地落户，有的到邻村当倒插门女婿，这种状况一直延续到20世纪80年代。

第二节 自然村的现在

1979年以后,在改革开放政策指引下,在经济快速腾飞的基础上,官桥八组4个自然村的面貌都发生了翻天覆地的变化。

一 老江边村

2007年底,老江边村有16户,68口人,每户最多6口人,最少3口人。

我们随机走访了村民周呈全一家,男、女主人分别为高中、初中毕业,夫妻二人都在田野集团从事管理工作,两个孩子已培养成人,大女儿大学毕业后在武汉高校工作,小儿子大学毕业后在山东青岛一家民营企业工作,小儿子户口还在本村,享受村民的一切福利待遇。住宅为300多平方米的两层小楼,卧室、书房、客厅、浴室、双厨、四卫,一应俱全。院里种着许多盆栽植物,整整齐齐地摆在台阶两旁。

同村的另一家,4口人,男主人1人在田野集团从事清洁工作,月收入1000余元;老伴已退休,每月430元退休费;大女儿外嫁;小儿子2007年从华中师范大学计算机专业本科毕业,目前在上海一家公司工作,两个孩子户口均已迁出,不能享受村民福利待遇。老两口居住的楼房130平方米,室内装修简单,家用电器就是一台用了多年的21寸彩电和一部固定电话,家具是村里赠送的,显得老式和陈旧。楼房后面有2间平房,一间喂猪,一间堆放杂物。这与许多村民家大屏幕电视、组合音响、真皮沙发形成鲜明对比。

二 前郭城塘村

2008年元月,我们到前郭城塘村访问,这里是一派现代农村景象。全村13户、55人。13栋楼房(计67间),5栋坐北朝南,8栋坐东朝西,呈"L"形布局。房屋为钢筋水泥结构,每栋楼前院以石块水泥砌成墩台,中有水泥台阶,两旁为花园;后院为果园,空气新鲜,环境整洁,十分舒适。

走进宅内，大部分人家进行了内部装修，各种家用电器一应俱全，许多家居设施相当先进。全部村民都参加了养老保险。

2007年，村民年人均收入约12000元。有2户村民在嘉鱼县城办有私人企业，家庭条件富裕，各有一辆价值10万余元的小轿车。但是，村里尚有一户3口之家，因丈夫去世，两个孩子未成年，家庭经济比较困难，其居住的还是官桥八组的公有福利房。

从文化程度看，在45岁以上村民中，小学10人，初中5人，高中3人；在20~45岁村民中，小学1人，初中16人，高中和中专4人，大学在读生2人；其他学龄青少年都在学校念书；全村无文盲。

从生育观看，13户人家，多数年轻夫妇都只生一个孩子。我们采访了5户人家，他们的观点不约而同："生男生女一个样"，"一个足够，培养好是关键"。

前郭城塘村

三 后郭城塘村

2007年底，全村22户，93人；男性47人，女性46人；一户最多7口，最少2口；有11户只生育一个小孩；6岁以上89人中，文盲6人，小学24

人，初中 41 人，高中、中专 11 人，大专和大学本科 7 人（其中在校大学生 2 人）。周文林儿子大学毕业后回田野集团合金厂工作，为家乡建设贡献自己的力量。

村里 22 栋住宅分成两排，前排 9 栋坐北朝南成"一"字排列，房前有 2～3 米宽的水泥路，路旁栽有 7～8 米高的樟树，再前面就是灯光篮球场（旧时的葛程塘）。后排 13 栋呈弧形依狗头山南麓而建，4 栋与前排平行，9 栋坐西朝东排列，地势稍高，比房前马路高出 1 米多，门前修有 3～4 级台阶，台阶上的平台约 20 平方米，两边种菜。住宅均为两层，屋内设计和装修大同小异，一般为三室一厅，正门进去是客厅，左边一间房，右边两间房，其中一间可通向后院。家家有彩电、冰箱、洗衣机、电扇、固定电话，有的还装了空调，户主都有手机、摩托车（其中 1 户有 2 辆，1 户有 3 辆）。家家都用自来水，做饭用煤气，厨房有抽油烟机。每户住宅后面均有两到三间平房，一间做厨房，一间放杂物或做老人卧室。

值得一提的是，后郭城塘村本应为 25 户。当年村里制定改房、建房规划时，住在陈德庙里的 3 户村民由于拆庙，搬迁到老江边村去居住了。据说，那 3 套房屋他们有居住权，但无产权。

四　王栗林村

王栗林村有 7 栋住宅，呈"厂"字形布局，均为两层小楼。纵向 5 栋住宅互相连接、排列整齐，横向 2 栋住宅之间有一条 3 米宽通道。住宅距公路约 10 米，有绿树成荫的绿化带相隔离，有 2 户房前还摆放着造型优美的盆景。住宅外墙都贴有白色瓷砖，以天蓝或红色瓷砖镶边，每户都插国旗，整齐划一，特别耀眼。公路比房基低 1 米左右，上几级台阶后，有一条 2 米宽的道路通向住宅。各户住宅均为两层，结构大体一样：进门后是客厅，一边 2 室，一边 1 室，后为楼梯间、厨房、厕所，楼梯间有一门通向约有 60 平方米的后院。后院以种蔬菜为主，间以果树花草，院与院之间有红砖矮墙相隔。院后是一排 3 间平房，或红瓦坡顶，或水泥平顶，均为水泥地面，白色仿瓷涂墙，其中一间厨房，一间饭厅，一间堆放杂物。

7 栋住宅的装饰和家用设施大体相同，客厅装防盗门窗，铺地板砖，仿瓷涂墙，主卧室多为木地板，落地窗帘，席梦思床。户户有彩电、冰箱、洗衣机、液化气灶、电风扇和空调机等，家具、沙发及日常用品一应俱全。6户有固定电话或手机，4户有摩托车，2户用上了电脑和微波炉。青年男子多穿西服、打领带，女子则戴金戒指、金项链或金耳环等。

　　王栗林村虽为7户，实则一家。家长周廷松老人今年72岁，他与老伴算1户，在家颐养天年，享受养老保险和农村合作医疗，衣食无忧。4个儿子算4户，儿子、儿媳都只有初中文化程度，在田野集团当工人。他们各有两个孩子，其中大孙子、二孙子高中毕业后先后到田野集团上班。2个成家立业的孙子算2户，两个孙媳妇也在田野集团工作。他们虽为"农民"，但早已不再种田。按组里规定，每户承包一小片山地，负责茶园或树木的养护。2007年底，重孙女出世。真可谓四代同堂，幸福美满。

王栗林村

第三节　4个自然村的比较

　　老江边、前郭城塘、后郭城塘、王栗林4个自然村，尽管都属于官桥八组，但由于历史和现实的种种原因，它们之间仍然存在着一些差异。根据课题组2008年元月进行的《村民家庭问卷调查》资料，这些差异主要表现在以下几方面。

一 家庭、人口、政治面貌和职业情况

表2-1 户数和人口及其性别、年龄结构

项 目		户数(户)	人口(人)	性别		年 龄				
				男	女	<14岁	15~34	35~44	45~59	>60岁
老江边	数量	16	68	38	30	8	26	13	15	6
	比重(%)	—	100.0	55.9	44.1	11.8	38.2	19.1	22.1	8.8
王栗林	数量	5	25	13	12	2	10	7	3	3
	比重(%)	—	100.0	52.0	48.0	8.0	40.0	28.0	12.0	12.0
前郭城塘	数量	13	55	28	27	10	16	12	10	7
	比重(%)	—	100.0	50.9	49.1	18.2	29.1	21.8	18.2	12.7
后郭城塘	数量	22	93	47	46	16	36	20	12	9
	比重(%)	—	100.0	50.5	49.5	17.2	38.7	21.5	12.9	9.7
合 计	数量	56	241	126	115	36	88	52	40	25
	比重(%)	—	100.0	52.3	47.7	14.9	36.5	21.6	16.6	10.4

表2-2 6岁以上人口的文化程度

单位：人，%

项 目		合计	文盲	小学	初中	高中	中专	职高	大专	>本科
老江边	人数	64	3	6	25	15	3	0	6	6
	比重	100.0	4.7	9.4	39.0	23.4	4.7	—	9.4	9.4
王栗林	人数	24	0	4	11	5	1	1	1	1
	比重	100.0	—	16.6	45.8	20.8	4.2	4.2	4.2	4.2
前郭城塘	人数	51	2	11	24	7	3	1	0	3
	比重	100.0	3.9	21.5	47.1	13.7	5.9	2.0	—	5.9
后郭城塘	人数	89	6	24	41	7	4	0	4	3
	比重	100.0	6.7	27.0	46.1	7.9	4.5	—	4.5	3.3
合 计	人数	228	11	45	101	34	11	2	11	13
	比重	100.0	4.8	19.8	44.3	14.9	4.8	0.9	4.8	5.7

表2-3 人口规模、家庭结构和夫妻对数

单位：户，%

项目		人口规模			家庭结构			夫妻对数		
		<3	4~5	>6	核心	主干	其他	1	2	其他
老江边	户数	4	11	1	8	8	—	12	4	—
	比重	25.0	68.8	6.2	50.0	50.0	—	75.0	25.0	—
王栗林	户数	0	4	1	2	3	—	3	2	—
	比重	—	80.0	20.0	40.0	60.0	—	60.0	40.0	—
前郭城塘	户数	5	6	2	6	7	—	7	6	—
	比重	38.5	46.1	15.4	46.2	53.8	—	53.8	46.2	—
后郭城塘	户数	10	6	6	10	5	7	11	7	4
	比重	45.4	27.3	27.3	45.4	22.8	31.8	50.0	31.8	18.2
合计	户数	19	27	10	26	23	7	33	19	4
	比重	33.9	48.2	17.9	46.4	41.1	12.5	58.9	33.9	7.2

表2-4 政治面貌和职业情况

单位：人，%

项目		政治面貌			职业情况					
		14岁以上人口	中共党员	共青团员	不在业人员	140人在业人员的职业类别				
						合计	管理	技术	白领	蓝领
老江边	人数	60	9	19	26	42	13	2	2	25
	比重	100.0	15.0	31.7	—	100.0	30.9	4.8	4.8	59.5
王栗林	人数	23	1	7	11	14	3	1	—	10
	比重	100.0	4.3	30.4	—	100.0	21.4	7.1		71.5
前郭城塘	人数	45	9	6	22	33	3	2	2	26
	比重	100.0	20.0	13.3	—	100.0	9.1	6.1	6.1	78.7
后郭城塘	人数	77	5	15	42	51	7	3	1	40
	比重	100.0	6.5	19.5	—	100.0	13.7	5.9	2.0	78.4
合计	人数	205	24	47	101	140	26	8	5	101
	比重	100.0	11.7	22.9	—	100.0	18.6	5.7	3.6	72.1

从表2-1、表2-2、表2-3、表2-4的数据可以看出：

①从性别结构看，4村合计性别比例为109.6%，略微偏高（正常为106%左右）。其中，老江边村最高，达126.7%；后郭城塘村性比例最低，

仅 102.2%，两者相差 24.5 个百分点。

②从年龄结构看，4 村 14 岁及其以下人口占 14.9%，15～59 岁青、中、壮年人口占 74.7%，60 岁及以上人口占 10.4%，正处于"人口红利"的鼎盛时期。其中，王栗林村青、中、壮年人口比例最高，达 80.0%；前郭城塘村青、中、壮年人口比例最低，仅占 69.1%。

③从受教育年数看，4 村 6 岁以上 228 人平均受教育 9.2 年。其中，老江边村平均受教育年数最多，为 10.3 年；后郭城塘村平均受教育年数最少，仅为 8.4 年，两者相差 1.9 年。

④从家庭人口规模看，4 村 56 户平均人口规模 4.3 人，其中老江边村、王栗林村家庭人口规模最大，平均为 5 人；后郭城塘村家庭人口规模最小，平均为 4.2 人。

⑤从家庭结构看，4 村核心家庭占 46.4%，主干家庭占 41.1%，其他家庭占 12.5%。其中，老江边村核心家庭比例最高，占 50.0%；王栗林村主干家庭比例最高，占 60.0%；后郭城塘村其他家庭比例最高，占 31.8%（含联合家庭 3 户，单亲家庭 3 户，空巢家庭 1 户）。

⑥从夫妻对数看，4 村一对夫妻户占 58.9%，两对夫妻户占 33.9%，其他占 7.2%。其中，老江边村一对夫妻户比例最高，占 75.0%；前郭城塘村两对夫妻户比例最高，占 46.2%；后郭城塘村其他户占 18.2%（含 3 对夫妻户 1 户，无夫妻户 3 户）。

⑦从政治面貌看，4 村 14 岁以上 205 人中，中共党员和共青团员占 34.6%。其中，老江边村比例最高，占 46.7%；后郭城塘村比例最低，仅占 26.0%。

⑧从在业人口占总人口比例看，4 村合计为 58.1%。其中，老江边村在业人口比例最高，占 61.8%；后郭城塘村，在业人口比例最低，仅占 54.8%，两者相差 7 个百分点。

⑨从在业人员的职业类别看，4 村管理人员占 18.6%，专业技术人员占 5.7%，白领占 3.6%，蓝领占 72.1%。其中，老江边村管理人员比例最高，占 30.9%；王栗林村专业技术人员比例最高，占 7.1%；前郭城塘村白领和蓝领比例最高，分别占 6.1% 和 78.7%。

二 家庭收入、支出和拥有财产情况

表 2-5 2007 年 55 户收入和支出情况

项 目		单位	总收入	总支出	生活消费支出	生活消费中食品支出	恩格尔系数(%)
老江边 (15户、 63人)	金额	万元	841344	541415	458265	142165	31.0
	户均	元	56090	36094	30551	9478	
	人均	元	13355	8594	7274	2257	
王栗林 (5户、 25人)	金额	万元	354840	329760	298760	93900	31.4
	户均	元	70968	65952	59752	18780	
	人均	元	14194	13190	11950	3756	
前郭城塘 (13户、 55人)	金额	万元	638520	452055	427805	156200	36.5
	户均	元	49117	34773	32908	12015	
	人均	元	11609	8219	7778	2840	
后郭城塘 (22户、 93人)	金额	万元	1100790	657580	606580	193385	31.9
	户均	元	50036	29890	27572	8790	
	人均	元	11836	7071	6522	2079	
合 计 (55户、 236人)	金额	万元	2935494	1980810	1791410	585650	32.7
	户均	元	53373	36015	32571	10648	
	人均	元	12439	8393	7591	2482	

表 2-6 2007 年 55 户人均收入分组情况

单位：户，%

项 目		金额(万元)					
		<0.5	0.5~0.8	0.8~1	1~1.5	1.5~2	>2
老江边	户数	1	1	3	4	2	4
	比重	6.7	6.7	20.0	26.7	13.3	26.7
王栗林	户数	—	—	1	1	3	—
	比重			20.0	20.0	60.0	
前郭城塘	户数		2	4	4	2	1
	比重	—	15.4	30.8	30.8	15.4	7.6
后郭城塘	户数		3	6	9	2	2
	比重	—	13.6	27.3	40.9	9.1	9.1
合 计	户数	1	6	14	18	9	7
	比重	1.8	10.9	25.5	32.7	16.4	12.7

表 2-7　55 户、236 人拥有家庭财产现值

单位：百元，%

项　目		生活用房	耐用消费品	股票、投资、存款	其他财产	合计	户均	人均
老江边	金额	25720	2894	4000	150	32764	2184.3	520.0
	比重	78.5	8.8	12.2	0.5	100.0		
王栗林	金额	12000	1158	200	80	13438	2687.6	537.5
	比重	89.3	8.6	1.5	0.6	100.0		
前郭城塘	金额	23380	3408	0	240	27028	2079.1	491.4
	比重	86.5	12.6	0	0.9	100.0		
后郭城塘	金额	35330	3943	3640	770	43683	1985.6	469.7
	比重	80.9	9.0	8.3	1.8	100.0		
合　计	金额	96430	11403	7840	1240	116913	2125.7	495.4
	比重	82.5	9.8	6.7	1.1	100.0		

表 2-8　55 户户均拥有家庭财产现值

单位：户，%

项　目		分组情况（万元）						
		<10	10~15	15~20	20~25	25~30	30~40	>40
老江边	户数	1	6	—	3	1	3	1
	比重	6.7	40.0	—	20.0	6.7	20.0	6.7
王栗林	户数	—	—	2	1	—	1	1
	比重	—	—	40.0	20.0	—	20.0	20.0
前郭城塘	户数	—	3	5	1	2	2	—
	比重	—	23.1	38.5	7.7	15.4	15.4	—
后郭城塘	户数	2	5	5	2	7	1	—
	比重	9.1	22.7	22.7	9.1	31.8	4.5	—
合　计	户数	3	14	12	7	10	7	2
	比重	5.5	25.5	21.8	12.7	18.2	12.7	3.6

从表 2-5、表 2-6、表 2-7、表 2-8 的数据可以看出。

①从人均总收入看，4 村平均为 12439 元。其中，王栗林村最高，为 14194 元；前郭城塘村最低，为 11610 元，两者相差 2584 元。

②从恩格尔系数（即食品支出占生活消费支出的比重）看，4 村平均为 32.7%。其中，老江边村最低，为 31.0%；前郭城塘村最高，为 36.5%，两者相差 5.5 个百分点。

③从人均收入分组看，4 村人均收入 0.8 万元以下的户占 12.7%，0.8 万~1 万元的户占 25.5%，1 万~1.5 万元的户占 32.7%，1.5 万~2 万元的

户占16.4%，2万元以上的户占12.7%。其中，老江边村2万元以上的户比例最高，占26.7%；前郭城塘村0.8万元以下的户比例最高，占15.4%。王栗林村最平衡，既无2万元以上的户，又无0.8万元以下的户。

④从人均拥有家庭财产看，4村平均为49539元。其中，王栗林村最多，为53752元；后郭城塘村最少，为46971元，两者相差6781元。

⑤从家庭财产结构看，4村平均生活用房占82.5%，耐用消费品占9.8%，股票、投资、存款等占6.7%，其他占1.1%。其中，王栗林村生活用房比例最高，占89.3%；前郭城塘村耐用消费品比例最高，占12.6%；老江边村股票、投资、存款等比例最高，占12.2%；后郭城塘村其他比例最高，占1.8%。

⑥从户均财产分组看，4村合计10万元以下的户占5.5%，10万~20万元的户占47.3%，20万~30万元的户占30.9%，30万元以上的户占16.3%。其中，后郭城塘村10万元以下和20万~30万元的户比例最高，分别占9.1%和40.9%；前郭城塘村10万~20万元的户比例最高，占61.6%；王栗林村30万元以上的户比例最高，占40.0%。

三 住宅和耐用消费品情况

表2-9 55户住宅建筑面积和庭院面积

单位：户，%

项 目		住宅建筑面积（平方米）			庭院面积（平方米）		
		<150	151~250	>251	无	<100	>101
老江边	户数	5	6	4	2	5	8
	比重	33.3	40.0	26.7	13.3	33.3	53.3
王栗林	户数	—	3	2	2	3	—
	比重	—	60.0	40.0	40.0	60.0	—
前郭城塘	户数	2	7	4	8	3	2
	比重	15.4	53.8	30.8	61.5	23.1	15.4
后郭城塘	户数	7	12	3	4	14	4
	比重	31.8	54.5	13.6	18.2	63.6	18.2
合 计	户数	14	28	13	16	25	14
	比重	25.5	50.9	23.6	29.1	45.5	25.4

表 2-10 55 户厨房和厕所

单位：户，%

项　目		厨　房			厕　所		
		简易	有厨房	双厨房	有厕所	双厕所	其他
老江边	户数	4	8	3	6	8	1
	比重	26.7	53.3	20.0	40.0	53.3	6.7
王栗林	户数	—	5	—	2	3	—
	比重	—	100.0	—	40.0	60.0	—
前郭城塘	户数	1	11	1	4	9	—
	比重	7.7	84.6	7.7	30.8	69.2	—
后郭城塘	户数	3	18	1	12	8	2
	比重	13.6	81.8	4.6	54.5	36.4	9.1
合　计	户数	8	42	5	24	28	3
	比重	14.5	76.4	9.1	43.6	50.9	5.5

表 2-11 55 户浴室、空调和装修

单位：户，%

项　目		浴　室			空　调		装　修	
		无浴室	有单浴室	双浴室	无空调	有空调	简单装修	豪华装修
老江边	户数	—	9	6	1	14	14	1
	比重	—	60.0	40.0	6.7	93.3	93.3	6.7
王栗林	户数	—	2	3	3	2	4	1
	比重	—	40.0	60.0	60.0	40.0	80.0	20.0
前郭城塘	户数	—	9	4	2	11	12	1
	比重	—	69.2	30.8	15.4	84.6	92.3	7.7
后郭城塘	户数	5	15	2	9	13	20	2
	比重	22.7	68.2	9.1	40.9	59.1	90.9	9.1
合　计	户数	5	35	15	15	40	50	5
	比重	9.1	63.6	27.3	27.3	72.7	90.9	9.1

从表 2-9、表 2-10、表 2-11、表 2-12 的数据可以看出：

①从住宅建筑面积看，4 村合计 150 平方米以下户占 25.5%，151~250 平方米户占 50.9%，251 平方米以上户占 23.6%。其中，老江边村 150 平方米以下户最多，占 33.3%；王栗林村 151~250 平方米和 251 平方米以上户最多，分别占 60.0% 和 40.0%。

表 2-12　55 户拥有耐用消费品现值分组情况

单位：户，%

项　目		现值金额（万元）					
		<0.5	0.5~1	1~2	2~5	5~8	>8
老江边	户数	1	4	5	5		
	比重	6.7	26.7	33.3	33.3		
王栗林	户数		2	1	1	1	
	比重		40.0	20.0	20.0	20.0	
前郭城塘	户数	1		7	4		1
	比重	7.7		53.8	30.8		7.7
后郭城塘	户数	1	6	8	7		
	比重	4.5	27.3	36.4	31.8		
合　计	户数	3	12	21	17	1	1
	比重	5.5	21.8	38.2	30.9	1.8	1.8

②从庭院面积看，4村合计无庭院户占29.1%，100平方米以下户占45.5%，101平方米以上户占25.4%。其中，前郭城塘村无庭院户最多，占61.5%；后郭城塘村100平方米以下户最多，占63.6%；老江边村101平方米以上户最多，占53.3%。

③从厨房看，4村合计简易厨房户占14.5%，有一厨房户占76.4%，双厨房户占9.1%。其中，老江边村简易厨房和有双厨房户最多，分别占26.7%和20.0%；王栗林村有厨房户最多，占100.0%。

④从厕所看，4村合计有一厕所户占43.6%，双厕所户占50.9%，其他户占5.5%。其中，后郭城塘村有厕所户最多，占54.5%；前郭城塘村双厕所户最多，占69.2%。

⑤从浴室看，4村合计无浴室户占9.1%，有单浴室户占63.6%，双浴室户占27.3%。其中，无浴室户集中在后郭城塘村，占22.7%；前郭城塘村有浴室户最多，占69.2%；王栗林村双浴室户最多，占60.0%。

⑥从空调看，4村合计无空调户占27.3%，有空调户占72.7%。其中，王栗林村无空调户最多，占60.0%；老江边村有空调户最多，占93.3%。

⑦从装修看，4村合计简单装修户占90.9%，豪华装修户占9.1%。其中，老江边村简单装修户最多，占93.3%；王栗林村豪华装修户最多，占

20.0%。

⑧从拥有耐用消费品现值分组看，4村合计1万元以下户占27.3%，1万~2万元户占38.2%，2万~5万元户占30.9%，5万元以上户占3.6%。其中，王栗林村1万元以下和5万元以上户最多，分别占40.0%和20.0%；前郭城塘村1万~2万元户最多，占53.8%；老江边村2万~5万元户最多，占33.3%。

综上所述，4个自然村最主要的特点包括以下几方面。

老江边村：平均受教育年数较多；参加党团组织的比例较高；管理人员比例较高；人均收入较高；恩格尔系数较低；人均家庭财产较多，其中股票、投资、存款等比例较高。

王栗林村：家庭人口规模较大；青、中、壮年人口比例较高；技术人员比例较高；人均收入较高；恩格尔系数较低；人均家庭财产较多，其中生活用房比例较高。

前郭城塘村：前郭城塘村的青、中、壮年人口比例较低；蓝领比例较高；人均收入较低；恩格尔系数较高；人均家庭财产较少。

后郭城塘村：平均受教育年数较少；在业人口比例较低；人均收入较低；恩格尔系数较高；人均家庭财产较少。

第三章 经济发展

1979～2008年，官桥八组的经济发展经历了4次历史性跨越：一是从贫困向温饱跨越（1979～1982年）；二是从农业向工业跨越（1982～1993年）；三是从资源密集型产业向高新技术产业跨越（1993～2003年）；四是从第二产业向多元化产业跨越（2003年至今）。下面，就是这4次历史性跨越的简要情况。

第一节 从贫困向温饱跨越（1979～1982年）

一 联产计酬：圆温饱之梦

1978年以前，绿化大队（1981年后更名为官桥大队，隶属于官桥乡。下同）第八生产队的社员一年四季面朝黄土背朝天，起早贪黑，一年忙到头，仍然吃不饱穿不暖。1978年，全队300人，373亩水田，264亩旱地，生产总值只有3.8万元，集体资产仅有一栋仓库，折合人民币约2.6万元，集体负债1.2万元，社员年人均纯收入仅68元。每年青黄不接时，口粮不够吃，还要吃国家返销粮约6万斤。当时，社员中流传着一段顺口溜："吃糠粑，穿破袄，栽稻秧，收谷草，住的是土坯房，吃的是返销粮，一个工值9分钱，上山打柴换油盐"。这就是当时社员生活的真实写照。

1979年10月，绿化大队第八生产队改选队委会，周宝生当选为生产队长，周瑞奇、周瑞权为副队长。当时的队委会感到，手中没粮，心中发慌。周宝生等认为，要稳定人心，面临的最大问题是如何填饱社员的肚子。他们从报纸上看到安徽省凤阳县小岗村搞"大包干"的经验，深受启发，决心改革。1980年2月，在周宝生带领下，一方面，集中劳力整修了3口水塘，兴建了3个电动抽水机站，开通了1200米长渠道，使200多亩"望天收"水田变成了旱涝保收良田。另一方面，排除各种干扰，大胆在全县率先改革，将264亩旱地按劳力、人头各半实行联产计酬，水田承包给作业组，当年全村人均收入由1978年的86元上升到126元。

1981年，官桥第八生产队（当年，绿化大队更名为官桥大队，绿化第八生产队也更名为官桥第八生产队）进一步将全部373亩水田和264亩旱地，按土质好坏、水利条件优劣搭配包产到户，实行"交够国家的，留足集体的，剩余都是自己的"联产计酬模式，从而极大地调动了社员的生产积极性。1981年，粮食产量从上年的251100斤猛增到325500斤，增产74400斤，即增长了29.6%；年人均纯收入达到190.31元，比1978年增加104.31元，即增长了121.3%。到1982年，全队粮食产量进一步上升到342200斤，年人均纯收入更增至421.28元，从而一举解决了长期都没有解决的温饱问题。

二 闯入市场：向非农产业转移

解决温饱问题之后，绿化八队面临的新问题是如何由温饱走向小康。历史经验证明，"无农不稳，无工不富，无商不活"。于是，以周宝生为首的队委会就带领群众尝试着跳出计划经济框框，闯入陌生的市场经济，开始了从农业向非农产业转移的征程。

早在1980年，队里将4个闲散木匠集中起来，做木货卖，已小有收获。

1981年10月，创办了第一个队办企业——官桥钉丝厂，效益更为明显。

1982年春节期间，周宝生、周瑞奇、周文连、周东方、周瑞权5个"泥腿子""洗脚上田"，按照"离土不离乡，办厂带经商"的路子，投资1万元，在官桥镇官桥大队租用了3间、150平方米房屋，开办了冰棒厂、小卖部、熟食店，当年盈利7000多元。

这 7000 多元盈利，数字不大，意义不小。它说明，官桥八队社员已开始尝试从计划经济向市场经济过渡，从农业经济向非农产业经济转移，并取得初步成果。据原生产队干部回忆，1978~1982 年官桥八队经济发展简况（见表 3-1）。

表 3-1　1978~1982 年官桥八队经济发展简况

单位：斤，元

年份	粮食产量	农业收入	工副业收入	年人均纯收入	集体收入	集体总资产
1978	244300	61169	—	86	47000	—
1980	251100	—	—	126	65000	—
1981	325500	—	—	190.31	80000	47000
1982	342200	79700	23000	421.28	102700	77600

从表 3-1 中可以看出，1978~1982 年官桥八队经济发展的简况：①粮食产量从 244300 斤增至 342200 斤，增产 97900 斤，即增长了 40.1%。②农业收入从 61169 元增至 79700 元，增加 18531 元，即增长了 30.3%；工副业收入从无到有，达到 23000 元，人均近 80 元。③年人均纯收入从 86 元增至 421.28 元，增加 335.28 元，即增长了 389.9%。④集体收入从 47000 元增至 102700 元，增加 55700 元，即增长了 118.5%。⑤集体总资产从无到有，从 1981 年的 47000 元增至 1982 年的 77600 元，一年内增加 30600 元，即增长了 65.1%。这些数据说明，官桥八队的温饱问题，已得到基本解决，并已大胆地迈出了走向小康的第一步。

第二节　从农业向工业跨越（1982~1993 年）

一　办厂开矿：积累原始资本

从农业经济向非农产业经济转移，需要大量资本。于是，在周宝生带领下，官桥八队开始了一个兴办企业的高潮，并取得了丰硕成果，积累了原始资本。

1981~1982年，相继办起的钉丝厂、冰棒厂、小卖部、熟食店，严格地说，只是副业性质的小买卖，还算不上真正的工业，还承担不起积累原始资本的重任。

1982年下半年，冰棒厂、小卖部、熟食店这类小厂小店越来越多，竞争日益激烈，根本赚不到"大钱"，而当时市场上的煤炭却供不应求，非常紧俏。于是，周宝生等果断关停了这些小厂小店，转而去方家塘开矿采煤。

1982年11月开办的方家塘煤矿，地面建房2栋6间，占地面积250平方米。有职工56人，矿师3人。1983年，产煤4000吨，产值60万元，利润9万元。在当时，这是一笔不小的财富，是他们从市场上挖的"第一桶金"。

1983年5月，他们还低价从武汉买回了一套铸造设备，开办了铸造厂。到1985年，铸造厂实现产值60万元，利润5万元。1989年，产值达70万元，利润6万元。

1984年1月，市场上沙发走俏，他们又创办了沙发厂，有厂房1栋4间，占地面积250平方米，职工14人，主要设备有圆盘锯1套（台），缝纫机2台，木工器具2套，生产高档沙发椅、床260套，产值10万元，利润1.5万元。

1984年2月，官桥大队改为官桥村村民委员会，官桥八队改为官桥八组。

1984年12月，在沙发厂基础上改建、扩大为家具厂，有厂房2栋15间，占地面积270平方米，职工52人，主要设备有带锯1台，圈盘锯1套（台），木工器具7套，固定资产35万元，兼营沙发，年产值36.5万元，利润6.7万元。

1984年底，考虑到组办企业越来越多，为了加强对这些组办企业的领导，经向有关部门申请，获得批准后成立了"湖北省嘉鱼县官桥农工商综合公司"。

1986年4月，根据红砖供不应求的行情，投资近50万元，在陈德庙兴建24门窑的红砖厂，占地40亩，有厂房4栋8间，主要设备有"35型"制

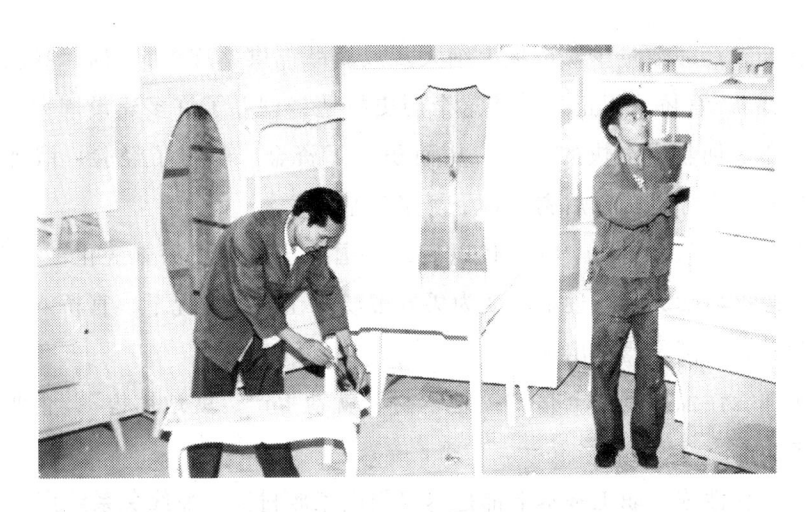

官桥八组家具厂

砖机1套，空气压缩机1台，容量26吨水塔1个，460千伏电动机2台，牵引机4台，人力车84辆，东风汽车1辆，职工174人（其中本组24人，外地150人；技工8人），固定资产48.3万元，年产砖280万块，年产值17.2万元，利润7.2万元。到1989年，产红砖1020万块，产值79.75万元，利润30万元。

1989年10~11月，由于产业结构调整，家具厂（含沙发厂）停办。

1989年11月，由于方家塘煤矿资源有限，煤层仅厚0.5~0.7米、宽3~3.5米，经多年开采，效益逐渐下降。于是，关闭了方家塘煤矿，转到罗家桥去开新矿。罗家桥煤矿有地面建筑6栋，占地6500平方米，开主井1口，井下铺轨道900米，配绞车1台，斗车15辆，总投资60万元。到1995年，罗家桥煤矿已增收200多万元，为集体积累100多万元。

此外，还兴办过金属构件厂、手套厂等企业。

经过10年打拼，官桥八组积累资金7000多万元，基本上完成了原始积累任务。1992年4月28日，经有关部门批准，原"湖北省嘉鱼县官桥农工商综合公司"更名为"湖北省嘉鱼农工商总公司"，注册资金518万元。

二 资源制约：寻求新出路

在原始积累阶段，官桥八队的口号是"什么赚钱，就搞什么"。在改革

开放初期，产品数量少，市场上绝大多数商品都供不应求，因而"搞什么，什么赚钱"。官桥八组正是抓住这个历史机遇，创办了许多建设周期短、投资规模小、回收成本快的企业，从而积累了资金，学习了经验，锻炼了干部，培养了人才，为以后腾飞打下了坚实基础。

但是，进入20世纪90年代以后，中国市场发生了深刻变化，许多中、低端产品已由卖方市场逐渐转变为买方市场。在这种情况下，官桥八组原有企业的弊端逐渐暴露了出来。

①地缘性强。基本上是"就地取材、就地生产、就地销售"，企业发展空间狭小。

②血缘性浓。职工基本上都是本组周氏家族村民，血缘关系约束大。

③生产规模小。多是小厂小店，小打小闹，很难发挥规模效益。

④技术含量低。一般都是传统手工工艺，间有少量机械生产，技术水平低下。

⑤资源消耗大。消耗水、消耗土、消耗粮食、消耗木材、消耗煤炭、消耗钢铁、消耗能源、消耗劳力，没有这些资源就无法生产。

⑥环境污染重。污染水体、污染土壤、污染空气、污染工作和生活环境。

总之，在卖方市场条件下，官桥八组原有企业建设周期短、投资规模小、回收成本快是显著优点。但是，在买方市场条件下，与原有的这些优点相伴而生的生产规模小、技术含量低、资源消耗大、环境污染重等缺点，却成了企业发展的桎梏。在这种情况下，周宝生敏锐地意识到，吃资源饭、廉价劳力饭不是长久之计，要久富大富，必须寻求新的发展道路。

第三节 从资源密集型产业向高新技术产业跨越（1993~2003年）

一 高新技术：久富之路

从20世纪90年代起，国家逐步加大对环境污染的治理力度，国务院出台了一系列关闭"五小"及"十五小"企业的政策规定。周宝生认识到，要久富大富，必须跳出资源密集型、劳动密集型发展思路，必须引进技术和人才，向高新技术产业进军。1993年，官桥八组自觉执行有关环保的法律、法规和政策，主动关停了资源加工型企业，凭借积累起来的7000多万元资本，开始了向高新科技产业进军的第二次创业。

开始，有些村民怀疑："泥腿子也可以盘高科技？"周宝生认为："事在人为。条件可以创造，技术、人才可以引进。"经人介绍，周宝生结识了享受国务院特殊津贴的专家、拥有高性能永磁合金专利技术的武汉冶金研究所高级工程师刘业胜，当了解到高性能永磁合金国内不能生产、市场需求完全依赖进口，而刘工正在为其专利技术寻找合作对象时，周宝生立即邀请刘工来官桥八组考察，并表达了合作意愿。通过一段考察和接触，这位专家被官桥八组的良好环境、淳朴民风和周宝生的敬业精神所吸引，毅然辞掉"铁饭碗"，带领他的专家组来官桥八组一起创业。1993年7月，成立了"湖北长江合金厂"，刘业胜任总工程师，仅用4个月时间就建成投产，其产品性能经国家计量科学研究院测试，超过了GB4753国家标准和IEC国际标准，达到世界先进水平，产品很快打入市场，当年创产值230万元，盈利50余万元。到1999年，湖北长江合金厂产值已达1700万元，利税800万元。湖北长江合金厂的成功，标志着田野集团在发展高新技术产业道路上迈出了可喜的第一步。

湖北长江合金厂的成功，坚定了周宝生和官桥八组发展高新技术产业的信心。他们清醒地认识到，市场竞争实质上是人才和技术竞争，官桥八组这个偏僻小山村，要想引来"金凤凰"，就得营造能够吸引金凤凰的"金窝窝"。于是，他们在1995年投资几千万元创建了"田野高科技产业园"，推平了300亩荒山，建起了4万平方米高标准厂房和2700平方米专家别墅。还决定每年提取销售收入4%作为科研经费，实行"成功给大奖，失败不责难"、技术入股分成等奖励机制。这些措施，为引进高新技术企业打下了良好基础。此后，他们接着兴办了嘉鱼东风汽车附件厂、湖北田野电子技术发展有限公司、湖北田野电子电光源有限责任公司、古田煤矿二号井和湖北田野焊丝厂5个企业，从而掀起了一个兴办企业的高潮。

1996年，周宝生获悉，国家交通部门修建国道主干线需要大量斜拉桥、悬索桥缆索的信息，决定投资2000万元，组建"湖北长江缆索有限责任公司"，并很快接到了武汉长江三桥制索业务。在试生产过程中，他们依靠外聘专家克服了种种技术难题，开发出双机共挤和冷铸锚填料新配方等高新技术，填补了国内空白，达到了国际领先水平。缆索厂建成投产后，其产品大受欢迎，武汉白沙洲长江大桥、荆州长江大桥、军山长江大桥、缅甸玛哈邦多拉大桥等多座国内外大桥都用上了该厂产品。1999年，该厂已收回全部投资，2000年产值8000万元、利税近3000万元。2005年上半年，销售收入1537万元，利润343万元。现在，该缆索厂已是国内著名的专业化生产新型高强度低松弛缆索的国家级高新技术企业。

缆索厂生产的产品

湖北田野捷盛钎钢钎具有限公司是国内有影响的专业化生产钎钢钎具的高新技术企业。公司装备了加强型直径50热穿孔—全程带芯热轧机组生产线、8米深计算机控制深井式渗碳炉等关键设备，中长钎具的综合生产能力居全国同行业前三名，产品质量、技术居国内领先水平。公司已通过ISO9001质量体系、ISO14001环境体系和OHSAS1801职业健康安全体系认证。公司依靠博士后科研工作站，与中国地质大学、西北工业大学开展产学研合作，开发了一批具有自主知识产权的新产品、新工艺和新技术，其产品有钎钢、钎具、钢筋、连接套管、无缝钢管、硬质合金。公司主导产品为高炉开口钻杆、石油钻探管、地质钻探管、凿岩钎钢及其他凿岩工具，广泛应用于矿山、能源、交通、水利和军工等领域，远销美国、加拿大、澳大利亚、印度等国家和地区。

湖北神农制药有限公司是通过国家 GMP 认证的药品生产企业。建有前处理、提取、固体制剂、散剂等生产车间和中心化验室，拥有生产片剂、胶囊、颗粒、散剂四种剂型所需的全套生产、检测设备。公司以继承和挖掘祖国医药学宝库为主攻方向，致力于开发防治常见病、多发病的中成药新药。公司现有自主知识产权的 15 种国家级新药，能有效治疗呼吸、循环、消化、泌尿、神经、内分泌等系统的多种病症。公司坚持"品牌求名、质量求精、服务求优、合作求信"的经营理念，用神农人的智慧和勤劳，努力创造良好的社会效益和经济效益。2007 年，该厂实现年产销额 2093.89 万元。

据田野集团有关部门提供的资料，2003 年以来该集团下属部分企业简况见表 3-2。

表 3-2　2003 年以来田野集团下属部分企业简况

单位：万元

企业名称	负责人	注册资金	盈利	企业名称	负责人	注册资金	盈利
钎钢钎具	周宝生	1000.00	不详	鄂南农业	周文林	1200.00	546.96
维嘉贸易	龙　明	50.00	31.98	田野焊丝	汪俊平	1100.00	1418.97
官桥物业	周文林	6000.00	699.19	长江缆索	周晓兰	1039.00	4018.14
田野茶叶	周　峰	500.00	5.17	长江合金	徐汉斌	850.00	2147.39
官桥建材	周瑞奇	90.00	109.68	顺昌金属	周瑞俊	350.00	432.16

当然，在发展高新技术产业道路上，官桥八组既有经验也有过教训。例如，1993 年 8 月，经有关部门批准，鄂港合资的湖北维嘉牧业有限公司落户官桥八组。这是官桥八组投入近千万元引进的第一家企业。本来，人们盼望这只"金凤凰"早日生出"金蛋"来。不料，外方提供的是淘汰设备，生产出来的产品技术含量低，完全没有销路，不得不交了一大笔"学费"。又如，1994～1995 年，投资 1000 多万元兴建的电子企业，结果又失败了。面

对这些挫折，官桥八组没有退缩，而是认真寻找失败原因。他们认为，发展高新技术的方向没有错，错就错在没有充分调查研究，没有选准合作者，没有抢占发展的制高点。于是，他们决定在选准合作者的前提下，把资金投向市场前景广阔的高科技含量、高附加值、高效益的"三高"产品。正如周宝生回忆这段经历时所说的"八组的今天，是用不断失败换来的"。

二 田野集团：完善企业管理制度

1. 组建集团

为了适应发展高新技术产业的需要，他们决定在湖北省嘉鱼农工商总公司的基础上，组建"湖北田野（集团）公司"（简称"田野集团"）。1994年5月16日，经咸宁地区经委同意，将湖北省嘉鱼农工商总公司更名为"湖北田野集团"，注册资金12007.5万元。当然，这绝不仅仅只是企业名称的简单变更，而是完善现代企业管理制度的根本改革。

经过一段时间筹划和酝酿，1994年11月14日初步形成了《湖北田野（集团）公司章程》（草案）。11月16日，董事会召开了第一次会议，通过了《湖北田野（集团）公司章程》（简称"公司章程"），成立了湖北田野（集团）公司董事会和监事会，刘业胜、周文林、周东风、周呈全、周宝生、周瑞奇、周瑞松、张茂利为董事；文良彬为监事；聘请周宝生为总经理，刘业胜为总工程师，周文林为副总经理。从此，田野集团依照初具现代企业管理制度内涵的《公司章程》实施管理，走上了可持续发展之路。

2. 管理机构及层次

田野集团最高权力机构是股东大会，下设董事会和监事会。董事会实行董事会领导下的董事长——总经理负责制。董事长下设有直属机构"投资经营研究室"；总经理下设若干副总经理和财务总监，分别管理10部、2室、1中心，即：财务部、证券部、审计部、工程部、企业管理部、企业文化部、人力资源部、党群工作部、保卫部、武装部；办公室、博士后科研工作站管理办公室；技术中心，下辖26个科、室、办、所、队或中心（见图3-1）。

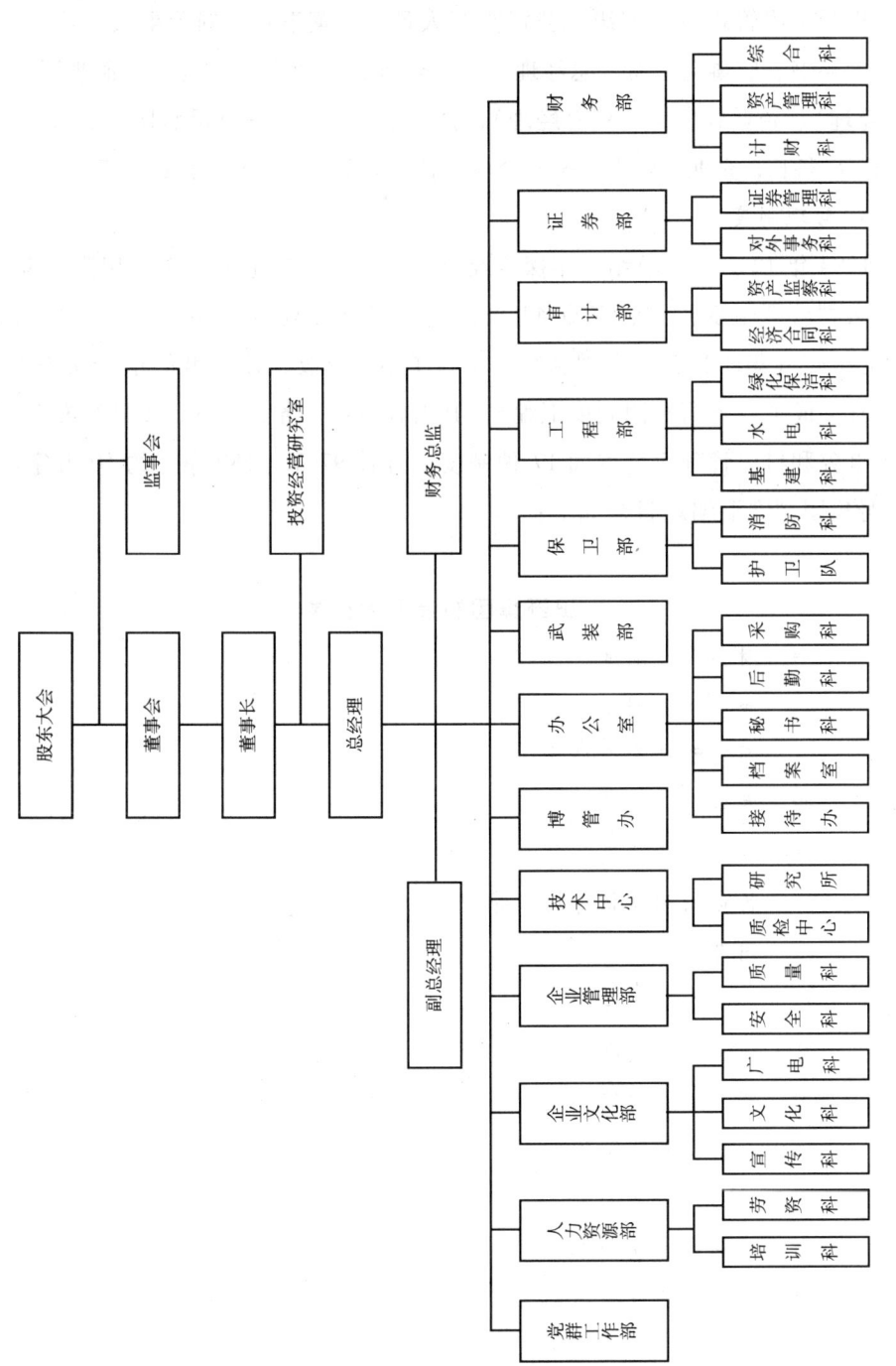

图 3-1 田野集团机构

田野集团管理分为五级：公司高管人员——董事长、副董事长、董事、董事会秘书、监事会主席、总经理、副总经理；企业高管人员——企业厂长（总经理）、企业副厂长（副总经理）；公司主管人员——公司部长、副部长、科长、副科长；企业主管人员——企业部长、副部长、车间主任；员工。

3. 管理制度

1994年12月，在总结多年探索经验的基础上，制定了《湖北田野（集团）公司管理制度》，共13章43条，《职工行为规范》10条。此后，对《湖北田野（集团）公司管理制度》进行了不断修改、补充和完善，到2007年9月形成了《田野集团制度汇编》，其内容包括财务、人事、质量和安全、机关事务和村民管理5个方面17种制度，合计97章、589条、约10万字。《田野集团制度汇编》目录如下：

田野集团制度汇编目录

一　财务管理制度

二　会计管理制度

三　固定资产管理办法

四　发票管理制度

五　合同管理制度

六　物资采购与招标投标管理办法

七　内部审计制度

八　劳动人事管理制度

九　质量管理制度

十　安全生产管理制度

十一　科技管理制度

十二　商标管理制度

十三　档案管理制度

十四　员工学习培训制度

十五　机关后勤管理制度

十六　内部治安管理制度

十七　村民管理制度

实践证明，这些制度基本上是符合实际的、适用的，它们对于田野集团的正常运行和快速发展起到了关键性的保证作用。当然，随着市场条件变化和田野集团自身发展，它们还将得到不断的修改、补充和完善。

三　博士后工作站：促进产、学、研结合

1998年3月，田野集团与中国博士后科学基金会共建"中国博士后田野高科技工业园"，引进23名专家和科研人员，先后进行的课题有150余项，研究开发出一批新工艺、新技术和新产品，其中14项获省部级科技进步奖，还有一批项目获国家专利。

为了促进产、学、研结合，锻造企业核心竞争力，2001年6月，田野集团着手建立"博士后科研工作站"。经过半年努力，2001年12月11日，人事部下发了《人事部关于批准大同煤矿集团有限公司等174个单位设立博士后科研工作站的通知》[人发（2001）21号文件]，批准湖北田野集团建立博士后科研工作站。

田野集团采取待遇留人、感情留人、事业留人的办法，吸引博士后进站工作。

待遇留人是基础。进站工作的博士后经费一般分3块，日常经费5~8万元/年，月工资3000~5000元，科研经费按项目而定。另外，田野集团已建专家公寓9栋2700平方米，其中家具、电器、生活用品和设施一应俱全，可供进站博士后使用。

事业留人是关键。除保证博士后科研经费外，田野集团还选派相关专家担任指导老师，并协同做好实际操作辅导。博士后还可以带两名助手一起参与研究，助手的生活费由田野集团承担。同时成立服务专班，由一位副总经理负责博士后流动站的工作。

感情留人是补充。为解除进站博士后后顾之忧，其配偶、子女如跟随流动，一律安排工作或就近上学；无法安排工作的随站配偶，给予600元/月生活补贴，孩子上学一律免费。若不跟随流动，享受300元/月两地分居生

活补贴。

2003年以来，博士后进站工作情况简介见表3-3、表3-4。

表3-3 进站工作博士后情况简介

姓 名	性别	年龄	博士毕业学校	专业	进站时间	拟出站时间
陆愈实	男	50	中国地质大学	探矿工程	2003年9月	2005年9月
周传波	男	45	中国地质大学	地质工程	2005年9月	2008年3月
周晔	男	35	中国地质大学	矿业机械	2005年6月	2008年6月

表3-4 进站博士后科研情况简介

单位：万元

姓 名	日常经费	生活补贴	科研经费	项目类别(秘)	配偶子女安排	是否住站	结题情况
陆愈实	3/年	0.5/月	50	软件开发	无	否	未
周传波	4/年	3.5/年	120	长锚索	无	否	未
周晔	3/年	3.5/年	30	钎具	无	否	未

当前，存在的主要问题：一是进站工作博士后少，主要原因是依赖外地博士后流动站和网上招聘，而且局限于中国地质大学一家，没有广泛搜罗人才。二是考核制度没有落实，已进站的3个博士后至今没有一个结题，中途没有考核，没有约束机制。三是实验室仪器设备虽达2600万元，但仍不能满足工作需要，图书资料更是奇缺，只得通过外部博士后流动站的协助。四是管理部门人员不到位，现在虽有3名工作人员，但大部分时间都在抓生产，没有全身心投入到博士后工作站的建设之中。看来，要改变现状，必须成立专门机构负责招收、管理、考核、服务；建立并完善奖惩制度，并严格实施；博士后的研究课题必须与生产紧密结合，研究出来的成果要尽快转化为生产力。

第四节 从第二产业向多元化产业跨越
（2003至今）

官桥八组地处嘉鱼县南部西梁湖与长江之间的狭长丘陵地带，是个只有1.56平方公里的弹丸之地，既无良好区位优势，又无丰富自然资源。田野集团要实现又好又快的发展，就必须突破这一限制，寻求更广阔的发展空间。经过缜密分析思考，以周宝生为首的田野集团决策层，制定了"立足集团，放眼全国，内强素质，外求扩展"的发展战略，并逐步形成了"一主两翼，多元经营"的新格局。

一 东湖分校：试水多元化战略

2002年12月28日，全国人大常委会通过了《中华人民共和国民办教育促进法》。官桥八组组长、田野集团董事长周宝生认为，这是一个进军高教事业的重大机遇。于是，开始与有关各方协商、考察、论证。当时，武汉大学也正在寻找合作对象。经反复磋商，武汉大学这所百年名校最终选择与田野集团和武汉宏博集团合作，采用有限责任公司形式创办武汉大学东湖分校（以下简称东湖分校）。其中，武汉大学以无形资产出资30%，田野集团与宏博公司分别出资45.5%和24.5%，周宝生出任董事长。

2003年8月，开始建设新校址。截至2005年9月，累计投资6.3亿元，在短短两年内，完成了人员调配、征地、资金筹集、校园一期工程建设。整个校园占地面积1200余亩，建筑面积35万平方米，拥有教学大楼、行政大楼、计算机中心及实验大楼、学生食堂、师生公寓、接待中心等现代化楼群。建有网络中心与实验中心，拥有教学和实验用计算机1374台，多媒体教室和语音室分别有座位9468个和576个；教学科研仪器设备价值4298.88万元；各专业基础实验室40多个；多个校外实习基地；校园网络覆盖办公区30314平方米、教学区142091平方米、学生宿舍区123259平方米；图书馆建筑面积2.66万平方米，藏书53.5万册，电子图书36万册，期刊1500种，报纸102种，电子期刊8000多种，生均图书43.6册；体育馆、体育场、球类运动场和大学生活动中心占地面积13659平方米；标准化学生宿舍及公寓23栋，标准化学生食堂2栋；还有服务超市和校医院。学校以建筑、景观、绿化三位一体的整体化校园为目标，本着"环境育人"理念，完成绿化面积382198平方米，绿化率98%，被江夏区评为"园林式"示范单位。2007年，全校开办42个本专科专业，在校学生12000人，毕业生总就业率为71%，年办学收入1.2亿元左右。

二 中石特管：扩大规模生产

高新技术产业具有强大生命力和竞争力，发展高新技术产业是可靠的"久富之路"。但是，高新技术产业如果规模不大、效率低下、成本过高、销售不畅，仍然不可能"大富"。因此，扩大高新技术产业规模，并在大规模生产基础上不断提高管理效率、降低生产成本、扩大销售渠道，才能做到"大富"。从这个意义上说，只有大规模生产才是大富之途。

2006年6月，田野集团与中石机电设备制造安装公司和一民营企业家合资组建了湖北中石特种钢管有限公司（以下简称"中石特管公司"），注册资本5000万元。该公司是生产机械用管、结构用管、石油套管、石油输送管等特种无缝钢管的专业化企业，已通过ISO9001、ISO14001和OHSAS18001体系认证和美国石油协会API5CT会标使用权认证。计划总投资2.6亿元，其中一期工程投资1.6亿元。到2007年3月，已建成一条直径159特种无缝钢管生产线，主要装备是国内先进的直径13米环形加热炉、锥形穿孔机和从国外引进的ACCU-ROOL精密轧管机组及在线质量检测系统，形成了年产15万吨高精度无缝钢管的生产能力。2007年3月25日试车成功，6月正式投产，其产品的各项指标均居全国同行业领先水平，被评定为"湖北省名牌产品"，已销往新疆、大庆、中东、南非等国内外油田及机械加工等行业，用户反映良好，市场前景广阔。2007年下半年，实现销售收入2.5亿元，占田野集团全年销售收入6.5亿元的38.5%。显然，中石特管公司由于生产规模大、销售渠道畅，在田野集团所属企业中已成为当之无愧的龙头老大。2008年，中石特管公司正紧锣密鼓地筹划二期工程建设，计划投资1亿元，新建年产15万吨成品油井管生产线，建成投产后可实现年销售收入15亿元，年利税1.6亿元（详情另有专题介绍）。

三 正达煤矿：异地扩张

为了突破地域局限，实施多元化发展战略，2007年田野集团又创办了贵州正达煤矿。

正达煤矿位于贵州省毕节地区，它东邻省会贵阳和遵义市，南接安顺地区和六盘水市，西与云南交界，北与四川接壤，是国务院确定的"开发扶贫，生态建设"试验区。境内山峦起伏，河流纵横，拥有丰富的矿产资源、水能资源和旅游资源，具有较好的区位优势和资源优势。为了迎接西部大开发潮流，毕节地区出台了一系列招商引资优惠政策。这引起了周宝生的特别关注。2007年7月，周宝生率队赴毕节实地考察，并决定在毕节注册创办正达煤矿，计划总投资5000万元，建成投产后可年产80万吨标准煤。目前，正在抓紧办理开工许可手续，修路、建房等前期工作也正在顺利进行，预计2008年底可建成投产。

第五节 过去与未来

一 辉煌的过去

1978~2006年，官桥八组的经济发展，取得了辉煌成绩。全组总资产从1981年的4.7万元增至10亿元（1978~1980年的总资产的统计数据缺），生产总值从3.8万元增至5.3亿元，村民年人均纯收入从68元增至12000元（见图3-2、图3-3、图3-4）。

二 美好的未来

根据《嘉鱼县官桥村八组经济建设、社会事业和生态文明二十年发展规划》，官桥村八组经济社会发展目标见表3-5。

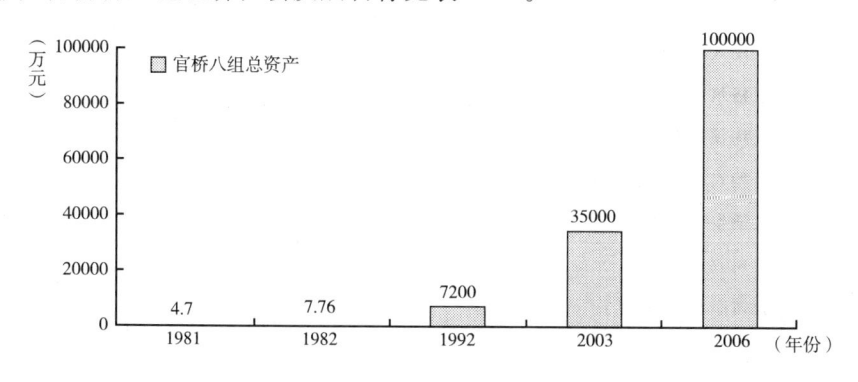

图3-2 官桥八组总资产增长简况

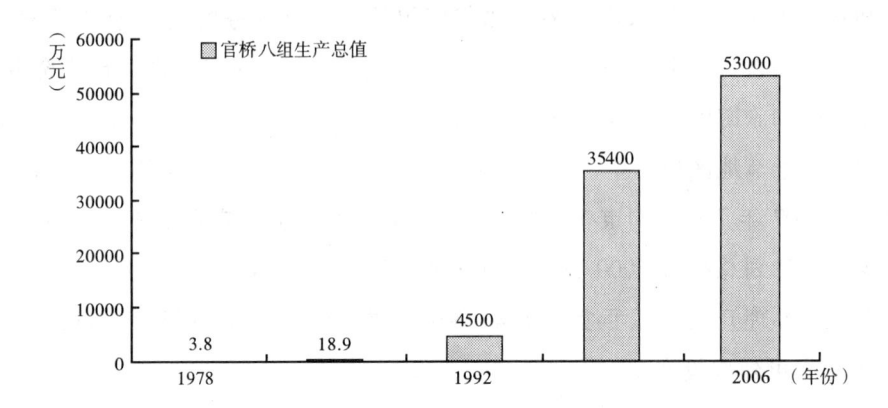

图 3-3　官桥八组生产总值增长简况

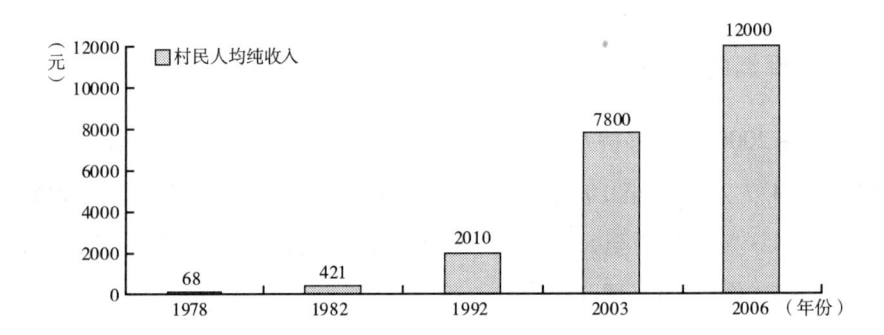

图 3-4　村民年人均纯收入增长简况

表 3-5　官桥八组经济社会发展目标体系

类　别	指　标	2005 年	2010 年	年均增长率(%)
人民生活	农民人均纯收入(万元)	—	2.5	—
	恩格尔系数(%)	50	35	-7
	平均预期寿命(岁)	—	70	—
	新型农村合作医疗覆盖率(%)	—	100	—
	大学生占适龄人口比重(%)	—	10	—
经济增长	公司收入(亿元)	3.2	10	25.6
	公司净利润(亿元)	0.98	2.5	20.6
	公司税收(亿元)	0.17	0.7	32.7
	公司追加项目投资(亿元)	0.95	6	44.6

续表 3–5

类 别	指 标	2005年	2010年	年均增长率(%)
产品结构	立体农业销售收入(亿元)	0	0.5	—
	工业销售收入(亿元)	1.7	7	32.7
	第三产业收入(含教育产业)(亿元)	1.5	2.5	10.8
	研究与试验发展经费支出占销售收入比重(%)	1	5	38
资源与环境	工业固体废物综合利用率(%)	—	—	80
	工业废水排放达标率(%)	—	100	—
	生活污水处理率(%)	50	100	—
	水质类型	Ⅲ类	Ⅱ类	—
	万吨产值能耗(吨标准煤)	2.5	1.4	-11
	森林覆盖率(%)	—	60	—
民主与法制	组民对干部工作的满意度(%)	—	98	—
	组民对集体事务民主决策的满意度(%)	—	98	—
	组民安全感(%)	—	100	—

第四章　政治事务

第一节　中国共产党组织

一　党组织的产生及其变化

1. 从党小组到党支部

官桥八组的中共党组织——绿化八队（官桥八队）党小组，产生于20世纪50年代末。当时，有3名党员：1952年4月入党的周瑞珍，1955年7月入党的周廷银和1958年7月入党的李玉英。党小组隶属于绿化大队（官桥大队）党支部。

到1986年，党小组人数增至9人，除原有的周廷银、李玉英外（周瑞珍1981年去世），新增1971年7月入党的李玉秀，1973年7月入党的周瑞松，1984年6月入党的周宝生，1984年7月入党的周建国，1986年6月入党的周瑞奇，1986年6月入党的周瑞俊，1986年6月入党的周文林。另外，官桥八组组办企业招聘人员中党员有6人。

随着官桥八组经济的迅速发展，1984年已成立了"湖北省嘉鱼县官桥农工商综合公司"。为了加强党组织对官桥八组及其企业的领导，1986年经上级党组织批准，突破农村党支部一般建在村的惯例，在官桥八组设立了党支部，隶属于官桥村总支部委员会。当时，官桥八组党支部有党员15人，周宝生任书记，周瑞俊任组织委员，周瑞松任宣传委员。

2. 从党支部到党总支

1994年5月16日，经咸宁地区经委同意，在"湖北省嘉鱼县官桥农工商综合公司"基础上，成立了"湖北田野（集团）公司"。为了适应"湖北田野（集团）公司"党组织工作的需要，1996年8月21日经中共官桥镇委员会批准，成立了"中共田野集团总支部委员会"。根据1996年中共嘉鱼县官桥镇委官发〔1996〕第19号文件《关于建立中共官桥村委员会、中共湖北田野集团总支部委员会的通知》规定，隶属关系不变。当时，田野集团有党员78人，周宝生任党总支书记，刘业胜、李从文任党总支副书记，周文林任组织委员，周瑞奇任宣传委员。党总支下设2个支部，即农业支部和工业支部。

3. 从党总支到基层党委

经过半年运行，深感党总支组织形式很难适应实际工作需要。1997年2月16日，经中共官桥镇委员会批复同意成立"中共田野（集团）公司委员会"，隶属于中共官桥镇委员会，其原籍居民党员，仍参加官桥村委会的组织活动。于是，田野集团召开了第一次党员会议，选举产生了中共田野集团党委，周宝生任党委书记，李从文任党委副书记，周文林任纪委书记，刘业胜任党委委员，周东海任组织委员，汪俊平任宣传委员。此后，党委成员曾进行过调整。至2007年底，党委成员如下：党委书记周宝生，党委副书记王书林，党委委员：唐铁山、杜承清、叶凌云、蔡正发、徐汉斌、夏豫华、周志专、周呈全。

2005年6月，根据田野集团发展情况，中共田野集团党委决定撤销农业支部和工业支部，设置机关支部、工业第一支部（含钎钢钎具有限公司、合金厂）、工业第二支部（含神农制药有限公司、焊丝厂）。2006年6月，又设置了工业第三支部（含湖北田野中石特种钢管有限公司）。2007年9月，为加强对贵州省大方县正达煤矿的领导，又成立了中共田野集团贵州大方县正达煤矿支部委员会。至此，中共田野集团党委下辖5个党支部。

2007年底，5个党支部支委成员如下：

机关支部，书记周呈全，组织委员周文林，宣传委员梁仁楼；

工业第一支部，书记叶凌云，组织委员徐汉斌，宣传委员周东风；

工业第二支部，书记蔡正发，组织委员张义斌；

工业第三支部，书记李海峰；

正达煤矿支部，书记周志专，副书记周呈全。

二 党员队伍的发展和现状

1. 党员队伍的发展

官桥八组党员队伍的发展，经历了两个阶段：

一是，本组党员单独发展阶段（1952~1985年）。这个阶段党员队伍的特点是：都来自本组村民，人数较少，发展较慢，职业单一（都是农民），文化程度较低，很少流动。其中，前期入党的党员，基本上都是历次政治运动中的积极分子。

二是，本组党员与企业党员共同发展阶段（1986年至今）。这个阶段党员队伍的特点是：本组党员仍在继续发展，其中改革开放以后入党的党员逐渐增多，已大大超过改革开放前入党的党员。更重要的是，随着组办企业发展，特别是成立田野集团之后，招聘人员中的党员越来越多，并逐渐成为党员队伍的主体。这些招聘人员中的党员，不仅人数较多，增长较快，而且外地人员较多，文化层次较高，职业类别多样，流动性较强。

2. 党员队伍的现状

2007年底，官桥八组和田野集团党员队伍的现状有以下几方面。

（1）籍贯。

表4-1 籍贯

单位：人，%

项　目		合计	官桥八组	官桥八组外，嘉鱼县内	嘉鱼县外，咸宁市内	咸宁市外，湖北省内	湖北省以外
八　组	人数	23	23	—	—	—	—
	比重	100.0	100.0	—	—	—	—
招聘人员	人数	62	—	36	2	17	7
	比重	100.0	—	58.1	3.2	27.4	11.3
合　计	人数	85	23	36	2	17	7
	比重	100.0	27.1	42.4	2.3	20.0	8.2

从表4-1的数据中可以看出：在85名党员中，籍贯为官桥八组的有23人，占27.1%；非官桥八组62人，占72.9%，后者已居于绝对多数。但是，在非官桥八组62人中，嘉鱼县内36人，占58.1%；嘉鱼县外26人，占41.9%，其中湖北省外仅7人，占11.3%。

（2）性别和年龄。

表4-2 性别和年龄

单位：人，%

项目		合计	性别		年龄				
			男	女	≤25	26~35	36~44	45~59	≥60
八组	人数	23	20	3	—	4	3	9	7
	比重	100.0	87.0	13.0	—	17.4	13.0	39.1	30.4
招聘人员	人数	62	56	6	1	13	13	30	5
	比重	100.0	90.3	9.7	1.6	21.0	21.0	48.4	8.0
合计	人数	85	76	9	1	17	16	39	12
	比重	100.0	89.4	10.6	1.2	20.0	18.8	45.9	14.1

从表4-2的数据中可以看出：

①从性别结构看，男性占89.4%，女性占10.6%。其中，在招聘人员中，男性占90.3%，女性占9.7%。男性均处于绝对优势。

②从年龄结构看，35岁及其以下的青年18人，占21.2%；36~44岁的中年人16人，占18.8%；45~59岁的壮年人39人，占45.9%；60岁及其以上的老年人12人，占14.1%。总体看，中年、壮年是主体，占84.7%，其中25岁及其以下的仅1人，占1.2%。

③从平均年龄看，85名党员平均47.02岁。其中，官桥八组党员平均50.74岁；招聘人员中的党员平均45.65岁。总体看，党员年龄老化趋势明显，特别是官桥八组党员年龄老化趋势更为突出。

（3）文化程度。

从表4-3的数据可以看出：

①从文化程度结构看，初中及其以下文化程度的党员有27人，占31.8%；高中、中专28人，占33.0%；大专、本科27人，占31.8%；研究生3人，占3.5%。

表 4-3 文化程度

单位：人，%

项　　目		合计	小学	初中	高中	中专	大专	本科	研究生
八　组	人数	23	4	11	6	—	—	—	2
	比重	100.0	17.4	47.8	26.1	—	—	—	8.7
招聘人员	人数	62	1	11	16	6	21	6	1
	比重	100.0	1.6	17.7	25.8	9.7	33.9	9.7	1.6
合　计	人数	85	5	22	22	6	21	6	3
	比重	100.0	5.9	25.9	25.9	7.1	24.7	7.1	3.5

②从接受教育年数看，85名党员平均接受教育11.9年，其中官桥八组党员平均接受教育10年，招聘人员中的党员平均接受教育12.5年，后者高于前者2.5年。总体看，文化程度较高，但是，有31.8%的党员只有初中及其以下文化程度。

（4）入党时期和党龄。

表 4-4 入党时期

单位：人，%

项　　目		合计	1956年以前	1957~1966年	1967~1977年	1978~1992年	1993~2002年	2003年以后
八　组	人数	23	1	1	2	9	8	2
	比重	100.0	4.3	4.3	8.7	39.1	34.8	8.7
招聘人员	人数	62	—	—	4	19	23	16
	比重	100.0	—	—	6.5	30.6	37.1	25.8
合　计	人数	85	1	1	6	28	31	18
	比重	100.0	1.2	1.2	7.0	32.9	36.5	21.2

从表4-4的数据可以看出：

①从入党时期看，1956年及以前入党1人，占1.2%；1957~1966年入党1人，占1.2%；1967~1977年入党6人，占7.0%；1978~1992年入党28人，占32.9%；1993~2002年入党31人，占36.5%；2003年以后入党18人，占21.2%。这就是说，改革开放以后入党77人，占90.6%。其中，十六大以后入党18人，占21.2%。

②从党龄看，85 名党员平均党龄 16.05 年，其中官桥八组党员平均党龄 20.78 年，招聘人员中的党员平均党龄 14.29 年，前者高于后者 6.49 年。党龄最长者 53 年，最短者不到 1 年。预备党员 5 人。

（5）党内职务和职业类别。

表 4-5　党内职务和职业类别

单位：人，%

项　　目		合计	党内职务			职业类别				
			党委成员	支委成员	一般党员	高层管理	中下管理	技术人员	白领职工	蓝领职工	退休人员
八　组	人数	23	3	2	18	3	10		3	2	5
	比重	100.0	13.0	8.7	78.3	13.0	43.5		13.0	8.7	21.7
招聘人员	人数	62	7	3	52	7	28	6	10	11	
	比重	100.0	11.3	4.8	83.9	11.3	45.2	9.7	16.1	17.7	
合　计	人数	85	10	5	70	10	38	6	13	13	5
	比重	100.0	11.8	5.9	82.3	11.8	44.7	7.0	15.3	15.3	5.9

从表 4-5 的数据可以看出：

①从党内职务看，党委成员 10 人，占 11.8%；支委成员 5 人，占 5.9%；一般党员 70 人，占 82.3%。其中，官桥八组党员中，党委成员、支委成员比例较高，达 21.7%。

②从职业类别看，管理人员 48 人，占 56.5%；技术人员和白领职工 19 人，占 22.3%；蓝领职工 13 人，占 15.3%；退休人员 5 人，占 5.9%。在管理人员中，官桥八组党员和招聘人员中的党员所占比例都是 56.5%。所不同的是，在高层管理人员中，官桥八组党员所占比例是 13.0%，招聘人员中的党员所占比例是 11.3%，前者比后者多 1.7 个百分点；在中下层管理人员中，官桥八组党员所占比例是 43.5%，招聘人员中的党员所占比例是 45.2%，前者比后者少 1.7 个百分点；在技术人员和白领职工中，官桥八组党员所占比例是 13.0%，招聘人员中的党员所占比例是 25.8%，后者比前者多 12.8 个百分点。

三　党组织的作用

1. 带头发展经济

紧紧抓住发展经济这个中心工作，经过近 30 年努力，官桥八组已从一个贫穷落后的小山村，发展成为总资产近10亿元、年销售收入过6亿元、年利税近8000万元、村民人均纯收入达13000元，集科研、开发、生产、经营于一体的田野集团，已成为各级领导关注、国际友人赞赏的"都市式农村，花园式工厂"。

2. 大力创新科技

在党委委员、合金厂技术专家刘业胜带领下，从1993年起每年开展180余轮次科学试验，使产品主要技术指标超过国际IEC标准和国外先进标准，保持了世界领先水平。钎钢钎具公司的高鹏举、孙成龙等技术专家和技术骨干充分发挥党员模范带头作用，大力开展技术研发，每年取得的经济技术成果达到20余项。

3. 狠抓两个文明

坚持"两手抓，两手硬"原则，在狠抓物质文明建设的同时，狠抓精神文明建设，努力做好两个文明协调发展，使官桥八组不仅成为经济富裕的村庄，更成为环境优美、村容整洁、乡风文明、行为规范、夜不闭户、路不拾遗、邻里和睦、心无芥蒂、团结友爱、互帮互助的社会主义新农村。

4. 凝聚事业精英

为了凝聚事业精英，官桥八组党组织不仅陆续建起了4万平方米的高标准厂房和2700平方米的别墅式专家公寓"筑巢引凤"，而且制定了一系列优惠政策和措施，千方百计地引进人才，留住人才，充分发挥人才作用。没有这些引进人才（包括科技人才和管理人才）的贡献，就不可能有官桥八组和田野集团的今天。

5. 支持公益事业

在提高文明程度的基础上，始终保持致富思源本色，不忘政府和社会的关心、支持，积极回报社会。无论是1998年长江大洪水（牌洲湾溃口），还是2003年突如其来的"非典"，以及2008年春的冰冻灾害和汶川大地震，绝大多数党员都能踊跃捐献，积极参加各种公益活动，大力资助社会弱势群体和受灾群众。

6. 启用无职党员

田野集团党组织中，存在着大量无职务党员。为了启动和发挥无职党员的作用，田野集团党委制定并实施了无职党员设岗、定责制度，规定了每个无职党员的岗位和职责。这一启用无职党员的制度，是田野集团党建工作中的一大创新，在实践中发挥了一定作用（见表4-6）。

表4-6 湖北田野集团无职党员设岗定责一览表

小组名称	小组成员	工作职责
技术创新组	孙成龙、余龙生、周晋平、李计华	1. 搞好科研创新宣传；2. 搞好技术培训；3. 帮做技术指导；4. 实施科研创新
政策宣传组	李逢君、龙芳霞、李德全	1. 宣传"三个代表"重要思想；2. 宣传"三农"政策；3. 宣传普法知识；4. 宣传科学技术
文明创建组	程景梅、杨燕妮、周先智、周建国、孙玲	1. 加强文明创建工作宣传；2. 监督规章制度实施情况；3. 组织群众文化体育活动；4. 调解邻里纠纷和矛盾
民情社意报告组	周瑞猛、周廷银、李玉秀、李玉英、周瑞松	1. 报告群众意见和要求；2. 报告群众困难；3. 监督厂务村务；4. 监督重要决策事项实施
党员家庭家长	全体无职党员	1. 保持好传统，当好家庭表率；2. 教育好子女，建设好和谐家庭

由于官桥八组和田野集团的中共党组织较好地发挥了先锋模范作用，因而受到中共各级党组织的表彰。据不完全统计，1989年4月~2004年9月，中共官桥八组党支部、党总支和田野集团党委受上级党组织表彰共17次，

周宝生与组干部讨论工作

其中嘉鱼县 8 次、咸宁地区（市）6 次、湖北省 3 次；官桥八组组长、田野集团党委书记周宝生个人受上级党组织表彰 17 次，其中嘉鱼县 8 次、咸宁地区（市）4 次、湖北省 4 次、全国 1 次。2002 年和 2007 年，周宝生先后当选为党的十六大代表、十七大代表。

第二节 村民自治

1979 年 10 月以来，官桥大队第八生产队的发展经历了两个阶段。

一 从生产队到村民小组

1979 年，当时的绿岭公社（1984 年 1 月撤销人民公社体制后，分置为官桥、绿岭两个乡）绿化大队（1981 年后更名为官桥大队，隶属于官桥乡）第八生产队是一个独立核算单位。当年 10 月，生产队社员选举周宝生、周瑞奇、周瑞权、周瑞俊、周先智、周承兴、周江红 7 人组成队委会。其中，周宝生任生产队长，周瑞奇、周瑞权任副队长，周瑞俊任会计，周先智任出纳，周承兴任保管，周江红任民兵排长。当时，基本上按照人民公社体制下的独立核算单位运行，但是，周宝生已开始在生产队内部推行家庭承包责任制。

1984 年 2 月，官桥大队改为官桥村民委员会，官桥八队改为官桥村第八村民小组（简称"官桥八组"）。这绝不是组织名称的简单变更，而是组织性质的根本变革，即从政社合一体制下的一个基本核算单位，变革成为自我管理、自我教育、自我服务的基层群众性自治组织的一个小组。周宝生则由官桥大队第八生产队队长改任为官桥村第八村民小组组长，周瑞奇则由生产队副队长改任为副组长。从此，官桥八组的运行规则发生了根本变化，即从服从上级组织安排的基本核算单位变革成为民主选举、民主决策、民主管理和民主监督的村民自治组织。

二 从村民小组到与田野集团的结合体

1984 年 12 月成立湖北省嘉鱼县官桥农工商综合公司后，官桥八组就开始走上了企业化之路,即逐步从自我管理、自我教育、自我服务的基层群众自治组织,向现代化企业组织转变。1994年5月田野集团成立和1994年12月《湖北田野(集团)公司管理制度》形成,标志着官桥八组这个基层群众自治组织已基本完成了向现代企业组织的转变。从此,官桥八组的运行规则再次发生了根本变化,即从民主选举、民主决策、民主管理和民主监督的自治组织的运行规则,转变成为现代企业管理制度的运行规则。

2007年9月形成的《田野集团制度汇编》,特别是其中的《村民管理制度》说明,官桥八组的户籍村民,尽管要遵守《田野集团制度汇编》中各种制度的规定,但是,他们既不同于田野集团里的一般职工,又不同于原来农村基层群众自治组织里的村民,而是田野集团内部一个具有某些特殊权利和义务的特殊群体。其特殊性,主要表现在两个方面。

首先,作为官桥村的一个村民小组,官桥八组户籍村民仍然参与官桥村的各项村民自治活动,依法享有作为一个村民的政治、经济等权利,承担作为一个村民应该承担的各种义务,并参与村委会的各项选举工作。田野集团一般职工,则没有这样的权利和义务。

其次,官桥八组户籍村民作为田野集团的员工,在官桥八组暨田野集团辖区范围内,与田野集团其他员工一样,必须按照田野集团的规章制度工作和生活。但是,作为集体经济组织成员,官桥八组户籍村民既承担着田野集团一般职工不承担的许多责任和义务,又享受着田野集团一般职工不能享受的许多权利和福利。

官桥八组户籍村民的特殊权利和义务,见本章附件一、附件二和附件三。

1. 官桥八组户籍居民的特殊责任和义务

(1) 完成国家或集体摊派到农户的各项任务,完成组里安排的清洁卫生、绿化等任务。

(2) 自觉遵守《田野集团制度汇编》中《村民管理制度》的各项规定。

(3) 在校学生的学业必须达到初中毕业。初中未毕业辍学的,公司除收回该学生就读期间领取的全部学费补助外,公司各企业不安排其就业。

2. 官桥八组户籍居民的特殊权利和福利

（1）住宅的建设和维修。20世纪80年代，按人均50平方米，统一规划、分户施工，组里补贴，建起了农民新居。2000年后，先后给每户补贴5万多元，装修住宅和购置家具。

（2）分红。所有村民，凡在集团公司上班，除与其他员工一样领取工资和奖金外，年终分红1万元左右；但如不在集团公司上班，则不享受年底分红。

（3）子弟读书。鼓励子弟发愤图强，考取大学。对本组获大学以上学历愿回乡工作的人员，经公司考核同意录用者，给予一定的物质上的鼓励和支持。

（4）养老保险和医疗保险。官桥八组户籍村民全部进入社会养老保险，老年人按月在社保局领取退休养老金。

3. 主要特点

（1）户籍管理实行"内外有别"政策。《村民管理制度》明确规定："加强村民户籍管理，凡户口转出的村民不再享受组里的各种福利；户口已转出但仍在此居住的家庭，必须接受管理，遵循各项规章制度。""凡本组的村民优先考虑其在公司和各企业就业，享受公司核定的工资标准和各种福利待遇。"这样，就充分保障了户籍村民的利益。

（2）实行强制性惩罚。《村民管理制度》二十条中，带有"严禁"、"禁止"、"反对"、"破除"、"抵制"、"作斗争"、"处理"、"处罚"、"严肃处理"等文字共20多处。他们认为，在提高村民文明程度的初期，进行适当处罚是不可避免的，也是完全必要的。

第三节 其他社会组织

1996年，湖北田野集团第一次工会代表大会选举产生工会工作委员会、工会女职工委员会，工会委员5人，其中女委员3人，工会女职工委员会主任1人。同时，建立了劳动保护监督检查委员会、劳动法律监督组织，行政方面按月以职工工资总额的2%拨为工会经费。现有基层单位工会8个，工会会员527人，其中女职工174人，离退休人员56人。

一 工会

田野集团工会工作委员会成立以后，主要做了以下几方面工作。

1. 更新服务理念，强化服务意识

1997年召开了第一届职工代表大会，强调更新服务理念，强化服务意识，审议通过了《集团劳动人事管理制度》、《集团职工养老实施办法》等文件，调动了职工的积极性和创造性，使之纷纷为企业发展献策出力。

2. 开展"双学双比"活动，提高职工素质

每年都开展"学文化、学科技，比发展、比贡献"活动。利用闲暇时间开展学习、读报活动。先后举办ISO系列质量认证培训班、财会培训班、技术操作培训班。开展比学赶帮超技能竞赛活动。2007年，组织劳动竞赛80人次，参加职业技术培训153人次；提合理化建议126项，其中已实施18项；技术革新项目12项，技术发明3项，申请专利3项；总结推广先进操作法10项。

3. 加强法律法规学习，切实维护职工正当权益

集团工会现有劳动法律员7人，劳动争议调解委员会委员3人，劳动保护检查员14人，建立了妇女维权服务站，完善了工作制度，加大了相关法律法规的宣传力度。特别是组织职工学习《劳动法》、《妇女权益保障法》、《未成年人保护法》等相关法律法规，努力维护职工合法权益。

4. 坚持严而有情、情理交融的管理方法

努力做到"五必谈"，即：重要规章制度修改前，新规章制度出台前，工作标准变更前，工作程序调整前，工作岗位变动前，必须找员工谈心，听取意见。努力实现"五必做"，即：出现违规违制时，发生责任事故时，达不到标准或完不成任务时，与他人闹矛盾时，受处罚思想情绪低落时，必须做好思想疏导工作。

5. 宣传正确人生观，塑造自尊、自信、自立、自强的时代新人

通过思想工作，教育职工树立正确人生观、价值观，做"自尊、自信、自立、自强"时代新人。同时，宣传"少生优生"、"优生优育"、"少生快富"等观念。

6. 保障职工身体健康和职业安全

做好劳动保护工作，加强安全生产宣传，完善安全防护设施，基本上没有发生人身伤亡、设备损害事故。解决职工特殊困难，调整职工岗位，降低劳动强度。做好独生子女两全保险、两女绝育户养老保险，真正做到"老有所养"。

7. 推进文明家庭创建活动，营造安定、舒适、文明的社区氛围

开展"美德进农家"、"文明进楼院"等活动，"五好家庭"达标率95%以上。同时，加强绿化、美化管理，使社区成为"春有花、夏有荫、秋有果、冬有青"的公园式生活小区，创造和谐、舒适、文明的社区环境。

二 妇委会

官桥八组总人口中，女性115人，占48%；田野集团其他职工中，女职工131人，占30%左右，做好妇女工作具有重要意义。田野集团工会工作委员会中有3位妇女，周运秀被选为工会女职工委员会（简称妇委会）主任。妇委会成立后，努力促进妇女参与经济建设、精神文明建设、企业文化建设，主要做了以下几方面工作。

1. 激励巾帼建功，生产发展创佳绩

开展"双学双比"、"巾帼建功"创建活动。合金厂女职工组织11次质量分析会，提出有效技术措施，为企业创收打下了基础。田野山庄女职员不断提高服务质量，2007年共接待顾客159批、6723人，展示了企业良好窗口形象。长江合金厂80%的工人以前是农村妇女，经过学习和训练后全部熟练掌握了生产工艺，生产出来的产品通过了ISO9002质量体系认证，装机合格率达98%以上。

2. 建设企业文化，乡风文明作贡献

深入推进"美德在农家"、"文明在楼院"等主题活动，在女工中大力弘扬"求是、创新、发展、和谐"的田野精神，增强企业凝聚力，加强"八荣八耻"荣辱观的学习，促进妇女为推进精神文明建设作贡献。开展丰富多彩的文化体育活动，不断提高文化品位，促使公司妇女成为自尊、自信、自立、自强的时代新女性。

3. 依法维护权益，管理民主有作为

加强《妇女保障法》、《婚姻法》、《劳动法》等相关法律法规的学习和宣传，增强依法维护自身权益的能力和履行义务的自觉性，切实维护妇女正当权益。同时，切实提高妇女社会地位。妇委会积极与各企业协调，在用人方面坚持男女平等原则，一律平等竞聘，同工同酬，认真落实女职工的劳动保护。

4. 维护妇女身心健康，解决妇幼切身困难

组织女工上岗前健康检查、年度体检及妇科病普查，做好女工"五期"劳动保护工作，解决女工生理特点造成的困难，保障女工身体健康和职业安全。落实女工休假权、休息权、"五期"劳动保护。妇委会还积极组织为一名急于做手术的女工捐款8000多元，为两名父亲去世、母亲改嫁的学龄儿童筹集全部学习费用。

5. 成立计划生育协会，做好计划生育工作

首先，成立了计划生育协会，有会员37人，配备专兼职工作人员7名，在实际工作中做到了"五无"，即：无乱收费、乱罚款、乱摊派；无违法乱纪案件；无越级上访；无社会抚养费征收沉淀；无当年生育节育错报漏报。

其次，加强宣传教育，倡导文明生育观念。为了有针对性地开展工作，对已婚育龄妇女和未婚女青年进行分类管理，以"婚育新风进万家"活动为载体，以"妇女之家"为阵地，组织妇女学习《人口与计划生育法》、《湖北省计划生育条例》等法律法规，邀请嘉鱼县官桥镇计生服务站人员开展生殖健康技术指导和咨询服务，使"少生优生"、"优生优育"、"少生快富"等观念深入人心，1990年以来，晚婚晚育率达72.8%，一孩家庭达69.6%。

再次，严格管理，贴心服务。妇委会以企业实施OHSAS18001职业健康安全管理体系为契机，抓好女工权益维护工作，督促企业落实《妇女权益保障法》、《母婴保健法》、《女职工劳动保护规定》，合理调整女工岗位，降低劳动强度，加强女工"五期"保护，组织免费体检和妇科检查，发放避孕药具，使各类妇科病发生率明显下降。集团还承担每个学生从小学到大学的学杂费用和独生子女两全保险、两女绝育户养老保险，做到人人享有退休养老金（纯女户养老金加倍发放），做到了"少有所育，老有所养"，切实解除

官桥八组的妇女干部

计生对象的后顾之忧。

第四，正确引导，实现文明生育。计生协会以"婚育新风进万家，优质服务进万家"活动为契机，每年3次为育龄妇女免费进行妇科病普查普治。通过正确引导和具体帮助，协会工作人员成了育龄妇女的贴心人，传统的"养儿防老"、"多子多福"观念已大大淡化，男到女家落户已成新的风尚，许多组外人争着做官桥八组的上门女婿。集团每年出生的婴儿，全部都是符合政策生育的，住院分娩率为100%。育龄妇女对计划生育工作满意率达98%以上。

由于计生协会的出色工作，官桥八组计划生育工作取得的成绩显著。据统计，2007年官桥八组有15~49岁育龄妇女76名，其中未婚21人，已婚未育3人，一孩23人（上环20人，结扎1人，领二胎证1人，无措施1人），二孩25人（结扎25人），多孩4人（结扎4人）；领取独生子女证16人，放弃二孩生育指标8人。

6. 创造清洁环境，村容整洁显身手

妇委会组织开展"净化家园文明行动"，"减少白色污染、创造清洁环境"宣传教育活动，以及"三八绿色工程"活动。定期组织环境卫生检查，努力创造良好生态环境，以家庭整洁促进村容整洁。妇女除完成本职工作外，利用业余时间开荒种地、植草坪、绿化环境，完成责任区环境卫生，确保家庭环境和公共环境整洁，实现全面绿化、美化和净化，进一步优化了人居环境和工作生活环境。

由于妇委会工作出色，田野集团的妇女工作多次受到上级表彰，周运秀和妇委会曾先后荣获"湖北省巾帼建功先进工作者"、"咸宁市巾帼示范岗"、"嘉鱼县妇女工作先进单位"等荣誉称号。

三 保卫部、护卫队和民兵组织

1994年，田野集团成立时就设立了保卫部。2004年，保卫部下设护卫队，设队长1名，指导员1名，队员16人。同时，有民兵预备役人员169人。田野集团在保卫部、护卫队和民兵工作方面做了大量工作，使这些组织发挥了重要作用。

1. 加强队伍建设，提高保卫人员素质

首先，牢牢把握进人关，对保卫人员的政治素质要求较高，将复退军人作为优先招录对象。其次，通过培训、规章制度学习，提高成员政治、业务素质。再次，工作上严格要求，及时表彰先进，教育督促后进。经过长期努力，终于建成了一支反应迅速、保障有力、作风过硬的保卫队伍。

2. 完善规章制度，严格奖惩

保卫部、护卫队和民兵组织都制定了完整的规章制度，将民主管理、依法治村、遵守乡规民约与奖惩结合起来。在保卫工作中，一方面，以预防为主，以教育为先，发挥榜样力量，表彰先进、模范；另一方面，打击各种歪风邪气，惩治各种违规行为。

3. 人防与技防相结合

2007年，田野集团投入30多万元，购置了监控设施，以及巡更棒、对讲机等装备，建立了监控指挥中心，从而走上了人防与技防相结合的道路。现在只要走进监控中心，就可全方位监控各重点单位、路口的情况，遇有可疑人员、违规情况，可随时通知第一线执勤人员迅速做出反应，大大提高了工作效率。

4. 互帮互助，团结友爱

保卫部、护卫队和民兵组织始终注重团结友爱、互帮互助。当得知护卫队员阳某的母亲得了癌症后，大家连夜开会，自觉捐款，多则 100 元，少则 50 元，加上集团的捐款，及时送到阳某手中。其他保卫人员家中有事，大家也是相互转达，人人凑份子，使保卫部门成了一个团结、互助、友爱的集体。

5. 专职队伍与群防相结合

保卫部门除充分发挥专职人员作用外，还注重发动群众，努力做到专职队伍与群防相结合，共同为企业、为职工、为村民保驾护航。例如，有群众举报，发现一村民利用工作之便，开拖拉机往自家搬运公家财物。经调查取证，很快破获了这一损公肥私案件，涉案人员受到了应有处罚，同时也教育了其他村民和职工。

由于制度完善，设备先进，人员素质较高，保卫部门在工作中做出了许多成绩。例如，2007 年 5 月 23 日，中石特管公司以张伦通（已被开除）为首的一个班 12 人罢工，停产 2 小时。经保卫部门介入后，得到及时处理，很快恢复了生产。又如，2007 年 9 月，村民周月明发现工资卡不见了，立即报案。保卫部门接到报案后，火速到银行查询、挂失，发现卡上 2700 元已被人取走。经调查访问、查阅录像资料，迅速确定了作案嫌疑人。当晚 11 时，将嫌疑人带到保卫部讯问，不到半小时就交代了作案经过，追回了全部损失。由于保卫工作得力，田野集团连续 5 年被评为嘉鱼县民兵思想政治教育工作先进单位。

附件

附件一：官桥农工商综合公司关于执行村民福利补助的有关规定

我公司根据中央一九八六年一号文件关于宜统则统、宜分则分、统分结合、双层经营的精神，既有利于集体经济的巩固和发展，又保护家庭经营的积极性，促进两个文明建设，特将有关执行福利补助问题作如下规定：

一　有下列情形之一的,公司扣回下达到本公司村民的福利补助全年600元,每月50元。

1. 本公司村民不在本公司就业,不经同意参加外地企业的;

2. 被本公司企业开除的本公司村民(如有悔改表现再被吸收进厂按月计算发放被开除期间的福利补助);

3. 在本公司企业未经批准自动离职的本公司村民;

4. 本公司村民搞家庭经营的。

二　有下列情形之一的,公司每次扣回下达到村民的福利补助100～200元。

1. 受公安部门处罚、警告或严重警告的,一次扣回100元;

2. 受公安部门行政拘留的,一次扣回200元。

三　受国家法律机关判处有期徒刑的本公司的村民不得享受公司的福利补助(老年人年终补助、学生读书补助、公粮水费除外)。

四　下列情形享受公司规定的全年福利补助:

1. 国家干部家属的户口在本公司的村民;

2. 国家招聘的亦工亦农家属户口在本公司的村民;

3. 本公司无法安排的老弱病残从事家庭经营的本公司村民。

以上规定,从公布之日起实行。

嘉鱼县官桥农工商综合公司

一九八六年六月一日

附件二:湖北田野股份有限公司关于本组大学以上学历毕业生回家乡工作的有关规定

各农户:

近年来,田野股份公司在全体同仁的齐心努力下,公司业绩得到了长足的发展。为了引进人才,促进公司现代企业制度的进一步健全及公司管理、技术水平的进一步提高,公司决定,对于我组获大学以上学历的应届毕业生,以及年龄在35岁以下,已在外就业愿回乡工作、具有大学以上学历文凭的人员,经公司考核同意录用者,给予一定的物质上的鼓励和支持。具体规定如下：

1. 持专科学历者，补助2万元；持本科学历者，补助4万元；持硕士学历者，补助9万元；持博士学历者，补助15万元。以上补助在其就职后按专科生5000元/年、本科生1万元/年、硕士生3万元/年、博士生5万元/年的标准，每年年底在其工资以外支付，额满为止。

2. 以上人员在公司工作后，希望继续攻读硕士、博士者（半脱产形式），学校收取的费用以及去校就读的交通费用由公司承担，其学习时间占用工作时间视为出勤。

3. 本组村民子女考取高校，并能按公司要求选读公司所需专业者，可签订毕业后回公司工作的合同，提前享受相应补助。

4. 在校生能为公司提供合理化建议、课外脑力劳务，经公司采纳并收有成效者，公司将根据其产生效益的情况，按当年年度效益的10%给予一次性奖励。

5. 回乡后经公司录用、享受以上优惠政策的人员，应在本职岗位充分发挥所学和所长，为公司发展贡献才智。因个人自行离职，或在公司期间违反国家法律法规，严重违反公司的各项规章制度被辞退或除名，由公司决定解雇者，其所享受的补助和相关费用应由其个人返回给公司。

特此通知。

湖北田野股份有限公司
二〇〇五年五月二十八日

附件三：村民管理制度

第一章　总则

第一条　为了适应社会主义新农村建设的要求，进一步激励村民热爱八组、建设八组，发扬艰苦创业、自力更生的精神，自觉规范言行举止，形成文明向上的社会风貌，进一步把八组建成富裕、文明、和谐的社会主义新农村，结合本组实际，制定本制度。

第二章 精神文明创建管理

第二条 切实加强思想教育，培养村民的主人翁责任感，树立"求是、创新、发展、和谐"的田野精神。全体村民必须严格执行村规民约和公司下发给村民的各项规章制度，不折不扣地履行各项义务。

第三条 维护本组的整体形象和集体利益，积极参与村组各种活动，坚决同不良倾向、歪风邪气和违法犯罪行为作斗争。

第四条 崇尚科学，抵制迷信，移风易俗，破除陋习，树立先进的思想观念和良好的道德风尚，禁止抹牌赌博，禁止打架骂人，禁止传播迷信，禁止棺葬土葬。

第五条 提倡科学健康的生活方式，发扬勤俭持家、艰苦奋斗的传统美德，反对铺张浪费。

第六条 倡导节约新风尚，全体村民自觉节约用电，节约用水，按时按数缴纳水电费、收视费。

第七条 开展和谐家庭创建活动，团结友爱、和睦相处、互帮互助；禁止拉帮结派、损公肥私、损人利己。

第八条 加强村民户籍管理，凡户口转出的村民不再享受组里的各种福利；户口已转出但仍在此居住的家庭，必须接受管理，遵循各项规章制度。

第九条 严格执行计划生育政策，超生或未持证生育的按照《计划生育处罚条例》严肃处理。

第三章 村民就业管理

第十条 凡本组的村民优先考虑其在公司和各企业就业，享受公司核定的工资标准和各种福利待遇。

第十一条 在企业上班出勤不出力，不服从分工，违犯劳动纪律和公司有关规章制度的，各企业可视其情节轻重给予警告、辞退直至开除的处分，同时给予一定的经济处罚。

第十二条 被企业开除或自己提出辞职的村民原则上不再安排在公司企业就业，不再享受公司各种福利。如本人申请要求在企业再就业，公司根据

其本人的表现，经研究决定后可以就业的，按《人力资源管理制度》办理，同时需缴纳1万元保证金。

第四章 环境卫生管理

第十三条 全体村民自觉维护村容村貌整洁，积极创造洁净优美的居家环境，讲究卫生，禁止乱扔果皮、烟头、纸屑等杂物，禁止随地吐痰、乱倒垃圾。农户室内外、房前院后不得有荒草荒地，保持干净整洁。

第十四条 保证组里的道路通畅，禁止在公路两旁乱停车辆，堆放柴草，禁止在路面上打晒粮食。

第十五条 爱护花草树木，保护凉亭、垃圾箱等公共设施，禁止攀枝摘花、践踏草坪，损坏公物和设施；保护山水资源，禁止在森林公园及其他林区内砍伐树木、捕兽捉鸟，禁止携带火种进入山林；人工湖内不得捕鱼捞虾，不得将杂物和污水排入人工湖。

第十六条 搞好生活垃圾处理。村民的日常生活垃圾必须用袋装好，于每晚十点至次日早晨六点半前整齐地摆放在垃圾桶旁，清洁工上班后及时清理，其他时间和无垃圾桶的地方一律不允许摆放。严禁将没有袋装的垃圾倒在路旁或垃圾桶内。

第十七条 加强草坪、树木、苗圃管理，按划分的责任区域，认真清理杂草、杂物，按要求进行浇水抗旱，努力为绿化美化八组作贡献。

第五章 附则

第十八条 凡违反上述各条的，一般情况处以50元以上的罚款；情节严重的，处以1000元以上的罚款。

第十九条 本制度由公司办公室负责解释。

第二十条 本制度自发布之日起实施。

二〇〇七年九月

第五章 文化事业

第一节 文化生活

一 富了钱袋，还要富脑袋

从20世纪70年代末开始，官桥八组在组长周宝生带领下，在嘉鱼县率先实行农业联产承包责任制，一举解决了温饱问题。接着，运用"滚雪球"办法，先后创办了小煤窑、铸造厂、家具厂、砖瓦厂等一批乡镇企业，积累了数千万资金，使八组村民过上了小康生活。

但是，钱袋富了，脑袋并不能自然变富。村民中不讲究卫生、搞封建迷信、超计划生育等现象时有发生，不赡养老人、打架骂人、小偷小摸、抹牌赌博等恶习依然存在，有的甚至相当严重。1986年，砖瓦厂一名司机熬夜打麻将，第二天开推土机打瞌睡，差一点把厂房推倒，要不是被及时发现、刹车，定会酿成大祸。

这件事，给周宝生和村民们以极大震动。它充分说明，村民们钱袋富了，还必须进一步富脑袋。只重视经济建设和物质财富积累，不抓思想教育和精神文明建设，经济发展成果就会受到损害。物质文明建设是精神文明建设的基础，精神文明建设是物质文明建设的思想动力和智力支持。正确处理两个文明建设的关系，事关八组长治久安、长富久富。从此，周宝生在抓经济发展的同时，理直气壮地抓精神文明建设。

二 抓精神文明建设

官桥八组和田野集团抓精神文明建设，主要抓了三件事。

1. 硬件建设

（1）农民文化中心：1990年，官桥八组在原电视机室、图书室基础上，投资70余万元修建了农民文化中心，1992年4月建成。文化中心主楼一、二层有8间活动室，其中3间台球室，2间乒乓球室，1间为健身房，2间图书阅览室。健身房配有十余台（套）健身器械，可同时容纳20人左右。图书阅览室约100平方米，有40个座位，藏书约20000册。

农民文化中心阅览室

（2）室外体育设施：1984年，兴建标准灯光球场和滑冰场。到2007年，在办公大楼东侧建有塑料地面的标准篮球场、网球场各一个，旁边还安装了多种户外健身器材。

（3）有线电视台差转站：1994年，购置、安装了有线电视差转设备，并在10月1日有线电视正式开通，一举解决了村民和员工观看有线电视问题。

（4）电子显示屏：2006年，投入15万元在田野广场新建了一块大型电子显示屏，不断滚动播放："田野明天更美好；社会和谐人人有责；和谐社会人人共享；树新风、促和谐；知荣耻、讲正气；团结友善、勤俭自强；爱国守法、明礼诚信；敬业奉献；求实创新、和谐发展；不乱扔果皮纸屑；不乱扔烟头"等宣传标语。

（5）电影放映设备：2007年，购置了电影放映机设备，夏、秋两季在农民文化中心前的广场放映，一般每月放映2次，每次放映2部影片，每次放映都能吸引上百观众观看。

（6）光纤联网：2007年12月，实现了光纤联网，从而提高了网络信息和电视信号传输质量。现在，不仅可上网与国内外进行商务联系，而且电视收视频道已增至50个。

（7）宣传标牌。田野大道旁的宣传标牌上写着："公共卫生人人享受，人人维护公共卫生"。田野山庄的宣传标牌上写着党的十七大主题：高举中国特色社会主义伟大旗帜，以邓小平理论和"三个代表"重要思想为指导，深入贯彻落实科学发展观，继续解放思想，坚持改革开放，推动科学发展，促进社会和谐，为夺取全面建设小康社会新胜利而奋斗。

据田野集团企业文化部李逢君副部长介绍，2007年文化建设投入已达100万元。到2008年，文化中心建筑面积已达600平方米，连同文体娱乐健身设施，总资产已达1000多万元。

2. 软件建设

（1）狠抓管理制度建设。官桥八组和田野集团的规章制度，从生产、经营领域，到勤政廉政、党务工作领域，一直延伸到村民、职工的学习、生活等各个方面，形成了一套完整的制度体系。2007年9月全面修订的《湖北田野集团制度汇编》，有17种制度，合计97章、589条、约10万字。这套制度汇编已发给每个村民、员工，真正做到家喻户晓，严格执行。在贯彻过程中，周宝生总是带头执行。例如，有一次，周宝生的一位客人在田野山庄与随行人员打牌，服务员接连制止3次，这位客人火了，打电话质问周宝生："你这里规矩干吗这么大？"周宝生不温不火地说："老兄，八组有制度，请克服一晚上！"这位客人只好停止了打牌。周宝生认为："制度不是为了束缚人，而是为了体现诚信、秩序、公平、正义，最大限度地解放人。有合理制度的官桥八组，才是一个真正和谐的社会单元。"

(2) 严格执行村规民约。早在 1982 年，周宝生就召开村民大会通过了村规民约。例如，猪、鸡、鸭、鹅必须圈养；禁止抹牌赌博；老人去世，不准土葬；不准搞封建迷信；不准打人骂人；等等。这些村规民约，不是纸上谈兵，而是铁印宝鉴，严格执行，对上对下一个样。例如，一个副总经理父亲去世后搞假火葬、真土葬，被周宝生发现后，不仅批评教育、重新火葬，而且罚了款。从此，殡葬改革打开了局面。焊丝厂一名职工因家庭小事骂人，被扣发了工资。一位婆婆无端生事与媳妇口角，被停发养老金半年。一名食堂炊事员拿剩菜回家，被停职 3 个月，并处以罚款。由于严格执行村规民约，净化了生活环境，提高了村民文明程度，从而使官桥八组成为远近闻名的一方净土。

(3) 奖励先进工作人员。例如，2005 年给予合金厂黄波、钎钢公司尹和平等 7 人经济技术创新奖 600～2000 元；2006 年给予合金厂黄波、钎钢公司刘敢等 3 人经济技术创新奖 500～1000 元；2007 年给予中石特管公司纵源、合金厂黄波、钎钢公司刘敢等 8 人经济技术创新奖 1000～5000 元。这些奖励，尽管给的是钱，但更重要的是体现了田野集团对科技创新人才的鼓励。

(4) 创办集团刊物：2007 年 7 月，田野集团创办了内部赠阅刊物《田野》，每期 4 版。它的任务是"对外展现亮丽风采的窗口，对内交流工作经验的平台，……传递集团战略、方针和导向，搭建集团及各企业之间沟通的桥梁，致力于忠实记录集团的成长历程，弘扬企业文化，增强企业凝聚力，充分发挥在企业文化中的宣传、引导作用，着力打造田野品牌，为集团又好又快发展服务。"到 2008 年 3 月，《田野》已出版 6 期，受到广泛好评。

3. 机构和人员建设

官桥八组的思想文化工作曾长期没有专门管理机构和专职管理人员。农民文化中心成立后，一直划归田野山庄管理，并配有专职工作人员，主要负责日常接待、业务管理、安全卫生等方面的工作。2007 年秋，田野集团设立了专门负责文化建设的组织机构——企业文化部，下辖宣传科、广电科和文化科 3 个科室。目前，企业文化部配套有 4 名工作人员，另外，农民文化中心配有 5 名工作人员（其中 2 人兼职）。至此，官桥八组和田野集团的思想文化工作已有了专门管理机构和专职管理人员。为了搞好思想文化工作，企业文化部和农民文化中心还制定了工作目标和《管理人员岗位责任制》等制度。

三 开展文化活动

1. 定期文化活动

官桥八组和田野集团不仅将文化事业纳入总体工作规划，而且重视把它们落实到基层。他们通过实施"四个一"工程，即每月组织一次学习，举办一项文体活动，放映一场电影，办好一期报纸，来推进文化事业的发展。例如，在20世纪七八十年代，放映电影就是农村文化娱乐的主要形式，深受群众欢迎。过去，主要靠外来电影队放映电影，2007年购置电影放映机设备后，全年共放映25场次，放映电影50部，观众达4500人次。

2. 组织各种竞赛

除了上述定期文化活动外，官桥八组和田野集团还经常组织各种竞赛活动。例如：

"钎钢杯"职工篮球赛。由田野集团下属钎钢钎具公司承办，号称田野"NBA"。2005年进行首次比赛，现已成功举办3届。2007年6月15～17日，第3届"钎钢杯"赛有钎钢钎具队、合金缆索制药联队、中石特管队和机关后勤队4支球队参赛，经过激烈比赛，机关后勤队夺得冠军，中石特管队获得亚军。

"合金杯"球类比赛。由田野集团下属合金厂承办，主要进行乒乓球、台球、羽毛球比赛，现已成功举办2届。2007年8月20～21日，第2届"合金杯"赛分男子乒乓球、男子台球、女子羽毛球3个单项，共48名运动员参赛。经过紧张激烈的比赛，张勇、朱国友、毕光然分别获男子乒乓球前三名；周尉、毕光然、周和清获男子台球冠、亚、季军；周会、段琼玲、施如玲获女子羽毛球前三名；神农制药厂获优秀组织奖。

"神农杯"棋类比赛。由田野集团下属的神农制药公司承办，2007年9月28～29日的"神农杯"赛，分象棋、军旗、五子棋和跳棋4个项目，共52名选手参赛。经过激烈争夺，龙翔、刘德华、蔡正发分获象棋前三名；周月明、周会祥、毕光然获军棋冠、亚、季军；五子棋和跳棋第一至第三名，分别由李由、刘滋、周会和熊金琼、施如玲、段琼玲获得。

歌咏比赛和知识问答。每逢重大节日和庆典，田野集团都要组织歌咏比赛、知识问答等活动。例如，2006年6月30日中国共产党建党85周年前夕，就组织了"七一"歌咏比赛和党的知识问答活动，从而增强了村民和员工贯彻党的路线、方针、政策的积极性。

女村民、女职工文体活动。官桥八组和田野集团特别重视女村民、女职工的文化生活，经常给她们单独组织活动。例如，2006年3月，组织迎"三八国际妇女节"女职工拔河、跳绳、卡拉OK等比赛，有150人参加，还成功举办了"三八妇女节"大型联欢晚会。2007年8~9月间，由官桥八组妇联负责，在田野广场组织了较大规模的健身舞比赛。

老年人旅游活动。为了发扬尊老敬老优良传统，官桥八组和田野集团曾单独组织老年人旅游。例如，2007年重阳节，组织约100名老年人到武汉观光旅游，并参观武汉大学东湖分校，让老年人亲身体验改革开放带来的巨变和田野集团的巨大成就。

3. 参加嘉鱼县、咸宁市和湖北省的文化活动

官桥八组不仅在本组组织各种文化活动，而且积极参加嘉鱼县、咸宁市和湖北省的文化活动。例如，1988年11月，组队参加湖北省电机厂"电机杯"乒乓球邀请赛；1989年9月，组队参加湖北阳新机械厂"双力"杯中国象棋比赛等。2006年6月，组织文艺节目参加嘉鱼县文艺调演；邀请湖北省地方曲艺剧团一行50余人来官桥八组演出。2006年10月，与嘉鱼县诗词楹联学会在田野山庄联合举办"建设社会主义新农村田野放歌诗会"，湖北省诗词学会会长徐晓春、中共嘉鱼县委书记王汉桥、县长王兆民等100余人出席。田野集团刘业胜、蔡正发、李宏文、张义斌等在诗会上朗诵了自己的诗作。

第二节　道德风尚

一　道德建设

道德建设是精神文明建设的重要组成部分，它包括社会公德建设、职业道德建设、家庭美德建设和个体品德建设等内容。官桥八组在道德建设过程中，主要抓了三个方面的工作。

1. **加强制度建设**

官桥八组历来十分重视制度建设，并将道德建设作为重点纳入其中。2007年9月修订的《村民管理制度》，第二章精神文明创建管理第三条规定：维护本组的整体形象和集体利益，积极参与村组各种活动，坚决同不良倾向、歪风邪气和违法犯罪行为作斗争。第四条规定：崇尚科学，抵制迷信，移风易俗，破除陋习，树立先进的思想观念和良好的道德风尚，禁止抹牌赌博，禁止打架骂人，禁止传播迷信，禁止棺葬土葬。第五条规定：提倡科学健康的生活方式，发扬勤俭持家、艰苦奋斗的传统美德，反对铺张浪费。第六条规定：倡导节约新风尚，全体村民自觉节约用电，节约用水，按时按数缴纳水电费、收视费。第七条规定：开展和谐家庭创建活动，团结友爱、和睦相处、互帮互助；禁止拉帮结派、损公肥私、损人利己。第九条规定：严格执行计划生育政策，超生或未持证生育的按照《计划生育处罚条例》严肃处理。

《村民管理制度》第四章环境卫生管理第十三条规定：全体村民自觉维护村容村貌整洁，积极创造洁净优美的居家环境，讲究卫生，禁止乱扔果皮、烟头、纸屑等杂物，禁止随地吐痰、乱倒垃圾。农户室内外、房前院后不得有荒草荒地，保持干净整洁。第十四条规定：保证组里的道路通畅，禁止在公路两旁乱停车辆，堆放柴草，禁止在路面上打晒粮食。第十五条规定：爱护花草树木，保护凉亭、垃圾箱等公共设施，禁止攀枝摘花，践踏草坪，损坏公物和设施；保护山水资源，禁止在森林公园及其他林区内砍伐树木、捕兽捉鸟，禁止携带火种进入山林；人工湖内不得捕鱼捞虾，不得将杂物和污水排入人工湖。第十六条规定：搞好生活垃圾处理。村民的日常生活垃圾必须用袋装好，于每晚十点至次日早晨六点半前整齐地摆放在垃圾桶旁，清洁工上班后及时清理，其他时间和无垃圾桶的地方一律不允许摆放垃圾。严禁将没有袋装的垃圾倒在路旁或垃圾桶内。第十七条规定：加强草坪、树木、苗圃管理，按划分的责任区域，认真清理杂草、杂物，按要求进行浇水抗旱，努力为绿化美化八组作贡献。

《村民管理制度》第五章附则中规定：凡违反上述各条的，一般情况处以 50 元以上的罚款；情节严重的，处以 1000 元以上的罚款。

对外来员工也有相关管理制度。例如，《员工公寓管理制度》规定：讲究公共道德和卫生；严禁向窗外乱扔杂物、泼脏水，在窗台上放置物品，在房间喧哗、吵闹等不良行为；严禁在宿舍内烧火做饭、使用大功率电器；禁止将易燃易爆等危险物品带入公寓楼；等等。

在职业道德建设方面，田野集团也制定了许多制度。例如，《劳动人事管理制度》第三章《服务与休假》第十五条规定：①遵守国家法律法规；②按时上下班，对承办工作争取时效，不拖延不积压；③服从上级指挥，如有不同意见，应婉转相告或以书面陈述。一经上级主管决定，应立即遵照执行；④廉洁奉公，不得收受与公司业务有关人士的贿赂或挪借款项；⑤恪尽职守，保守业务机密；⑥爱护公司财物，不浪费，不化公为私；⑦遵守公司一切规章制度及工作守则；⑧维护公司信誉，不作任何有损公司信誉的行为；⑨注意自身修养，切戒不良嗜好；⑩不私自经营与公司业务类似的产业或兼任公司以外的职业。这些规定，有许多属于道德范畴的内容，对于员工的职业行为具有重要的规范作用。

2. 增加必要投入

为了营造卫生、整洁、美观的环境，田野集团增加了绿化、保洁工作人员，添置了洒水车、垃圾桶、路灯等基础设施，购买了大批花草苗木。2007年，完成了中石特管的厂房、工业园新区的公路、商铺、医院、山庄下水道、北湖及其配套设施建设，累计完成公路砼 3 万立方米，砌围墙 1500 米，砌浆块石 3000 立方米，土方 15 万立方米，安装下水道 600 米。这些投入，为落实有关制度创造了必要条件。

3. 狠抓制度落实

实践证明，制度易于制定，难在落实。然而，官桥八组和田野集团的突出特点是，不仅重视制定制度，而且重视落实制度，尤其是领导人带头落实制度。例如，有一位村民在山上锄草时，为了省力去烧草，不慎烧毁了几根竹子，自知违反了《村民管理制度》第十五条规定，就采取关门闭户或外出不归等方式逃避惩罚。组长周宝生知道后，指派专人追查此事，几经周折终于找到了这位村民，促使她在村民小组会上做了深刻检讨，并接受了处罚。又如，中石特管公司员工周某因骂人，被罚款1000元；邹某因随地吐痰，被罚款2000元，并通报批评，从而彰显了制度的严肃性。村民违反规定，要受到批评、处罚，对于模范遵守规章制度的则大受嘉奖。2003~2007年，经村民投票推选出12个"文明家庭"，他们的事迹被公布在内部刊物或宣传栏中，成为学习榜样。许多村民说："能被评上'文明家庭'是莫大荣誉，走出门都感到光彩。"

为了落实制度，田野集团正式发文、董事长亲自动员是常有的事。例如，2007年底，田野集团连续发出第36号、第37号文件，再次强调严禁随地吐痰、乱扔杂物等不良行为，并通报了有关问题处理情况。官桥八组组长、董事长周宝生还专门召开村民大会和员工大会，进行思想教育，引导大家自觉遵守环境卫生管理制度，自觉养成讲究公共卫生的良好习惯，并亲自安排公共环境卫生工作。2008年3月15日，田野集团主办的《田野》第6期对上述文件和活动作了报导，并以《恶小莫为，警钟长鸣》为题发表了短评。

由于领导带头、严格认真、坚持不懈地落实制度，八组村民和企业员工逐渐养成了不随地吐痰、不乱扔杂物等良好习惯，从而使官桥八组和田野集团做到了许多大城市、大单位都无法做到的生产环境和生活环境的绿化、净化、美化和亮化，初步实现了"城镇化村庄、花园式工厂"的目标。2007年12月，官桥八组被国家旅游局授予"国家级工农业旅游示范点"光荣称号。

此外，中共田野集团党委制定的党员干部《行为准则》和《勤政廉政制度》，规定党员、干部要讲勤政、讲实效、做楷模、作表率，牢记党的宗旨、廉洁奉公，不假公济私、以权谋私、徇私舞弊；开展党员责任区、党员双带联系户活动，扩大党员对群众的带动和影响；举办评先评优活动，每年表彰一批优秀共产党员和先进党支部，表彰一批劳动模范、先进工作者和先进企业、班组，等等。这些规定和活动，都对道德建设产生了重要推动作用。

二 社会风尚

社会风尚，是指社会风气和时尚。随着经济社会发展和文明程度的提高，官桥八组和田野集团的社会风尚也发生了许多积极变化。

1. 健康的生活方式

现在，官桥八组的居民大多数都有两种身份，即官桥八组村民和田野集团员工，他们的工作方式和生活方式都发生了巨大变化。

过去，农民是"日出而作，日落而息"；如今，变成了"号响而作、号响而息"，每天早晨6点25分村庄上空起床军号嘹亮，上班、下班同样也是播放军号。

过去，许多人酷爱麻将、纸牌，动不动吵嘴、打架，时不时有人装神弄鬼；如今，打牌赌博已被严格制止，没有人打架斗殴，更没有人搞封建迷信活动。

过去，随地吐痰、乱扔垃圾司空见惯，塑料袋、纸屑随风飘舞；如今，垃圾分类收集，痰迹已无踪影，甚至连烟头、纸屑也难寻觅。

过去，小偷小摸、虐待老人、打老婆孩子现象时有发生；如今，违法犯罪事件早已绝迹，多年来连一起治安案件都没有出现。

过去，家家喂养家禽、家畜，户户摆弄自留地；如今，家家种花、养草，户户读书、读报、看电视，学习、娱乐、了解社会信息已成为人们业余生活的习惯。

过去，敬奉"土地神"、"财神"、"观音"、"娘娘"等，"风水"、"打醮"、"喊魂"、"算命"等封建迷信活动盛行；如今，崇尚科学，抵制迷信，移风易俗，破除陋习。

过去，人们一有空闲就喜爱走东家、串西家，串门聊天，说三道四，邻里常闹纠纷；如今，闲暇时间常去文化中心逛逛，或看书读报，或打球健身，或高歌一曲，或漫步湖边。

过去，逢年过节都往家里跑，与家里人团聚；如今，一有节假日就去外地、到名城古都或者名山大川去旅游。

2. 时尚的精神追求

过去，农民往往满足于五谷丰登、衣食无忧。如今，官桥八组村民和田野集团员工却有更高的精神追求。

（1）追求更多的文化知识，特别是希望自己的子女上高中、读大学，拿硕士、博士学位。近 10 年来，官桥八组适龄青少年的入学率一直都是 100%，58 户人家的官桥八组已有 15 人考上大学，有的还曾出国深造，全组青壮年文化程度在高中以上。为了激励村民学知识，组里规定青壮年没有高中文化一律不安排就业。

（2）学习技术，特别是学习高新技术。只有掌握高新技术，才能适应集团发展高新技术产业的需要，否则，就有被淘汰的危险。公司举办的业务培训班、科技培训班，定期组织的岗前培训和岗位轮训，以及外出交流考察，都为学习技术提供了多样化平台。

（3）学习科学，崇尚科学精神。周宝生原来只有高中文化程度，他顽强自学、刻苦钻研，先后取得了法学硕士学位和研究员职称，并成为享受国务院政府津贴的专家。在周总带领下，科普教育已渐成制度，学习科学、崇尚科学已蔚然成风，各种迷信已没有了市场。1999 年春节，一位外地人来官桥八组村民住宅门楼贴财神，被村民断然拒绝，他们说："我们不相信财神菩萨，只相信政策，相信自己的劳动。"

3. 和谐的社会关系

过去，村民之间难免发生一些小纠纷、小摩擦，吵嘴、打架也时有发生。但是，经济发展后的官桥八组非常注重营造和谐社会环境。

（1）认真执行制度，严格奖惩兑现。在制度面前，人人平等，绝无例外。一方面，扶持社会正气，每年奖励先进工作者；另一方面，惩治歪风邪气，处理违规违纪人员。一位副总经理为去世父亲搞土葬，不仅被批评教育、重新火葬，而且罚款，就是最好证明。

（2）加强思想教育，提高村民的自觉性。除日常思想教育工作外，田野广场上巨大电子显示屏每天都向村民提示：树新风、促和谐；知荣耻、讲正气；爱国守法、明礼诚信；团结友善、勤俭自强；敬业奉献。这些标语口号正逐渐转变成为村民的自觉行动。

（3）购置先进设备，加强安全监督。为了搞好日常安全监督，集团投入巨资，购置了监控设备和智能巡查设备，其电子摄像头覆盖全村主要路口和各企业主要部位，定时巡查各方面安全情况，并及时应对各种突发事件，从而起到了巨大威慑作用。

由于上述措施的综合作用，20世纪80年代后期以来，抹牌赌博、封建迷信、木棺土葬已无影无踪，小偷小摸、打架骂人、超计划生育已销声匿迹；多年来，无群众上访，无违法犯罪行为，无刑事民事案件；绿化覆盖率达80%以上，各类树木19万株，草坪50000余平方米；在田边地头和房前屋后，见不到家禽家畜放养。在公共场所和宽敞马路，见不到一个烟头、一片纸屑。真正做到环境优美、村容整洁、夜不闭户、路不拾遗；老有所养，少有所帮；邻里和睦，互帮互助；经济富裕，社会和谐。有一位在省级企业工作的女青年在官桥八组找了个对象，别人问她为什么要到这里找老公？她的道理很简单："官桥八组自然环境优美，民风淳朴，社会治安好，是一个可爱的地方，我既爱老公，又爱八组！"

1984年以来，官桥八组和田野集团获得嘉鱼县、咸宁市、湖北省和国家有关部委奖励134项，其中国家级19项，省级52项，市级29项，县级34项。由于精神文明建设工作成绩斐然，在这134个奖项中，有"文明单位"、"最佳文明单位"、"思想政治工作先进单位"、"精神文明建设工作先进单位"、"农村文化工作先进集体"、"两个文明建设先进单位"、"美德在农家示范村"、"全国法制宣传教育先进单位"、"全国村镇建设文明村庄"、"全国群众体育工作先进集团"、"全国重合同守信用企业"等荣誉称号43项，约占总奖项的1/3。

第三节　社会习俗

一　习俗

官桥八组的习俗及其变化，主要表现在"生"、"死"和"喜庆"上。

1."生"

"生"，就是由"多子多福"到计划生育的转变。过去，村民认为生孩子多多益善，多子才能多福，最多9胎，最少2胎，一般3~4胎。现在，不仅认识到必须计划生育，而且在行动上实行计划生育。该组1989年80户、330人，2006年底减至58户、241人。除部分人口迁出外，主要原因是实行了计划生育。2007年，官桥八组有基层计划生育协会1个，工作人员37人；在76名15～49岁育龄妇女中，未婚21人，已婚未育3人，一孩23人（上环20人，结扎1人，领二胎证1人，无措施1人），二孩25人（结扎25人），多孩4人（结扎4人）；领取独生子女证16人，放弃二孩生育指标8人。这些数据说明，官桥八组的生育习俗已经发生了根本性变化。

2."死"

"死"，就是由"入土为安"到文明丧葬的转变。过去，农村丧葬的传统习俗是讲究"寿终正寝"、"入土为安"。现在，则多实行火葬。田野集团《村民管理制度》第四条规定："崇尚科学，抵制迷信，移风易俗，破除陋习，树立先进的思想观念和良好的道德风尚，禁止抹牌赌博，禁止打架骂人，禁止传播迷信，禁止棺葬土葬。"在禁止"棺葬土葬"问题上，充分发挥党员干部模范带头作用，取得了良好效果。最典型的事例就是，田野集团党委书记、董事长周宝生在母亲过世后，极力说服兄弟姐妹，坚决实行了火葬。在他的带头下，全组党员和村民都能自觉遵守这一规定。

3."喜庆"

"喜庆"，就是由大操大办到文明健康的转变。过去，凡有红白喜事、生孩子（满月、周岁）、老人祝寿、上梁、入宅等喜庆事件，都喜欢请客送礼、开席设宴、吹吹打打、放鞭鸣炮，大操大办几天几夜。这种做法，不仅给主客双方带来巨大精神压力，而且往往造成严重浪费和自然、社会环境的污染。为了改变这种陈规陋习，田野集团《村民管理制度》要求"移风易俗，破除陋习"，"提倡科学健康的生活方式……反对铺张浪费"。现在，村民家中有喜庆之事，一般都像城里人一样，时兴在田野山庄大厅里举办一场简短的宴会或开展一些文娱活动。庆典结束后，大家各自回家或到工厂正常上班。

二 节令

"过年"。民间称农历腊月二十九或三十至次年正月初三的春节为"过年"。过去，过年期间除了"守岁"、"拜年"外，大都是以家庭为单位团聚、吃"年饭"，以亲朋为范围互相走亲、访友，而且往往少不了吃吃喝喝、抹牌赌博。现在，则是集体过年。在田野集团有关部门组织下，村民都到田野山庄大厅举行团拜会，听取领导人作新年致辞、年终小结和新年感言，接受表扬、嘉奖和发放红包，并在田野餐厅集体吃年饭，观看文娱表演。每到这天，集团、村组领导人都要向村民祝酒、拜年，从而大大增强了凝聚力，融洽了干群关系。

其他传统节令，主要有以吃"月半饭"、玩龙灯为主的"元宵节"，以踏青、祭祖为主的"清明节"，以吃粽子、划龙舟为主的"端午节"，以吃月饼、糍粑、米酒为主的"中秋节"，以尊老敬老为主题的"重阳节"和以打扫卫生、送"灶神爷"为主的"过小年"。现在，这些传统节令尚存，另增加了"元旦"、"三八国际妇女节"、"五一国际劳动节"、"七一建党节"、"八一建军节"、"十一国庆节"等新的节日。上述节令，凡纳入国家法定节假日的，一般都有一定的喜庆活动。

三 俗语

官桥八组在嘉鱼县与赤壁市之间，其俗语也与嘉鱼县、赤壁市相近。其中主要的有：

一哈刻儿	指很短时间
屋里人	指妻子
讲古	指讲故事
蛮硕	指很大的意思
yà 苕	指傻瓜
搞皂	指搞混杂了的意思
镏刷	指熟练的意思
勾筋	指扯皮的意思
锅堕	指锅盖
eò 人	指烫人

四 谚语

吃了月半粑，各人种庄稼

正月二十阴，滴滴答答到清明

土粪要晒，大粪要盖

两春夹一冬，十所牛栏九所空

指头生来有长短，荷花出水有高低

在家不会迎宾客，出门方知少主人

天生一人，必有一路

勤是摇钱树，俭是聚宝盆

不怕少来苦，就怕老来穷

家有老，千般好

五　歇后语

三十夜借甑背——不是时候

炉子靠水缸——你热它不热

阎王贴告示——鬼话连篇

外甥打灯笼——照旧（舅）

豆腐掉到灰里——吹不得打不得

麻袋装铁钉——个个想出头

荷花包鳝鱼——溜之大吉

木鱼命——天生是挨打

扁担无纳——两头失塌

司命菩萨上天——说好不说坏

第六章 社会建设

第一节 教育事业

一 受教育情况

1. 村民受教育情况

2007年，官桥八组6周岁及其以上人口228人，其中不同年龄组人口受教育情况见表6-1。

表6-1 不同年龄组人口受教育情况

单位：人

年龄组	文化程度								
	总计	文盲	小学	初中	高中	中专	大专	本科	研究生
6~15岁	27	—	20	5	2	—	—	—	—
16~22岁	32	—	—	6	13	2	2	9	—
23~44岁	103	1	—	71	12	9	7	3	—
45~59岁	41	4	14	12	6	2	2	—	1
≥60岁	25	6	11	7	1	—	—	—	—
合计	228	11	45	101	34	13	11	12	1

根据表6-1数据计算，6周岁及其以上人口，平均受教育9.2年。其中，6~15岁人口平均受教育7.0年，16~22岁人口平均受教育12.7年，23~44岁人口平均受教育10.1年，45~59岁人口平均受教育8.2年，60岁以上人

口平均受教育 5.6 年。除 6~15 岁人口由于年龄较小，因而受教育年数较少外，总体趋势是：年龄越小受教育年数越多，年龄越大受教育年数越少。这是完全符合中国社会教育发展实际的。

2. 职工受教育情况

田野集团下属单位部分职工受教育情况见表 6-2。

表 6-2　田野集团部分员工受教育情况

单位：人

学　历	小计	机关后勤	东湖分校	合金厂	缆索厂	钎钢公司	神农制药	田野山庄	正达煤矿	中石特管
小学	3	—	—	—	—	3	—	—	—	—
初中	166	24	8	39	4	45	4	38	1	3
高中、中专	119	13	4	12	2	45	28	10	1	4
大专	36	7	4	5	—	7	12	—	—	1
大学本科	1	—	—	—	—	1	—	—	—	—
合　计	325	44	16	56	6	101	44	48	2	8

根据表 6-2 数据计算，部分职工平均受教育 10.7 年。其中，机关后勤的平均受教育 10.8 年，东湖分校的平均受教育 11.2 年，合金厂的平均受教育 10.1 年，缆索厂的平均受教育 10.0 年，钎钢公司的平均受教育 10.7 年，神农制药的平均受教育 12.5 年，田野山庄的平均受教育 9.6 年，正达煤矿的平均受教育 10.5 年，中石特管的平均受教育 11.2 年。总体看，职工比村民平均受教育年数多 1.5 年。分单位看，神农制药、中石特管、东湖分校高于平均水平，田野山庄、缆索厂、合金厂、正达煤矿低于平均水平。其中，最高的神农制药比最低的田野山庄多 2.9 年。

二　教育投入

官桥八组由于户数、人口有限，自己没有能力举办普通教育学校，村民子女全部就近在官桥村小学或官桥镇中学上学。田野集团则不定期地对官桥村小学和官桥镇中学在经济上给予资助。

田野集团的教育投入，主要表现在对村民子女上学的资助上。例如，

2005年5月28日，田野集团制定了《关于本组大学及以上学历毕业生回家乡工作的有关规定》，"对于我组获大学以上学历的应届毕业生，以及年龄在35岁以下，已在外就业愿回乡工作、具有大学以上学历文凭的人员，经公司考核同意录用者，给予一定的物质上的鼓励和支持。"其具体规定是："持专科学历者，补助2万元；持本科学历者，补助4万元；持硕士学历者，补助9万元；持博士学历者，补助15万元。以上补助在其就职后按专科生5000元/年、本科生1万元/年、硕士生3万元/年、博士生5万元/年的标准，每年年底在其工资以外支付，额满为止"；"以上人员在公司工作后，希望继续攻读硕士、博士者（半脱产形式），学校收取的费用以及去校就读的交通费用由公司承担，其学习时间占用工作时间视为出勤。""本组村民子女考取高校，并能按公司要求选读公司所需专业者，可签订毕业后回公司工作的合同，提前享受相应补助。"到2007年底，已回家乡工作的大学毕业生23人（其中大专生11人，本科生12人），占全组总人口的9.5%，这个比重是相当高的。这说明，上述教育投入和鼓励措施是正确、有效的。

此外，田野集团还与另两家单位合作投资6亿元兴办了武汉大学东湖分校，为民办高等教育事业作出了较大的贡献（武汉大学东湖分校情况，另有专题说明）。

三　职业技术教育

1. 职业技术培训

田野集团非常重视职工职业技术培训，先后委托嘉鱼县劳动局、技术监督局、人事局等单位培训电工、焊工、车工、锅炉工等特种作业人员450多人次，取得内审员证16份，计量管理员证9份，劳动技术等级证356份，特种作业人员安全操作证57份。

2. 专业技术职称

公司特别重视选派中高级管理人才和技术骨干外出培训，学技术、学管理、学维修。通过培训，已有27人取得了专业技术职称证书。

2007年底，田野集团下属单位部分职工专业技术职称情况见表6－3。

表6-3 田野集团部分员工专业技术职称情况

单位：人

职 称	小计	机关后勤	东湖分校	合金厂	缆索厂	钎钢公司	神农制药	田野山庄	正达煤矿	中石特管
高级职称	19	2	4	4	1	5	2	—	1	—
中级职称	49	6	6	17	1	9	7	1	1	1
初级职称	12	1	2	2	—	5	1	—	—	1
无职称	245	35	4	33	4	82	34	47	—	6
合 计	325	44	16	56	6	101	44	48	2	8

表6-3的数据说明：在325名职工中，有专业技术职称的80人，占职工总数的24.6%。其中，高级职称19人，占23.8%；中级职称49人，占61.3%；初级职称12人，占15.0%。总体看，有专业技术职称职工的比重较高，高、中级职称比重较高。这两个"比重较高"，是高新技术企业的显著特点，是田野集团技术含量较高的具体表现。

第二节 分配制度

一 村民收入增长情况

官桥八组保存的早期历史资料较少。据村民回忆，官桥八组的人均纯收入，1979年为68元，1980年升至126元，1981年151元。1982年后，由于组办企业迅速发展，猛增至421元。1986年达1490元，其中从集体经营获得的收入占80%以上。同期，咸宁市农民人均纯收入462元，其中集体经营获得的收入仅占4%。

据田野集团提供的资料，1979~2006年期间，官桥八组和田野集团的总资产、总收入和人均纯收入增长情况，见表6-4。

表6-4的数据说明：①纵向比较，官桥八组村民年人均纯收入1982年比1979增加353元，年平均增加118元；1992年比1982增加1589元，年平均增加159元；2003年比1992年增加5790元，年平均增加526元；2006年比2003年增加4200元，年平均增加1400元。显然，年均增加额呈现出扩大增加

表6-4 总资产、总收入、人均纯收入增长情况

单位：万元，元

项目＼年份	1979	1982	1992	2003	2006
总资产	1.4	7.8	7200	35000	100000
总收入	3.8	18.9	4500	35400	53000
人均纯收入	68	421	2010	7800	12000
嘉鱼县农村人均纯收入[a]	134（1978年）	320	—	—	3776
湖北省农村人均纯收入[b]	160	286	783（1993年）	2567	3419[d]
全国农村人均纯收入[c]	161	270	784	2622	3587

资料来源：

a. "嘉鱼县农村人均纯收入"中1978年、1982年的数据引自嘉鱼县统计局编《嘉鱼振兴四十年》，第725~726页；2006年的数据引自嘉鱼县统计局编《嘉鱼统计年鉴2006》，第109页。

b. "湖北省农村人均纯收入"中1979年、1982年的数据引自湖北省统计局编《湖北奋进四十年》，武汉，湖北人民出版社，1989，第560页；1993年的数据引自湖北省统计局编《湖北统计年鉴1999》，北京，中国统计出版社，1999，第167页；2003年、2004年的数据引自湖北省统计局编《湖北统计年鉴2005》，中国统计出版社，2005，第141页。

c. "全国农村人均纯收入"中1979年、1982年、1992年的数据引自国家统计局编《新中国五十年》，中国统计出版社，1999，第592页；2003年的数据，引自中华人民共和国统计局：《中华人民共和国2003年阵民经济和社会发展统计公报》，2004年2月27日《人民日报》；2006年的数据，引自中华人民共和国统计局：《中华人民共和国2006年阵民经济和社会发展统计公报》，2007年3月1日《人民日报》。

d. 转引自嘉鱼县统计局编《嘉鱼统计年鉴2006》，第109页。

趋势。②横向比较，官桥八组村民年人均纯收入与嘉鱼县、湖北省和全国农村人均纯收入比较，1979年分别相当于50.7%、42.5%和42.2%，1982年分别相当于131.6%、147.2%和155.9%，1992年分别相当于256.7%和256.4%，2003年分别相当于303.9%和297.5%，2006年分别相当于317.8%、351.0%和334.5%。这就是说，除1979年外，其他各年份官桥八组村民年人均纯收入都高于嘉鱼县、湖北省和全国农村人均纯收入，而且高出的幅度有逐渐扩大趋势。

二 村民收入分组情况

据田野集团提供的资料，1979~2006年官桥八组村民年均纯收入分组变化情况见表6-5。

表6-5　人均纯收入分组情况

单位：户，元

年份	户数合计	<50	51~100	101~200	201~500	501~1000	1001~2000	2001~5000	5001~10000	>10001
1979	45	5	40	—	—	—	—	—	—	—
1982	46	—	6	15	25	—	—	—	—	—
1986	46	—	—	—	20	26	—	—	—	—
1992	48	—	—	—	—	4	15	29	—	—
1996	50	—	—	—	—	—	5	13	32	—
2003	54	—	—	—	—	—	3	8	43	—
2006	57	—	—	—	—	—	—	—	7	50

表6-5的数据说明：①各年度最高收入组的集中度都比较高，1979年为88.9%，1982年为54.3%，1986年为56.5%，1992年为60.4%，1996年为64.0%，2003年为79.6%，2006年为87.7%。②最高收入组与最低收入组的差距比较小，上述7个年度中，3个年度只有2个相邻的组，4个年度有3个相邻的组，没有出现断组现象。

据《村民家庭问卷调查》资料，2007年55户村民户均收入53373元，人均收入12439元，它们的分组情况，见表6-6和表6-7。

表6-6　户均收入分组情况

单位：万元，%

合计	户均收入分组					
	<2	2~4	4~6	6~8	8~10	>10
55户	3	12	26	6	5	3
比重	5.4	21.8	47.3	10.9	9.1	5.4

表6-7　人均收入分组情况

单位：万元，%

合计	人均收入分组					
	<0.5	0.5~0.8	0.8~1	1~1.5	1.5~2	>2
55户	1	6	14	18	9	7
比重	1.8	10.9	25.5	32.7	16.4	12.7

表6-6和表6-7的数据说明,户均收入分组和人均收入分组都是:"两头小、中间大"。其中,户均收入4万~6万元的26户,占总户数的47.3%;4万元以下15户,占27.2%;6万元以上14户,占25.4%。人均收入1万~1.5万元的18户,占32.7%;1万元以下21户,占38.2%;1.5万元以上16户,占29.1%。这种"两头小、中间大"的"橄榄形",下部较大、上部较小,它是向正"橄榄形"和上部较大"橄榄形"过渡的一个必经阶段。

三 分配制度的特点

官桥八组的收入分配制度,有几个显著特点。

1. 收入来源

主要来自集体经营所得。20世纪70年代末以来,官桥八组一直坚持发展集体经济,走共同富裕之路。村民收入主要来自组办企业。据田野集团提供的资料,2006年人均收入12000元中,有10800元来自于组办企业经营所得。

2. 分配形式

主要是工资。2007年,人均收入12439元中,工资性收入占73.1%,转移性收入(主要是亲友馈赠收入)占10.8%,财产性收入占10.0%,经营性收入仅占6.1%。

3. 福利、补助和奖励

20世纪80年代初,统一建房时每户都给予了补贴;1999年维修房屋,每户补贴20000元;2000年后又给每户补贴4万~6万元进行装修和购置家具。2005~2007年,每年给每户村民发10000元福利(一户只有一人在田野集团就业的减半),每年组织退休职工和农民外出旅游1次。此外,还有学习补助、创新奖励等等。

总之,官桥八组在其长期改革实践中,探索出一套符合本组实际的、行之有效的收入分配制度,比较好地处理了公平与效率的关系,走上了共同富裕的道路。

第三节 社会保障

一 养老保障

官桥八组的养老保障制度是逐步建立、发展、完善起来的。

1981年及其以前,由于没有经济实力,除"五保户"外,没有任何养老保障制度。

1982~1993年,开始建立养老保障制度。当时,实行家庭和集体共同承担、以集体为主的投保办法。其中,村民个人承担1/3,每年交纳120元;集体承担2/3,每年交纳240元。这一时期,约有2/3的村民投保。

1994~2003年,养老保障制度得到了发展。除本组在岗劳动者100%参加养老保险外,外来员工中的中层管理人员和技术人员也参加了养老保险。集体和个人缴费比例也发生了变化,即集体缴费比例由2/3增至3/4,个人缴费比例则由1/3减至1/4。

2004年以后,养老保障制度得到了进一步完善。到2006年,全组174名村民(除学龄前儿童和在校学生67人外)和150名外来员工参加了嘉鱼县劳动部门的养老保险。保险费分按月交纳和一次交纳两类。按月交纳标准,设有20元、40元、60元等档次;一次交纳标准,设有200元、400元、600元等档次。投保人年满60周岁后,根据其交纳保险费档次及年数领取养老金。投保人领取养老金,保证期为10年。领取养老金不足10年身亡者,其保期内剩余年限的养老金,可由法定继承人或遗嘱继承人、受遗赠人继承;无法定继承人或遗嘱继承人、受遗赠人的,由农村社会养老保险管理机构负责支付其丧葬费;领取养老金超过10年仍健在者,按原标准继续领取养老金直到身亡。从此,投保老年人可按月在社保局领取退休养老金。按田野集团发展规划,到2010年养老保障覆盖率将达到100%。

此外,经过20多年摸索,除上述养老保障制度外,还分层次对待两种人的养老保障问题:一是有特殊贡献者的养老保障。2006年5月5日,董事会鉴于已退休的磁性材料专家刘业胜教授曾对集团作出过重大贡献,决定每年发给养老金10万元。二是对55周岁及其以上的村民和丧失劳动能力者，则按国家规定的平均养老金标准发放生活补助。

二 医疗保障

改革开放初期，农村合作医疗解体，原有农村医疗机构大都转为私人所有、私人经营，或集体所有、私人经营。与其他农民一样，官桥八组村民也面临着缺医少药的困境。

1994年，官桥八组建立了卫生室，它不同于私人所有、私人经营，或集体所有、私人经营的医疗机构，而是集体所有、集体经营。卫生室面积约200平方米，工作人员3~4人，配有简单医疗设备，能够治疗一般疾病，进行轻微创伤缝合手术，当年医治200多人次。1994年10月10日，《湖北卫生报》曾登载采访官桥八组组长周宝生的文章——"奔小康更要保健康"，它说明，官桥八组先行一步，在行动上实施了农村医疗保障的措施。

2002年10月，《中共中央、国务院关于进一步加强农村卫生工作的决定》发布之后，官桥八组在建立新型农村合作医疗制度和工伤医疗资助机制方面迈出了新的步伐。

1. 全体村民、员工参加新型农村合作医疗

给每位村民、员工建立健康档案，全部人员享受每年一次的免费体检，检查项目有乙肝两对半、血压、心电图、B超等，平均每年参加体检人数约300人。为此，集体投入200余万元。2007年体检，查出乙肝小三阳24人、大三阳2人、胆囊结石4人、肾结石5人、心脏异常4人、脂肪肝3人。通过检查，做到有病早治、无病早防。

2. 建立社区和公司疾病资助机制

建立"爱心基金"，对大病患者给予补贴。例如，村民周瑞春患病住院，给予治病补助11000元。投入10万多元，为全体员工购买工伤保险。工伤保险缴纳基数、缴纳比例等，均按劳动和社会保障部门有关规定执行。

3. 新建田野医院

按照乡镇医院标准建设，添置先进设备，增加病床数量，并运用市场

第六章 社会建设 ○ 中国百村调查丛书·官桥八组

田野医务室

机制向社会招聘高素质医务人员。2007 年，田野医院有病床 30 余张，引进高素质医务人员 4 人，已投入 300 多万元购置 B 超、可移动 X 光机等设备。

三 其他保障

1. 劳动福利保障

一是调整工资。员工工资由基础工资、岗位工资、交通补贴、工龄补贴、误餐补助、夜勤补助、技术津贴、特殊津贴组成,不同岗位其工资组成项目和金额均有差异。例如,钎钢公司总工程师高朋举工资总额4000元,由基础工资1000元、岗位工资600元、技术津贴2200元、交通津贴200元构成;保卫部副部长梁仁楼工资总额1350元,由基础工资800元、岗位工资300元、交通津贴150元、夜勤补助100元构成;清洁工卢珍明工资总额850元,由基础工资600元、岗位工资50元、交通津贴50元、午餐补助150元构成。二是发放补助。集团和企业根据情况发放各种补助,包括年节补助、生日补助等。例如,每年过年补助平均每人300~500元。三是劳动保护。对危害性岗位,发放个人防护用品,如口罩、手套、安全帽等,并实行定期体检制度。

2. 生活福利保障

一是修建自来水厂。1984年投资4万~5万元建起了自来水厂,从而结束了肩挑吃水的历史。二是补助修缮房屋。1999年7月12日,村民房屋维修第一批结束,第二批开始,每户补助2万元。三是完善基础设施。电话、电视、管道煤气、宽带网等入户率均达100%。四是兴建专家公寓。投入200多万元,兴建9栋专家公寓,建筑面积2000多平方米,可供20多人居住,还配备小车1部和后勤服务人员5~6人。

3. 文体福利保障

1984年,兴建灯光球场和滑冰场。1992年4月,投资70万元建成文化中心。2006年,投资兴建能转播20多台(套)电视节目的有线电视台,2万多册藏书的图书馆,百余种报刊的阅览室,还有健身房、舞厅、棋类室、球类室以及篮球场、网球场等。

此外,还有教育、计划生育等福利保障制度。例如,考取国家重点大学的学生一次性奖励1万元,考取一般大学的学生一次性奖励5000元,考取大、中专的学生一次性奖励3000元。计划生育兑现户每年享受1000元补

助，育龄妇女享受免费生殖健康保健。2000～2007年，享受高等教育奖励的有12人，共奖励5万多元。还有，按照"先入股者享受福利优先"原则，入股组民按照入股时间先后分不同层次享受福利待遇。

第四节 社会治安

一 社会治安状况

改革开放之初，刚刚解决温饱的农民，基本上都是"黄牛角、水牛角，都是各顾各"，社会治安比较混乱，抹牌赌博、小偷小摸、打架骂人等现象非常普遍。特别是抹牌赌博，容易引发家庭不和、村民关系紧张，甚至诱发偷盗、拐骗等违规违法事件。当时，道德教育作用微乎其微，治安管理"头痛医头，脚痛医脚"，也是"按下葫芦浮起瓢"。

20世纪80年代初，为了引导村民做遵纪守法的新型农民，周宝生在吸收群众意见基础上，主持制定了村规民约，其中就有许多涉及治安管理方面的内容。例如，骂人一句，罚款1000元；抹牌赌博一次，罚款2000元；吵架一次，罚款1000元；等等。为了实施村规民约，周宝生带头遵守，身体力行。有一次，周宝生的老上级闲着没事，与官桥镇供销社、财政所几个老同志打了一会儿不带"彩"的牌。周宝生发现后，不仅在群众大会上批评，还罚款200元。还有一次，周宝生的堂弟参与抹牌赌博，他照样大会批评，毫不留情地罚款2000元。为了禁赌，周宝生曾气冲冲地赶到弟弟家中，掀翻了弟媳的麻将桌。有人说，老周做得太过分了。但是，老周有自己的想法。他认为，在现阶段，农民自觉性有限，你准他打牌，他就可能赌博；你准他打到晚上10点，他就可能打到深夜，甚至打到天亮。不准赌博，就得从不准打牌抓起。1996年，官桥八组临时从武汉请来的3名技术人员，不敢在八组打牌，晚上悄悄溜到组外打麻将赌博，被派出所逮住了。他们打电话给老周，求他出面说情。老周没有答应。事后，他解释说："当时我心里也很矛盾，人家是我请来的技术人员，如果照章处罚，撕破了脸面，就不大可能继续在八组待下去，会带来一定经济损失。但是，如果宽容一次，八组好不容易开辟出来的一方净土，就会受到损毁。抓精神文明建设守土有责，要理直气壮，绝不能以牺牲精神文明为代价来换取经济的一时发展。"

20世纪90年代初，招待所一台彩电不翼而飞。周宝生到派出所报案，查了一段时间仍然没有下落，有人劝说：算了，一台彩电不过2000块钱，继续查下去可能得不偿失。周宝生却认为，社会治安容不得半点松懈，必须一查到底。在他的支持下，派出所经过多次侦察最终破了案，原来是邻村一位青年趁天黑招待所房间未锁门，顺手牵羊偷走了彩电。后来，追回了彩电，并对这位青年进行了罚款和教育。周宝生认为，一台彩电事小，破坏社会治安事大。虽然，这次破案花了约5000元，远远超过买回一台彩电，但是，它促进了"夜不闭户、路不拾遗"社会环境和淳朴民风的形成，这是无法用金钱衡量的。20世纪80年代初，官桥八组的村规民约，虽然比较简单，也不全面，而且大都是单方面的禁止性条款，但是，它对当时社会治安由乱到治、由习俗性制约到制度性制约，起到了积极的推动作用。

在抓社会治安的实践过程中，周宝生逐渐认识到，要提高村民的文明程度，最终还是要靠制度。2000年，经过充分讨论，在原村规民约基础上制定了《治安保卫制度》。该制度共19个条款，内容比较全面，既有对村民、员工的13个禁止性条款、1个号召性条款，又有对保卫部门及其工作人员的4个工作性条款，1个"交司法机关依法处理"的条款，从而提高了这一制度的全面性、合理性和权威性。这个制度的实施，对官桥八组和田野集团社会治安好转所起的作用，是村规民约无法比拟的。

为了官桥八组长治久安、长富久富，党支部（集团党委）多管齐下、综合治理：一是快速发展经济，提高村民收入，使绝大多数村民早日过上小康生活。二是兴建各种文体娱乐保健等硬件设施，开展丰富多彩的文娱体育活动，大力倡导健康文明的生活方式。三是建立有关精神文明建设的一系列规章制度，努力提高村民思想文化素质。四是加强耐心教育和严格管理，与不赡养老人、抹牌赌博、封建迷信、打架骂人、不计划生育等歪风邪气作坚决斗争。实践证明，只有多管齐下，综合治理，社会治安才能根本好转。

经过多年努力，官桥八组社会治安秩序非常稳定。近几年，未发生过火灾，未出现过盗窃，未发生过刑事、民事、治安案件。现在村民出门，常常连门都懒得关，停在门外的自行车，没有一辆上锁，抹牌赌博、小偷小摸、打架骂人等现象早已绝迹。有人曾对这儿"路不拾遗，夜不闭户"产生怀疑，偷偷地作过许多试验，但得出的结论是："这是现实而不是神话"。八组女青年周琼慧出嫁到沿海，拥有家财百万，但她还是羡慕和留恋家乡。她说："有的地方人有钱了，心却乱了，犯罪的多了，日子过得不安稳。八组家家富，共同富，人心纯，风气好，是一方真正的净土，是我们农民的乐园！"

二 社会治安管理

官桥八组良好的社会治安状况，不是自发形成的，而是长期严格管理的结果。在社会治安管理方面，他们主要抓了以下几个方面的工作。

1. 完善规章制度

2007年，对《治安保卫制度》进行了修订和完善，形成了有总则、安全管理、门卫管理、财物管理、案件报告、治安防范教育培训、公共秩序管理和附则8章、33个条款的《内部治安管理制度》（详见附件）。据了解，2000年实施《治安保卫制度》后，违反规定的事件发生了几十起，2007《内部治安管理制度》公布以来，只发生了几起在外面人看来不是事件的事件（如随地吐痰等），并且都依规作了妥善处理。

2. 搞好队伍建设

1979年，建立了民兵组织，组内青壮年大都参加了民兵，周江红任民兵排长。1996年，组建了田野集团保卫部，梁仁楼任保卫部部长。到2007年，保卫部有保卫人员16人，基本都是部队转业人员。在治安业务上，保卫部接受总经理、董事会、股东大会领导，努力搞好内部治安；同时，接受当地公安机关指导，与官桥镇派出所及嘉鱼县公安局保持密切联系，实行组内组外联动，保持地方秩序稳定。

3. 装备先进设施

2007年，田野集团投资30多万元，安装了监控设备及智能巡检设备，实现了人防与技防的有机结合。它标志着田野集团治安管理上了一个新台阶，它的突出优点：一是节约人力资源，可节约80%的保安力量；二是接警处警快速,如遇突发事件,指挥中心值班员可直接用对讲机发出指令,值勤、备勤人员可在2分钟内到达现场,是以前10分钟的1/5;三是威慑作用明显,由于监控及智能巡检设备的电子摄像头覆盖各自然村主要路口和各企业主要部位,定时巡查各方面安全情况,因而起到了巨大威慑作用。

4. 狠抓制度落实

例如,对于夜间巡逻,保卫部规定:晚班值班员先到监控中心领取巡更棒,然后按照编好的路线段和时间段巡逻,次日下班交监控中心值班员检查,看是否达到要求,并做好记录。外围巡逻必须两人同行,先领取巡更棒,然后从晚11点开始,按固定线路巡逻专家公寓、森林公园、后郭城塘、王栗林、前郭城塘、新办公楼、商铺、田野山庄等14个固定点,巡逻一遍约需1小时30分钟,每晚不得少于4次,有关记录作为考核评优的依据。由于有了这些具体措施和操作程序,因而夜间巡逻制度得到了很好落实。其他制度也是如此,从而大大促进了官桥八组和田野集团社会秩序的稳定。

由于官桥八组和田野集团的社会治安管理工作出色,因而得到了各级党政部门的肯定和表彰,获得了许多荣誉称号。例如,1985年2月,荣获中共嘉鱼县委、县政府"文明单位"称号;1990年1月,荣获建设部"全国村镇建设文明单位"称号;1996年12月,中共湖北省委、省政府授予周宝生"全省社会治安综合治理先进个人"称号;2000年1月,荣获湖北省社会治安综合治理委员会"全省安全文明单位"称号;2001年5月,荣获中共中央宣传部、国家司法部"全国法制宣传教育先进单位"称号;2005年10月,荣获中共中央宣传部"全国精神文明建设工作先进单位"称号,等等。

附件:

内部治安管理制度

(2007年9月)

第一章 总则

第一条 为了加强公司内部治安管理工作,维护正常的工作、生活秩序，营造良好的治安环境，根据公司实际，制定本制度。

第二条 本制度的适用主体为在公司范围内的所有人和物。

第二章 安全管理

第三条 公司内部治安保卫工作应贯彻落实"预防为主、突出重点"的方针，各企业必须要把治安保卫工作纳入企业重要议事日程，实行企业负责人负总责的企业内部治安工作责任制。

第四条 各企业应当根据内部治安保卫工作的需要，配置兼职治安保卫人员，协助公司保卫部开展工作。治安保卫机构、治安保卫人员应履行下列职责：

（一）开展治安防范安全教育，并落实本单位的内部治安保卫制度和治安防范措施。

（二）确保公司相关保卫制度实施。

（三）在单位范围内进行治安防范巡逻和检查，建立巡逻、检查和治安隐患整改记录。

（四）维护单位内部的治安秩序，防止违法犯罪行为的发生，对重大的治安案件、涉嫌刑事犯罪案件应当立即报警，并采取措施保护现场，配合公安机关的侦查、处理工作。

（五）督促落实单位内部治安防范设施的建设和维护。

第五条 公司及各企业掌管重要机密和生产、经营指挥决策权的职能部门，对生产、经营活动有重大影响的部位和关键环节，均应列入要害部门（部位）防护范围。要害部门（部位）必须落实下列安全防范措施：

（一）指定部门（部位）治安责任人；

（二）建立安全保卫岗位责任制；

（三）设置防火、防盗、防破坏的安全设施或技术防范装置；

（四）组织值班守护。

第六条 各企业生产、销售、储存、运输和使用易燃、易爆、剧毒、放射性物品，必须严格执行消防、民用爆炸物等安全管理的有关规定，并在公安机关指导下制定应急方案，防止和控制突发性治安灾害事故发生蔓延和扩大，确保企业财产和职工人身安全。

第七条　各企业必须坚持班（组）日检查，车间（部门）周检查，企业月检查制度，发现安全隐患，应及时消除。企业接到公司保卫部的整改通知书后，应在限期内完成整改项目。

第三章　门卫管理

第八条　门卫应24小时轮流值班，并建立值班登记簿。

第九条　门卫对出入企业的各类人员、车辆及物品的管理按《出入管理制度》办理。

第四章　财物管理

第十条　公司及各企业必须采取下列防盗、防火措施：

（一）现金、有价票证的管理，必须遵守公司的有关规定，存放部位应安装防盗设施及技术防范报警装置；

（二）物资的管理，应建立健全收发、领退、核对的日清月结制度。物资仓库应安装防盗设施，配置完备有效的消防器材。

第五章　案件报告

第十一条　各企业对妨碍、扰乱正常生产经营秩序，损坏企业财产，侵害员工人身安全的行为人，应对其进行劝阻、制止，并及时报告保卫部。

第十二条　发生刑事案件及治安灾害事故，保卫部门应立即报告公安机关，并保护现场，组织处置抢救工作。

第十三条　发现危害公司安全或社会安定的行为，保卫部门必须立即向公安机关报告，对企业内部矛盾引发的不安定问题，应及时报总经理处置。

第六章　治安防范教育培训

第十四条　公司及各企业招聘员工，应核对身份证和相关治安证明并造册登记，交保卫部门备查。职工上岗前，应进行法纪教育与安全知识教育。

第十五条　公司及各企业选配要害部门工作人员时，应严格考核；专业知识技能与实际表现并重，择优录用。不适合在要害部门工作的在职人员，应及时调离。

第十六条　进入园区施工一个月以上的建筑施工单位，应与所在的企业签订治安保卫责任合约，并根据需要建立治安保卫组织，接受所在企业保卫工作管理机构或专（兼）职保卫工作人员的管理和监督。施工场所有易燃棚架及其他危险品的，施工单位应组建义务消防队。

第七章　公共秩序管理

第十七条　严禁扰乱公共场所秩序。对扰乱公共场所秩序尚未造成严重后果的处100元以上的罚款。

第十八条　故意损毁路灯、垃圾桶、消防器材或其他公用设施以及破坏草坪、花卉、树木的，情节轻微者，除赔偿损失外，一次处以100元以上的罚款。

第十九条　严禁打架、骂人、斗殴、寻衅滋事或其他不良行为，对情节轻微者，一次处以500元以上的罚款。

第二十条　严禁抹牌赌博，一经查获，除没收赌资赌具外，处以1000元以上的罚款。

第二十一条　严禁在高科技园区内吸烟，违者一次罚款100元，违反二次者一次处200元以上的罚款。

第二十二条　严禁将易燃、易爆、有毒物品带入员工宿舍楼和其他公共活动场所，违者除予以没收外，并一次处以500元以上的罚款。

第二十三条　严禁未经批准在田野大道两旁搭棚、盖房、摆摊、堆物或者设置其他有碍观瞻的障碍物，违者除强行拆除外，并处以500元以上的罚款。

第二十四条　车辆严格按交通规则行驶，严禁超速，进入禁行区，违者一次处200元以上的罚款。

第二十五条　公司各通行道路严禁乱停、乱放各种车辆，违者处200元以上的罚款。

第二十六条　严禁在林区及林区周边焚烧杂草，动用火源，违反一次处以 500 元以上罚款。

第二十七条　禁止在林区猎捕野生动物，破坏野生动物资源，禁止在人工湖内捕鱼捞虾、乱扔垃圾，违反一次处以 200 元以上罚款。

第二十八条　严禁员工将闲杂人员带入宿舍楼或工业园区，违者处相关责任人一次 100 元以上的罚款。

第二十九条　公司保卫部和全体护卫队员应树立积极负责、忠于职守、秉公执法的工作态度，敢抓、敢管，同不良行为斗争。

第三十条　对治安保卫工作作出重要贡献的单位和个人，要按公司有关规定给予奖励；忽视治安保卫工作，违规作业、管理，造成火灾、爆炸等治安灾害事故或其他破坏事故的，以及玩忽职守或徇私枉法的，应按有关规定给予严肃处理。

第三十一条　违反以上各条之规定者，视情节轻重予以警告、罚款、除名等处理，触犯刑律的，移交司法机关依法处理。

第八章　附则

第三十二条　本制度由公司保卫部负责解释。

第三十三条　本制度自公布之日起实施。

第七章 婚姻、家庭和生育

第一节 婚姻

一 择偶标准和范围

1. 择偶标准

据《村民家庭问卷调查》资料，对"您选择配偶的主要标准"的回答情况见表7-1。

表7-1 择偶的主要标准

单位：人，%

择偶主要标准	人数	比例	择偶主要标准	人数	比例
有效回答	54	100.0	思想品德	18	33.3
经济条件	0	0	家庭背景	1	1.9
长相身体	4	7.4	情投意合	23	42.6
职业地位	2	3.7	其 他	6	11.1

从表7-1可以看出，在54份有效回答中，42.6%的人看重"情投意合"，比例最高；其次是"思想品德"，占33.3%，两者合计占75.9%。这说明，个人思想、感情因素占据了主要地位；经济条件、家庭背景等外在的、客观的因素，已经相对不重要了。此外，男才女貌（即"长相身体"）的思想依然存在，而门当户对（即"家庭背景"）的传统观念则已少踪影。

从访谈中，我们还发现，被调查者中还具有以下几方面倾向。

（1）重人品、重修养、轻婚史。在个性方面，对配偶修养、人品方面的要求较高，情投意合、思想品德是最重要的择偶条件，而过去婚史情况并不重要。

（2）重事业、轻经济条件。对配偶经济条件的诉求不高，但对配偶事业方面的要求较高。因为，20世纪90年代以后，经济收入日益多元化，有事业的人生活更有保障。

（3）重健康。无论务工还是务农，对身体健康的要求都较高。为了结婚后能有一个稳定的家庭和较好的收入，一般都比较注重健康条件。

（4）择偶条件具有"代际"差异。不同时代的人，往往具有不同的择偶标准；而同一个时代的人，则往往具有某些共同标准。

例如，20世纪50~60年代的人，找对象首先考虑的是政治上是否要求上进，工作上是否劳动模范，介绍对象时往往首先亮出党员、团员身份。

20世纪60~70年代的人，男女青年择偶的关注点是政治面貌与家庭出身，出身好的一般只找出身好的，地主、富农后代择偶较为困难，大都只能找相同境况者。

20世纪80~90年代，由于1980年新《婚姻法》的施行，离婚条件修改为："感情确已破裂，调解无效，应准予离婚。"这说明，中国人终于承认爱情应该成为婚姻的灵魂。上述调查中，"情投意合"已成为择偶的第一位标准，显然有其深刻的时代背景。

进入21世纪后，随着教育普及，社会交往和流动频繁，各种选择、再选择机会增多，因而择偶标准也日益多元化。但是，"情投意合"仍然是第一位标准。

2. 择偶范围

据《村民家庭问卷调查》资料，对"您家与配偶家之间的距离"的回答情况，见表7-2。

表7-2列出的配偶家之间的距离的7种范围，前3种基本上代表组、村、乡范围，后4种则大都属于县、市、省和外省范围。表2的数据说明：本组村民中没有通婚现象（因为官桥八组村民95%以上是周姓）；在本村找对象的，可能占19.2%；在本乡镇找对象的，可能占32.7%；在本乡镇以外找

表 7-2 择偶范围

单位：人，%

两家距离(公里)	人数	比例	两家距离(公里)	人数	比例
有效回答	52	100.0	6~10	10	19.2
<1	0	0	11~20	12	23.2
1~2	10	19.2	21~50	2	3.8
3~5	17	32.7	>51	1	1.9

对象的，可能占48.1%。由于官桥八组地处嘉鱼县与赤壁市交界处，因而距官桥八组较近的嘉鱼县乡镇及毗邻的赤壁市乡镇，可能是他们择偶最多的地方。

3. 认识途径

据《村民家庭问卷调查》资料，对"您与对方认识的途径"的回答情况见表7-3。

表 7-3 认识途径

单位：人，%

项 目	人数	比例	项 目	人数	比例
有效回答	53	100.0	媒人介绍	8	15.1
自己认识	25	47.2	婚介所介绍	0	0
父母、亲属介绍	4	7.5	其他	1	1.9
他人介绍	15	28.3			

表7-3的数据表明，"自己认识"比例最高，达47.2%；其次是"他人介绍"，占28.3%；"媒妁之言"和"父母之命"分别占15.1%和7.5%。这说明，自主择偶已成为主旋律。

二 结婚程序和方式

1. 结婚程序

旧时，官桥八组村民结婚多采用古礼。婚姻没有自由，全凭父母之命，媒妁之言。婚姻讲究"六礼"，即纳彩、问名、纳吉、纳征、请期、亲迎。纳彩，指择配、提亲，也就是"说媒"。问名，指"讨八字"，即问姑娘的出生年、月、日、时，以便请阴阳先生推算男女"八字"是否相合，只有相合才可以定亲。此外，还含有问清姑娘是亲生还是收养、是正室所生还是继室所生的意思。封建时代的婚姻讲究门当户对，因而问清嫡庶关系至关重要。纳吉，指定亲。一般来说，男女双方"八字"相合就可以订婚，男方将这一事实告诉女家，谓之纳吉。纳征，即现在所说的"送彩礼"，送彩礼后婚姻就算定了。请期，指择定娶亲的日子，俗称"送日子"，由于要征得女家同意，所以叫"请期"。亲迎，指娶亲，男家派人或亲自迎娶新娘。这期间，男方需花大量人力周旋，需花大量金钱购买彩礼、家具，装饰新房，置办酒宴招待宾客；女方也要置办嫁妆、服饰、封红包喜钱，其费用往往不亚于男方。

新中国成立后，1950年5月颁布了《中华人民共和国婚姻法》，提倡婚姻自由，男女平等，婚礼从简，新事新办。但是，当时官桥八组村民婚娶仍多遵"父母之命，媒妁之言"，不过增加了"相亲"程序，即男女双方会面，互相交谈。然后，由男方携带礼品邀请介绍人（媒人）偕行，至女方订亲。临近婚期，男女方同至区、乡人民政府办理结婚登记，领取结婚证书。结婚时，男方置办宴席，招待亲朋来宾，女方只需准备简单家具、生活用品作嫁妆，双方人力、财力负担大大减轻。20世纪60~70年代中期，提倡移风易俗，讲究自由恋爱，婚娶仪式更加简单，往往举行一个简单婚礼，大家吃点喜糖就行了。但是，女方"3转1响"——即自行车、手表、缝纫机和收音机的要求，也往往令男方为难。

改革开放以后，女方要彩礼之风盛行，除"3转1响"外，又增加了"36条腿"（1架床4条腿，1个5屉柜4条腿、2个床头柜8条腿、1张饭桌4条腿，4个方凳16条腿，加起来共36条腿），甚至"72条腿"、"86条腿"的要求，有的还要带"咔嚓"（相机）。从20世纪80年代中期开始，电视机、电冰箱、洗衣机等家用电器逐渐进入彩礼范围。结婚讲排场、比阔气之风也相当盛行，迎亲开始用小汽车，宴请宾客少则几桌十几桌，多则几十桌酒席，花费多在2万元左右。20世纪90年代以后，彩礼要有高档家具、时尚服饰、金银首饰、摩托车、彩电及礼金，结婚花费多在4万元左右。

2. 结婚方式

据《村民家庭问卷调查》资料，对"您与配偶的结婚方式"的回答情况，见表7-4。

表 7-4 结婚方式

单位：人，%

项 目	人数	比例	项 目	人数	比例
有效回答	53	100.0	集体婚礼	0	0
同拜天地	1	1.9	联欢舞会	0	0
婚宴庆典	45	84.9	宗教仪式	0	0
旅行结婚	0	0	其 他	7	13.2

表7-4数据表明，采取"婚宴庆典"方式结婚的占84.9%。这有两方面原因，一是组长周宝生的提倡；二是田野山庄为婚宴庆典提供了理想场所。此外，只有1对夫妇依旧礼"同拜天地"。至于旅行结婚、集体婚礼、联欢舞会和宗教仪式等方式，在官桥八组尚无人采用。

3. 婚俗

官桥八组至今仍保留了一些传统婚俗，较为典型的有下面几种。

①坐十弟兄。"上头"那天（正期前一天）晚上，男方办一桌宴席，请9个同辈兄弟陪伴新郎，称"坐十弟兄"，不把新郎灌醉，宴席难以结束。

②"陪十全"。"上头"晚上，女方办一桌宴席，请9个亲朋少女陪伴新娘，谓之"陪十全"，说完惜别和祝福话，同唱"陪十全歌"。

③"开脸"。"上头"那天新娘要开脸，由新娘亲眷用双线扯净新娘脸上汗毛，标志着该女做了大人，再不是黄毛丫头了。

④"哭嫁"。女方及其家属要哭嫁，哭的人越多越吉利。俗话说："姑娘是个丧，不哭穷叮当"。男方娶亲队伍来到女家门前，女方要迅速关闭大门，媒人从门缝里塞进利市钱，女方才开门相迎。女方往往故意推迟发亲时间，男方必须接连发烟、放鞭相催，以应"低头接媳妇，抬头嫁姑娘"之俗。但是，女方不能放鞭，否则有"送祸害"之意的嫌疑。

⑤"闹洞房"。结婚当天晚宴结束、新郎新娘入洞房后，就可开始"闹洞房"。客人、表兄弟和伯叔都可参加，所谓"三天无大小"，只是不能失态，贻人笑柄。闹洞房者用衣服兜些红枣、豆子、花生等拥进新房，向床上和新娘身上撒去，叫做"撒帐"。随后，众人提一些难以启齿的问题要新娘新郎回答，或要他们做些表示亲昵的动作，以引发欢笑，直至夜深方散。

⑥ "回门"。婚后第三天,由新娘的兄弟去新郎家接姑爷、姑娘双双回门、探亲,并在当天日落前送回新郎家。

三 婚姻感受、观念和问题

1. 婚姻感受

据《村民家庭问卷调查》资料,对"您婚后生活的主要感受"的回答情况见表 7-5。

表 7-5 婚后生活的主要感受

单位:人,%

项 目	人数	比例	项 目	人数	比例
有效回答	53	100.0	一 般	3	5.7
非常幸福	22	41.5	不太幸福	1	1.9
幸 福	16	30.2	不幸福	0	0
比较幸福	7	13.2	很不幸福	4	7.5

表 7-5 数据表明,婚后生活感到非常幸福和幸福的占 71.7%。其原因主要有三方面:一是自由恋爱者多;二是择偶标准中把"情投意合"放在第一位的多;三是官桥八组经济稳步发展,收入稳步提高,婚后生活有坚实物质基础。

对婚后生活感到很不幸福或不太幸福的分别占 7.5% 和 1.9%。据了解,造成这种情况的原因,主要是感情不好,性格不合。其中有的已经离婚,有的为了孩子仍维持婚姻关系。

2. 婚姻观念

据《村民家庭问卷调查》资料,对"您认为缺乏爱情的婚姻应该离婚吗?"的回答情况见表 7-6。

表 7-6 数据说明,回答"具体情况具体分析"的 15 人,占 28.3%;"应该离婚"和"可以离婚"的 14 人,占 26.4%,合计 54.7%。这说明,多数人已摆脱了"从一而终"传统观念的束缚。认为"社会责任重于爱情"的占 11.3%,也是一种认真、理性的回答。

第七章 婚姻、家庭和生育 ○ 中国百村调查丛书·官桥八组

表 7-6 您认为缺乏爱情的婚姻应该离婚吗？

单位：人，%

项 目	人数	比例	项 目	人数	比例
有效回答	53	100.0	社会责任重于爱情	6	11.3
应该离婚	9	17.0	不应该	8	15.1
可以离婚	5	9.4	说不清	10	18.9
具体情况具体分析	15	28.3			

据《村民家庭问卷调查》资料，对"您对'男到女家'持何态度？"的回答情况见表7-7。

表 7-7 您对"男到女家"持何态度？

单位：人，%

项 目	人数	比例	项 目	人数	比例
有效回答	52	100.0	不应提倡	4	7.7
应该提倡	10	19.2	感觉不好	1	1.9
应该允许	3	5.8	无 所 谓	11	21.2
顺其自然	23	44.2			

表 7-7 数据说明，主张"顺其自然"的占44.2%，"应该提倡"和"应该允许"的占25.0%，"无所谓"的占21.2%，合计90.4%。这就是说，绝大多数人已不再排斥"上门女婿"。但是，传统观念没有完全消失，9.6%的人认为"不应提倡"或"感觉不好"就是证明。

3. 婚姻问题

①家庭暴力问题。调查表明，夫妻打架经常发生的约占10%，偶尔发生的约占20%。对于夫妻打架的原因和是非，60%的人认为应"具体问题具体分析"；应对家庭暴力的策略，第一选择"逃离现场"的占70%。看来，反对家庭暴力是一项长期、艰巨的任务。

②子女教育问题。调查显示，多数父母在子女培养上具有很强的功利性，亲子之间为上学问题发生矛盾的比例高达80%，居于父母与子女冲突的首位。多数父母希望子女"出人头地"，但往往忽视道德素养、创造精神和

社会交往方面的教育。

③代际关系问题。主要是尊老不足，爱子有余。尊老不足的原因，可能是对中国传统尊老文化没有很好继承。爱子有余的原因，则是东方文化在市场激烈竞争刺激下的一种反应，它是在社会保障制度不健全条件下，人们对生育子女获得回报（养儿防老）的一种期盼。

第二节 家庭

一 家庭规模及结构

据《村民家庭问卷调查》资料，官桥八组接受调查的56户家庭规模和类型情况见表7-8、表7-9和表7-10。

表7-8 家庭规模

户数	人数（人）	家庭人口规模					
		2人	3人	4人	5人	6人	7人
56（户）	241	3	16	12	15	6	4
比例(%)	100	5.4	28.6	21.4	26.8	10.7	7.1

表7-9 家庭类型

单位：户，%

户数	家庭类型				
	核心家庭	主干家庭	联合家庭	单亲家庭	空巢家庭
56	26	23	3	3	1
比例	46.4	41.0	5.4	5.4	1.8

表7-10 家庭代数与夫妻对数

单位：户，%

户数	家庭代数				夫妻对数			
	1代	2代	3代	4代	无	1对	2对	3对
56	1	32	22	1	3	33	19	1
比例	1.8	57.1	39.3	1.8	5.4	58.9	33.9	1.8

从表 7-8、表 7-9、表 7-10 中可以看出：

①家庭规模：户均 4.3 人，比全国农村户均人口 3.8 人多 0.5 人，[①] 即多 13.2%。这说明，官桥八组村民家庭规模较大，3~5 人户是主体，共 43 户，占总户数 76.8%。

②家庭类型：核心家庭占 46.4%，主干家庭占 41.0%，联合家庭和单亲家庭各占 5.4%，空巢家庭占 1.8%。核心家庭、主干家庭比重较多，这与人口规模较大是一致的。

③家庭代数：56 户共有 135 代，户均 2.4 代。其中，1 代户占 1.8%，2 代户占 57.1%，3 代户占 39.3%，4 代户占 1.8%。据统计，全国 1 代户 17.8%，2 代户占 62.0%，3 代户占 19.4%，4 代户占 0.8%。[②] 与全国平均水平相比较，官桥八组 1 代户、2 代户比例较低，3 代户、4 代户比例较高。

④夫妻对数：56 户共有夫妻 74 对，户均 1.3 对。其中，无夫妻户占 5.4%，1 对户占 58.9%，2 对户占 33.9%，3 对户占 1.8%。

二　家庭功能

在自然经济条件下，家庭具有多种功能，其中主要的是：生产功能、消费功能、生育功能、性生活功能、教育功能、抚养和赡养功能。2007 年，官桥八组的家庭，一方面，保持了原有家庭功能的基本格局；另一方面，许多家庭功能又发生了巨大变化。

1. 生产功能已基本消失

除少量不在田野集团工作的村民外，绝大多数村民既不耕种自留地，又不饲养家禽家畜，劳动力全部到集团所属企业上班，家庭已不再有生产功能。

2. 消费功能已上升为主要功能

绝大多数村民除出差和某些重大喜庆活动在公共场所消费外，日常的居住、饮食、穿着和休闲娱乐几乎全部以家庭为单位消费。与过去以家庭为生产单位的情况相比较，消费功能已由从属功能上升为主要功能。

[①] 国家统计局编《2006 中国统计摘要》，中国统计出版社，2006，第 121 页。
[②] 国家统计局人口和社会科技统计司编《中国人口统计年鉴 2000》，中国统计出版社，2000，第 24~25 页。

3. 生育功能已大大弱化

过去，妇女生孩子最多9胎，最少2胎，一般3～4胎。2007年，全组15～59岁育龄妇女76人，其中未婚未育24人，一孩23人，二孩25人，多孩4人，人均生育不到1.2人。生育功能弱化是晚婚、晚育和少生优育的必然结果。

4. 性生活功能仍是基本功能

无论过去还是现在，性生活功能都是家庭的基本功能之一。尤其是中国农村，家庭几乎成为满足人们性生活需求的唯一场所。如果与家庭生育功能弱化相比较，那么家庭性生活功能则有相对强化的趋势。

5. 教育功能逐渐衰微

尽管生育孩子越来越少，父母对子女倾注的心血和期望值越来越高，但是，除婴幼儿期和儿童期外，家庭能够给予子女的教育却越来越少。家庭教育功能衰微，逐渐为专门教育机构代替，是现代经济社会发展的必然趋势。

6. 抚养和赡养功能仍不可代替

官桥八组尽管有许多社会保障制度和措施，但在目前条件下，村民抚养婴幼儿和赡养老人，主要还得依靠家庭。然而，随着家庭规模小型化和家庭结构核心化，家庭的抚养功能、特别是赡养功能，必然会呈现出日益弱化的趋势。

三 家庭关系

据《村民家庭问卷调查》资料，对"您村家庭关系中最常见的问题"的回答情况见表7-11。

表7-11 您村家庭关系中最常见的问题

单位：人，%

项 目	人数	比例	项 目	人数	比例
有效回答	49	100.0	兄弟不和	0	0
夫妻不和	3	6.1	妯娌矛盾	5	10.2
代际矛盾	5	10.2	姑嫂纠纷	0	0
婆媳冲突	11	22.5	其 他	25	51.0

表7-11数据说明：除"其他"外，家庭关系中最常见的问题是，"婆媳冲突"占22.5%，"代际矛盾"占10.2%，"妯娌矛盾"占10.2%，"夫妻

不和"占6.1%。这说明，代际关系和非血缘关系是家庭矛盾的主要原因。

据《村民家庭问卷调查》资料，对"您村引起家庭矛盾的主要原因是什么？"的回答情况见表7-12。

表7-12 您村引起家庭矛盾的主要原因是什么

单位：人，%

项 目	人数	比例	项 目	人数	比例
有效回答	47	100.0	生活作风	5	10.6
当家理财	8	17.0	待人接物	11	23.5
收支不公	1	2.1	职业活动	0	0
思想品德	3	6.4	其 他	19	40.4

表7-12数据说明：引起家庭矛盾的主要原因，除"其他"外，回答最多的是"待人接物"，占23.5%；其次是"当家理财"占17.0%，"生活作风"占10.6%，"思想品德"占6.4%，"收支不公"占2.1%。这说明，引起家庭矛盾的主要原因中，非经济问题超过了经济问题。

据《村民家庭问卷调查》资料，对"您村多数家庭当家人是谁？"的回答情况见表7-13。

表7-13 您村多数家庭当家人是谁

单位：人，%

项 目	人数	比例	项 目	人数	比例
有效回答	52	100.0	媳 妇	6	11.5
父 亲	24	46.2	父 母	5	9.6
母 亲	3	5.8	子 媳	2	3.8
儿 子	4	7.7	其 他	8	15.4

表7-13数据说明：官桥八组家庭的当家人，除"其他"外，回答"父亲"、"母亲"和"父母"占61.6%；"儿子"、"媳妇"和"子媳"的占23.0%。这说明，长辈当家是多数，但晚辈当家已接近1/4。在长辈当家人中，"父亲"24人，"母亲"3人，前者是后者的8倍；与此形成鲜明对照的是，在晚辈当家人中，"儿子"4人，"媳妇"6人，后者是前者的1.5倍。这说明，在长辈和晚辈中，男女地位已经发生了显著变化。

第三节 生育

一 生育状况

"旧时：早婚多育普遍。最多9胎，最少2胎，一般3～4胎"。[①]

据村民反映，1974年，官桥八组人口最多，达360余人。

20世纪70年代以后，由于计划生育工作逐步开展和人口外迁加速，1989年官桥八组人口减至330人，[②] 2007年底更减至241人。

据田野集团提供的资料，2007年官桥八组58户、241人。其中男126人，占52.3%；女115人，占47.7%，性比例为110。在115名妇女中，15～49岁育龄妇女76名。其中，未婚21人，已婚未育3人，一孩育龄妇女23人（上环20人，结扎1人，领二胎证1人，无措施1人），二孩育龄妇女25人（结扎25人），多孩育龄妇女4人（结扎4人）。在育龄妇女中，领取独生子女证16人，放弃二孩生育指标8人。

二 生育观念

据《村民家庭问卷调查》资料，对"您村多数村民生孩子的主要目的是什么？"的回答情况见表7-14。

表7-14 您村多数村民生孩子的主要目的是什么

单位：人，%

项 目	人数	比例	项 目	人数	比例
有效回答	55	100.0	天伦之乐	26	47.3
传宗接代	13	23.6	多子多福	1	1.8
养儿防老	11	20.0	其他	4	7.3
子女多、拳头硬、势力大	0	0			

[①] 嘉鱼县官桥镇志编辑委员会：《官桥镇志》（图书准印文号[91]第1号，内部发行），第36页。
[②] 嘉鱼县官桥镇志编辑委员会：《官桥镇志》（图书准印文号[91]第1号，内部发行），第5页。

第七章　婚姻、家庭和生育

表 7-14 数据说明：除"其他"外，"天伦之乐"占 47.3%，"传宗接代"占 23.6%，"养儿防老"占 20.0%，"多子多福"占 1.8%。显然，传宗接代、养儿防老等传统生育观念仍占相当大比重，但是，天伦之乐的情感因素已居于主体地位。

据《村民家庭问卷调查》资料，对"您村多数村民喜欢男孩还是喜欢女孩？"的回答情况见表 7-15。

表 7-15　您村多数村民喜欢男孩还是喜欢女孩

单位：人，%

项　目	人数	比例	项　目	人数	比例
有效回答	55	100.0	男孩女孩都喜欢	32	58.2
喜欢男孩	14	25.5	男孩女孩都不喜欢	0	0
喜欢女孩	1	1.8	无所谓	8	14.5

表 7-15 数据说明：除"无所谓"外，"男孩女孩都喜欢"占 58.2%，"喜欢男孩"占 25.5%，"喜欢女孩"占 1.8%。虽然，男孩女孩都喜欢是主流民意，但是，喜欢男孩的比重大大高于喜欢女孩的比重，"重男轻女"仍然是不可回避的现实。

三　对计划生育的看法

据《村民家庭问卷调查》资料，对"您村多数村民对计划生育工作是否满意？"的回答情况见表 7-16。

表 7-16　您村多数村民对计划生育工作是否满意

单位：人，%

项　目	人数	比例	项　目	人数	比例
有效回答	55	100.0	一般	3	5.5
非常满意和满意	46	83.6	不太满意	1	1.8
比较满意	5	9.1	不满意和很不满意	0	0

表 7-16 数据说明：回答最多的是"满意"和"非常满意"46 人，占 83.6%；"比较满意"5 人，占 9.1%；"一般"和"不太满意"4 人，占

7.3%。显然，计划生育工作得到了广泛认同和称赞，但个别不太满意的问题仍值得重视。

据《村民家庭问卷调查》资料，对"您村多数村民主张如何处理超生问题？"的回答情况见表7－17。

表7－17 您村多数村民主张如何处理超生问题

单位：人，%

项目	人数	比例	项目	人数	比例
有效回答	55	100.0	可以理解	5	9.1
应该重罚	23	41.8	不必干预	0	0
应该批评教育	21	38.2	其他	3	5.5
无所谓	3	5.5			

表7－17数据说明：除"其他"外，主张"应该重罚"的占41.8%，"应该批评教育"的占38.2%，"可以理解"和"无所谓"的占14.6%。尽管主张重罚的比重最大，但认为应该宽容（即批评教育、理解和无所谓）的仍占多数。

据《村民家庭问卷调查》资料，对"如果政策允许，您认为生几个孩子为好？"的回答情况见表7－18。

表7－18 如果政策允许，您认为生几个孩子为好

单位：人，%

项目	人数	比例	项目	人数	比例
有效回答	55	100.0	三个不算多	2	3.6
还是一个好	16	29.1	顺其自然,不必干预	0	0
二个最合适	37	67.3	其他	0	0

表7－18数据说明：最多的是"二个最合适"，占67.3%；"还是一个好"占29.1%，"三个不算多"占3.6%。这说明，主流民意是"二个最合适"，但许多人已习惯"还是一个好"，多子多福已没有了市场。

第八章 村庄建设

第一节 发展历程

一 改革开放前

新中国成立前，官桥八组一带农村住宅大体可分为三类：一类是极少数殷实富户的住宅，多为"砖木结构，一进两重至一进三重，八字门楼，天井、门前均用石板铺设，另有少数为防盗以木板钳镶墙壁、檐雕木质纹，款式讲究"；二类是一般农户的住宅，多是"下半青砖，木檩铺盖布瓦，一连三间或两间，装置简陋，然宽敞"；三类是多数贫困户的住宅，"土砖房青砖下脚，土砖砌墙，卧室厨房不分，且缺资年久失修，破烂不堪，土砖茅舍亦皆有之。[1]"当时，老江边村房屋大部分为土砖瓦房，只有少数房屋下半青砖、木檩铺盖布瓦；前郭城塘村和后郭城塘村的房屋多为土坯房或砖木平房，有的顶上盖着茅草；王栗林村多为下半墙为青砖，上半墙为土砖，木檩铺盖布瓦，一排三间正屋。村民住宅正屋旁边多有土砖薄屋，较正屋矮1/3，或瓦或茅草盖顶，分为两截，前间为厨房，后间为猪圈和茅厕。

村庄公共设施极少，而且极其简陋。村庄道路都是弯弯曲曲的羊肠小道，这些狭窄土路，凹凸不平，"晴天一把刀，雨天一摊泥"，行走十分困

---

[1] 嘉鱼县官桥镇志编纂委员会编《官桥镇志》（图书准印文号［91］第1号，内部发行），第40页。

难。饮用的都是露天井水或塘水。老江边村全村仅有一口直径约3米、深约4米的露天水井,前郭城塘村和后郭城塘村饮用的都是塘水,王栗林村还要到山脚下郭城塘村的水塘里去挑水供人畜饮用。老江边村全村共用一个稻场、一副石碾,收割水稻时,各家各户排队使用,经常发生矛盾。

官桥八组多为周姓后代,老江边村建有周氏祠堂,是一间约70平方米的平房,房内摆有一张条桌,供奉着周氏祖宗牌位,每逢年节都有祭祀活动。1949年后,该祠堂被拆除。后郭城塘村则有一座陈德庙,一连三间,约100平方米,进门为天井,天井后为正屋,两边有偏房,供人居住。庙里供奉着菩萨,每年土地菩萨过生日(农历二月初二),都有人来陈德庙焚香、祷告,希望来年"五谷丰登,六畜兴旺"。后来,陈德庙被拆除。

"1951年土地改革后,贫困户分得地主房屋,住房得到改善。从1955年起,农户开始新建砖木平房,……1972年后,……土砖茅舍绝迹。"[①] 但是,由于村庄建设没有统一规划,住宅建设各户自行其是,大门朝向各随所好,因而村庄建筑仍然是杂乱无章。村庄公用设施略有改善,特别是抽水机、脱粒机、碾米机等农业机械的使用,大大减轻了劳动强度。然而,村内羊肠小道仍然泥泞不堪,到处杂草丛生,污水横流,卫生条件仍然很差,房前房后都是露天茅厕,夏天蚊蝇乱舞,臭气熏天。

二 改革开放后

1979年以后,随着经济发展、收入提高,许多村民开始修建新房,出现了一波建房热。例如,1981年,村民周瑞奇家已小有积蓄,盖起了一栋楼上楼下各3间的小楼房,共120多平方米。门面和1楼间隔墙用红砖,外墙用拆旧房的青砖,2楼隔墙用土砖,总共花了约1500元。当时,他家的小楼房已相当气派了。这股"建房热",尽管改善了村民的居住条件,但是,也出现了乱搭乱建等许多新问题。

为了避免"建房热"出现混乱,1983年官桥八组开始制定村庄建房规

---

① 嘉鱼县官桥镇志编纂委员会编《官桥镇志》(图书准印文号[91]第1号,内部发行),第40~41页。

第八章　村庄建设 ○ 中国百村调查丛书·官桥八组

划，按人均50平方米设计，全组统一规划、分户施工，组里给每户补贴1万元。经过1984~1986年三年的努力，新房陆续建成，使官桥八组的村庄面貌发生了很大变化。但是，当时的村庄建设仍然存在着不少问题。到1987年，官桥八组辖鲁家边、前郭城塘、后郭城塘、王栗林、土地林、新屋方家6个自然村，村庄建设存在的主要问题是：①6个居住点分散零乱；②工厂与住宅混杂；③1984年新盖平房仍然存在杂乱无章现象。[①]

于是，周宝生领导制定了《湖北省嘉鱼县1988年官桥村八组建设规划》，并严格按规划建设。到1989年官桥八组的住宅情况是："57户，246人。原为6个聚居点，有青砖、土砖、布瓦陈旧平房46栋，占地面积2061平方米、人均8.38平方米。1978年后，经过农村经济改革，农民生活提高，组长周宝生拟订村庄建房规划，废旧建新，集中为4个村庄点。从1983年开始，有计划地组织农户修建平房、楼房52栋，计358间，占地面积10740平方米，建筑面积为15040平方米，人均61.14平方米。村庄布局：一是从狗头山南麓至后郭城塘处，坐北朝南排列，建成钢筋水泥结构二层楼房32栋，计265间；二是前郭城塘处，以老基坐北朝南转向坐东朝西排列建10栋，计67间，其中楼房5栋，44间；三是王栗林处，坐东朝西排列5栋，27间，其中楼房2栋16间；四是老江边处，建坐西朝东平房5栋21间。……房屋款式：平房为砖木结构，水泥地面，顶上设木板暗楼，并列1栋3~6间；楼房为钢筋水泥结构两层款式，3室1厅为多，4室1厅少，顶为平台，三开窗式，光线明亮，空气流畅，每栋前院以石块水泥砌成墩台，中有台阶水泥走道入宅，走道两旁为花园，后院为家庭果园，环境整洁，美观舒适。建筑材料为红砖、钢筋水泥预制板及陶瓷马赛克等，款式新颖，为镇区新农村建设之典范。"[②]

1999年上半年，鉴于原新建住宅已有10余年历史，有些住宅出现一些损坏，显得比较陈旧。于是，官桥八组组织村民对住宅进行一次维修或改造。为减轻村民负担，组里给每户补贴2万元。当年7月和9月，村民住宅

[①] 资料来源于1988年官桥八组建设规划。
[②] 嘉鱼县官桥镇志编纂委员会编《官桥镇志》（图书准印文号［91］第1号，内部发行），第41~42页。

147

维修、改造分两批完成。2000~2007年，官桥八组又组织村民对住宅进行了3次装修，根据不同情况对每户补贴了4万~6万元，从而使全组村民住宅基本实现了"别墅化"，既美观大方，又宽敞舒适。

第二节 建设现状

一 住宅建设

根据《村民家庭问卷调查》资料，有效回答55户共有236人，2007年底他们拥有住宅55栋，总建筑面积11606平方米，户均211平方米，人均49.2平方米。此外，大多数户都在后院建有作为老人卧室、厨房、仓库等用途的平房2~4间（平均每户3间），建筑面积60~90平方米（平均每户75平方米，55户合计4125平方米）。如果加上这部分建筑面积，那么55户村民居住房屋总面积增至15731平方米，户均286平方米左右，人均近67平方米。

这55栋住宅的基本情况是：房屋类型——独门独院楼房44户，占总户数80%；排列式楼房和平房11户，占20%。房屋结构——混凝土预制件结构51户，占92.7%；混凝土框架结构3户，占5.5%；砖石瓦木结构仅1

老江边村民住宅

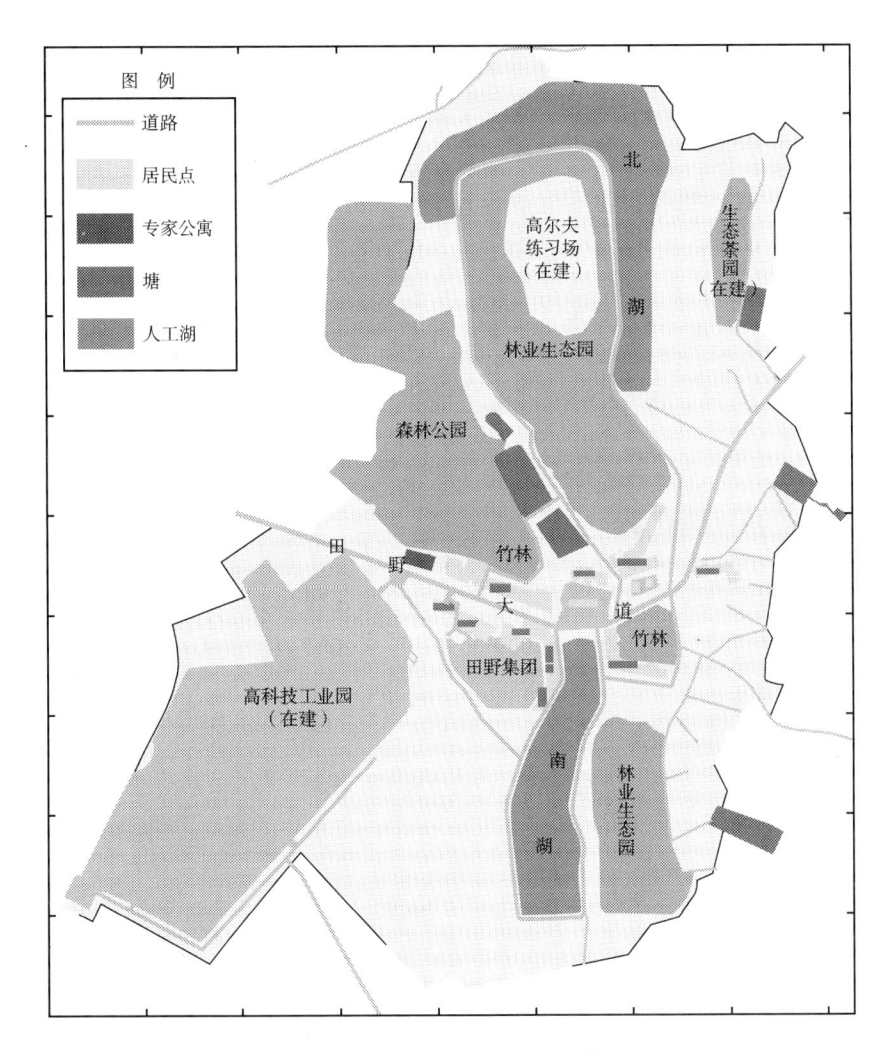

第八章　村庄建设　○　中国百村调查丛书·官桥八组

2008年官桥八组村庄建设示意图

户，占1.8%。房屋产权：自有全部产权51户，占92.7%；自有部分产权3户，占5.5%；集体所有1户，占1.8%。庭院面积：39户庭院面积合计4056平方米，户均104平方米（另16户无庭院）。

55栋住宅内部设施是：内外装修：简单装修50户，占90.9%；豪华装修5户，占9.1%。厨房：双厨房5户，占9.1%；有厨房42户，占76.4%；简易厨房8户，占14.5%。厕所：有双厕所28户，占50.9%；有厕所24户，占43.6%；其他3户，占5.5%。浴室：双浴室15户，占

149

27.3%；有浴室，35 户，占 63.6%；无浴室 5 户，占 9.1%。空调：有空调 40 户，占 72.7%；无空调 15 户，占 27.3%。自来水、电力和煤气，都能正常保持供应。

据 55 户有效回答，住宅现值合计 964.3 万元，户均 17.53 万元。其中，10 万元以下 9 户，占 16.4%；10 万～20 万元 32 户，占 58.2%；20 万～30 万元 12 户，占 21.8%；30 万元以上 2 户，占 3.6%。另据 23 户回答，建房费合计 117.45 万元，户均 5.11 万元。其中，2 万元以下 5 户，占 21.7%；2 万～10 万元 16 户，占 69.6%；10 万元以上 2 户，占 8.7%。这就是说，住宅现值平均 17.53 万元，比平均建房费 5.11 万元增值 2.43 倍。

二　公用设施建设

在发展集体经济、提高村民收入水平、改善村民住宅条件的同时，官桥八组大力进行公用设施建设。1979 年 12 月～2007 年 12 月公用设施建设简况见表 8-1。

表 8-1　公用设施建设简况

单位：平方米，万元

名　称	开工时间	竣工时间	占地面积	建筑面积	投入资金	备　注
电视室	1979 年 12 月	1979 年 12 月	60	—	—	可容纳 120 人
灯光球场	1984 年 8 月	1984 年 10 月	80	—	—	
滑冰场	1984 年 10 月	1984 年 10 月	300	—	—	长 30 米；宽 10 米
农民义化中心	1990 年 3 月	1992 年 12 月	3600	600	80	
卫生室	1994 年 3 月	1994 年 6 月	280	200	220	
球场和健身器材	1994 年 8 月	1994 年 10 月				
有线电视差转站	1994 年 9 月	1994 年 10 月	—			
员工公寓	1994 年 5 月	1994 年 12 月	3900	560	76	
专家公寓	1998 年 8 月	1999 年 2 月	9000	2400	150	9 栋，可住 20 人
田野山庄	2004 年 3 月	2005 年 4 月	20000	5000	2000	包括员工餐厅
办公大楼	2005 年 12 月	2006 年 10 月	15600	3000	1000	
电子显示屏	2006 年 11 月	2006 年 12 月	—	—	15	
光纤联网	2007 年 12 月	2007 年 12 月	—	—	—	
合　计	1979 年 12 月～2007 年 12 月		52820	11760	3541	

资料来源：田野集团工程部。

表8-1资料说明,1979年12月~2007年12月的28年间:

(1) 投入巨大。上述13项公用设施建设,占地面积52820平方米(折合79.3亩),建筑面积11760平方米,投入资金3541万元。占地面积,相当于官桥八组总面积2340亩的3.4%;建筑面积,比村民居住总面积15731平方米多4669平方米,即多29.7%;投入资金,户均61.05万元,人均14.69万元,是村民住宅现值合计964.3万元的3.67倍。它说明,公用设施的投入大大超过了村民住宅的投入。

(2) 意义非凡。上述13项公用设施建设,包括办公、生活服务、医疗卫生、信息传播、文化娱乐健身以及旅游服务等设施。正因为有了这些公用设施,官桥八组村民和田野集团员工才能与城市居民一样,既享受现代物质文明,又在基本相同条件下参与市场竞争。这是新农村建设的着力之点,更是农村城镇化题内的应有之义。可以设想一下,假如没有这些公用设施,官桥八组还能称为"新农村建设典范"、"农村城镇化"开拓者吗?

三 基础设施建设

现代化的生产和生活,需要水、电、路等基础设施支撑。1972年4月~2007年8月,官桥八组在基础设施建设上倾注了大量人力、物力和财力,其简要情况见表8-2。

表8-2 基础设施建设简况

单位:平方米,万元

名 称	开工时间	竣工时间	占地面积	造价	备 注
高压输变电路	1972年4月	1972年4月	—	—	从此结束点煤油灯历史
水泥杆150根	1980年3月	1980年5月	—	—	使低压电线规范化
自来水厂	1984年9月	1984年10月	—	5	从此结束肩挑吃水的历史
田野大道	1986年3月	2006年10月	15000	180	沥青路面;长1500米、宽10米
环村公路	1986年5月	1987年5月	3500	25	
监控和巡查设备	2007年7月	2007年8月	—	35	
合 计	1972年4月~2007年8月		18500	245	

资料来源:田野集团工程部。

表 8-2 资料说明：1972 年 4 月~2007 年 8 月的 35 年多时间内，进行了 6 项基础设施建设，占地面积 18500 平方米（折合 27.8 亩），投入资金 245 万元。

从建设顺序看，首先是电，其次是水，再次是路，然后才是监控、巡查等安保设施。

从投入数额看，道路投入最大，监控和巡查设施次之。

这些基础设施，对于保证田野集团的正常运转和生产，保证官桥八组村民和田野集团员工的正常生活，是不可或缺的。值得指出是，这些基础设施，一般都没有包括田野集团高新工业园及其企业内部的水、电、路等基础设施方面的建设。

四 生态环境建设

官桥八组以生态环境优美、舒适而著称。但是，这种优美、舒适的生态环境，不是天生的、自然形成的，而是大量投入、长期建设、精心管理的结果。

20 世纪 90 年代初，官桥八组经济有了初步发展，基本完成了原始积累。同时，资源制约和环境污染也初步显现了出来。周宝生敏锐地意识到，要进一步发展经济、改善生活，就必须治理污染，搞好生态环境的保护和建设。从此，官桥八组就自觉地开展了生态环境的建设、保护和管理工作。据不完全统计，1992 年 5 月~2007 年 3 月，官桥八组在生态环境建设上倾注了大量人力、物力和财力，其简要情况见表 8-3。

表 8-3 生态环境建设简况

单位：平方米，万元

名 称	开工时间	竣工时间	占地面积	造价
森林公园	1992 年 5 月	1993 年 5 月	80000	80
草坪	1997 年 2 月	2008 年 5 月	60000	60
人工湖:南湖	2005 年 3 月	2006 年 3 月	90000	300
人工湖:北湖	2006 年 7 月	2007 年 3 月	260000	600
合 计	1992 年 5 月~2007 年 3 月		490000	1040

资料来源：田野集团工程部。

表8-3资料说明：1992年5月~2007年3月的15年时间内，进行了4项生态环境建设，占地面积490000平方米（折合735.7亩），投入资金1040万元，户均18.9万元，人均4.4万元，是基础设施建设投入245万元的4.24倍，村民住宅现值964.3万元的107.9%。

第三节 未来规划

为了建设高标准的社会主义新农村，开拓农村城镇化新路，官桥八组已经制定出《经济与社会事业发展二十年规划》。其基本原则是：坚持和谐发展、坚持科学发展、坚持自主创新、坚持社企共建、坚持区域合作。2010年的主要目标是：人民生活比较富裕，村民人均纯收入2.5万元，社会保障覆盖率100%；经济突破性发展，销售收入10亿元；产品结构不断优化，研究与试验发展支出占销售收入的6%，形成1~2个中国名牌产品；资源利用效率显著提高，万元能耗比2005年降低25%，工业废水排放达标和生活污水处理率100%；和谐社会建设取得进展，村民对干部满意度98%，民主决策满意度98%，安全感100%。

为了实现上述目标，要做好以下几方面工作：①实施新型工业化。基本形成"一主两翼三个延伸"的产业格局。"一主"即以钢材加工业为主；"两翼"即以中成药产业和现代农业为重要支点；"三延伸"即向拉伸产业链条、旅游服务业和高等教育延伸。②发展现代农业。推动传统农业向生态农业、精品农业和休闲观光农业转型。一是投资3000万元建设农业博物馆。二是建设占地1000亩的示范试验基地。三是发展休闲观光农业。通过"公司+基地+农户"模式带动周边农民共同致富。③发展第三产业。大力发展教育事业和旅游服务业。把武汉大学东湖分校办成国内一流的民办高校，积极发展职业教育，到2010年实现教育收入2亿元；旅游业年接待旅客3万人次，实现旅游服务业收入5000万元。

周宝生在2007年度总结表彰大会上指出："良好环境是企业发展的必要条件。我们坚持按照'城镇化村庄、花园式工厂'的目标，规划、建设村容厂貌，做到绿化、亮化、美化、净化、优化。12月份，官桥八组被国家旅游局命名为'国家级工农业旅游示范点'。当年完成了中石特管的厂房、工业园新区的公路、商铺、医院、田野山庄下水道、北湖及其配套设施建设，累计完成公路砼3万立方米、砌围墙1500米、砌浆块石3000立方米、土方15万立方米、建房2000平方米、建亭子5个、安装下水道600米。还有建筑面积11000余平方米的员工公寓、投资500余万元的高尔夫练习场正在建设之中。为了营造卫生整洁美观的环境，公司增加了绿化、保洁工作人员，添置洒水车、垃圾桶、路灯等基础设施，购买了大批花草苗木。与此同时，严禁随地吐痰，严禁乱扔烟头、果皮、纸屑等杂物，坚持科学管理、专门人员管理和民主监督相结合，使环境卫生管理落到了实处，往来人士交口称赞。"

围绕2010年目标和上述几方面工作，官桥八组村庄建设工作的规划包括以下几方面。

（1）科学规划，功能分区。在官桥八组北部建设1平方公里的"高科技工业园"，南部建设1400亩的生态农业示范基地，中部新建1座商城，具备购物、餐饮、休闲、美容、健身、娱乐、商务、银行等多种功能，依山傍水修建若干单体别墅，以满足不同层次旅客需要。

（2）改造现有住宅。改造村民现有住宅，按照国家标准兴建独体别墅，逐步做到每户一栋带有庭院的别墅，并利用农民家庭独体别墅住房宽松的优势，开发"农家乐"旅游项目，让旅游者享受原汁原味的农家风味和娱乐。

（3）完善基础设施。在确保水、电、路、管道煤气、电话、电视、宽带网入户率达100%的基础上，不断提高质量、改善管理。重点是以下4项工程：

①饮水工程。拟投资527.66万元从6公里外的嘉鱼县自来水公司引水至官桥八组，以提高饮水质量。

②道路硬化工程。预计投资800万元实现全村主干道路全部硬化，现已投入200万。

③污水处理改造工程。预计投资1800万元在原设备基础上，引进一批先进污水处理设备，争取质量上、数量上都有新的突破。

④垃圾处理工程。据研究，生活垃圾中有机物占75%~80%（如蔬菜的根、叶、茎、皮，剩饭菜、树叶、废纸、果皮、尘土、花草和动物机体等），无机物占20%~25%（如废铁、塑料、泡沫、废玻璃、煤灰和坏电器等）。对垃圾进行分类收集，以利于分类处理。

（4）建设生态农业示范基地。投资2680万元，建设4个项目，其具体内容见表8-4。

表8-4 生态农业示范基地项目简况

项目	建设规模	功能特色	投资构成
林业生态园	1400亩	森林浴、休闲健身、观赏珍奇植物、教育科普等	总投资600万元，包括种苗费、设计费、不可预见费等
现代农业示范园	15亩温室	体验农耕、参与瓜果采摘、食品品尝	总投资500万元，包括温棚的设施建设
有机茶园	20亩温棚，230亩有机茶园	品茶、赏茶、学茶于一体、沿湖观赏景色	总投资280万元，包括茶叶温棚室建设、茶品种引进费用、茶叶加工坊建设费用等
农家风情园	5000平方米	鄂南农俗、农具发展和官桥八组发展历史展	总投资1300万元，包括土建装修和用于展品征集和布展，能够接待600位客人/日

（5）美化人居环境。开展"四旁（屋旁、路旁、湖旁、工厂旁）种花植树"活动；在重点位置建设花坛、喷泉；对垃圾实行分类处理；对生活污水和人畜粪便实施无害化处理。

（6）建设"生态"官桥。最大限度减少水、土和空气污染。严把招商引资关，环保不达标企业一律不得入驻园区，加强工业"三废"治理。

（7）实现共同发展。通过协商和市场手段，吸引其他组民以土地入股方式到公司就业。通过产业延伸、基础设施延伸、社会福利延伸和精神风貌延伸，带动周边村组共同发展。

（8）健全保健体系。按照镇医院标准新建田野医院，增加病床，添置先进设备，招聘高素质医务人员，本组居民和周边群众能享受方便、优质的医疗和保健服务。

2008年田野大道两旁建设示意图

第九章　社区精英

第一节　改革开放前的社区精英

社区精英，是指拥有较多经济、政治、文化、社会等资源，对社区发展作出过较大贡献，因而具有较大影响力的社区成员。官桥八组这个社区，虽然面积不大，人口不多，但是，改革开放前的土地改革时期和农业合作化、公社化时期，都曾经出现过许多社区精英。下面，简要介绍6位代表性较强的社区精英。

一　李陌刚

李陌刚，男，贫农，小学文化程度，中共党员。1949~1954年任农会主席，曾领导群众进行土地改革运动，为建立农村贫雇农领导地位作出重要贡献。以后，曾任官桥大队党支部书记和绿化乡党委书记。

二　周廷湖

周廷湖，男，贫农，小学文化程度，中共党员。1949~1953年先后参加土地改革和互助合作运动，曾任互助组（官桥八组前身）组长，负责当时互助组的组建、生产组织等工作。1955~1957年期间，曾任绿化管理区主任，后为环城公社书记。

三 周廷锡

周廷锡，男，贫农，小学文化程度，中共党员。1954~1955年任胜利乡农会主席，1955年积极参加组织初级农业合作社工作，1957年成立高级合作社后任绿化大队队长，1958~1966年任八队党支部书记，后在茶场任党支部书记直到退休，1997年去世。

四 周廷松

周廷松，男，1935年11月5日生，贫农，小学文化程度，中共党员，曾任八队支部书记。1969年，领导官桥村八队绿化工作，被评为湖北省绿化山林先进集体。1972年，组织接通高压输变电路，使村民第一次用上了电，从此结束了点蜡、点煤油灯的历史。2007年去世。

五 周瑞松

周瑞松，男，1942年9月3日生，贫农，初中文化程度，中共党员。1972年7月入党，1973~1974年任八队支部书记。1973年，领导建成了官桥镇——郭城塘（现在八组）——朱砂桥——石鼓岭土石路。1974年4~7月，在官桥农技站指导下，在官桥八队推广种植杂交稻60亩，单产650斤，增产2.5万斤，被嘉鱼县人民政府授予农业技术改革先进单位。现已退休在家。

六 周瑞珍

"周瑞珍，男，官桥村郭城塘人，1921年1月29日生，家境贫寒，全家五口人，仅有田地1.1亩，从13岁起以帮地主做工、租田耕种谋生，未入学门。"

"1949年5月解放，在中国共产党领导下，翻身参加革命工作，任村贫雇农协会组长，在减租、反霸、土地改革运动斗争中表现勇敢。1952年4月，加入中国共产党，任生产组长，率领全组群众植树造林，在全县第一个开展消灭荒山、兴修水利、发展生产等各项工作，乡、县检查多次名列

第九章 社区精英

前茅。1957年被评为孝感地区劳动模范,任大队党支部书记。……改变大队山秃、地薄、水乏、人穷局面。他根据村域山丘特点,拟定规划,统一布局,逐年建设,14年间,坚持不懈,率领群众沿山开截流沟12条,全长2950米;山间建塘13口;沿垅开截流渠16条,全长2100米;修建灌溉站,至1971年全大队基本形成三沟配套的灌溉网,改变了村域田地缺水怕旱状况。1955年县推行双季稻种植,群众不热心,周瑞珍自择劣质塝田1.2亩,示范种植,持续3年,经验收亩产850斤,以此来教育群众……建园田650亩,实行双季稻种植,1956年增产12.5万斤。在兴修水利、发展生产同时,发动群众开垦荒山植树、种茶,制定造林、护林公约10款,实行封山育林……有一次,媳妇上山砍柴折了3枝树杈被他发现,当即责令媳妇向群众检讨,照价罚款外补栽幼苗9株,此后森林树木无人敢损害。……至1969年,……共计59座山头,总面积5123亩,全部栽种杉松,经县检查为全县大队中第一个实现山林绿化,被评为省绿化山林先进集体,瑞珍评为省劳动模范"。

"瑞珍平时为人忠厚,俭朴勤劳。每日手中不离一把锄头;每次社、县召开会议,他自带行李,自备伙食费,不在大队领取分文补助。1961年被选为公社党委委员,任副社长,常驻本大队工作,和往常一样坚持参加劳动,常年劳动日在280个左右。1963年,大队管委会认为他家确有困难,集体研究给他救济款10元,他转给贫农周廷福,1970年冬,公社发给他一件越冬棉袄,又转发给贫农周廷勋。大队孤寡残疾老人,常见他走访为其挑水送柴、安置衣食忙碌。"

"1973年,身患痨病,组织为照顾他将其调任公社兽医站长,瑞珍一如既往,带领全站职工,无惧风寒雨淋,翻山越岭,串村走户调查研究牲畜病疫,积极组织预防治疗,为发展镇区畜牧业亦作出重大贡献。1981年1月29日去世,终年60岁。"[①]

上述6人资料说明,这一时期社区精英的基本特点有以下几方面。

---

① 嘉鱼县官桥镇志编辑委员会:《官桥镇志》(图书准印文号[91]第1号,内部发行),第294~295页。

①出身贫寒，都是农村贫、雇农阶层；

②文化程度很低，除1人初中文化程度、1人未上过学外，另4人都是小学文化程度，平均接受正规学校教育5.5年；

③政治热情高，都是土地改革运动、农业合作化运动和人民公社化运动的积极分子；

④带头苦干，忠于职守，带头参加政治运动，带头参加农业生产劳动，带头植树造林、兴修水利，带头修建灌溉站、灌溉网等等，有的人成了劳动模范；

⑤严于律己，廉洁奉公，关心弱势群体，保持劳动人民本色；

⑥积极推广先进技术，他们对新技术比较敏感，修建高压输变电路、使用电力；双季稻、杂交稻等等，都是在他们积极组织下实施或推广的。

据1973～1974年任支部书记的周瑞松回忆，他们当时的主要任务：一是搞好粮食生产；二是挑堤即水利建设，每年一过中秋就组织劳力上水利工地，直到临近春节才回家；三是政治学习，只要上级有新精神，就组织群众学习。当时社区精英的主要特点，大体上可概括为：工作认真，劳动艰苦，生活俭朴，思想积极。

第二节 改革开放后的社区精英

改革开放以来，随着官桥八组经济、社会快速腾飞，社区政治精英、经济精英、文化精英也层出不穷。下面，简要介绍12位代表性较强的社区精英。

一 周宝生

周宝生，男，1953年9月20日出生，研究生学历，中共党员，1984年6月入党。1979年10月以来，一直担任官桥八组组长。现任田野集团董事长、党委书记，正高级经济师。先后当选为第七、八、九、十、十一届全国人大代表和党的十六、十七大代表，被评为全国优秀党员、全国劳动模范、全国优秀企业家，享受国务院特殊津贴。有关周宝生的事迹，本书"专题调查报告"部分另有介绍。

二 周志专

周志专，周宝生之子，男，1979年1月26日出生，研究生学历，中共党员，2004年6月入党。他的简要经历是：1997年9月进入华中科技大学计算机专业学习，2001年7月毕业；2001年7月~2002年1月，在光大银行武汉分行工作；2002年1月~2004年10月，在法国国立图尔大学学习；2004年10月~2007年3月，任武汉大学东湖分校董事会董事，分管学校固定资产投资工作；2007年4月~2007年7月，任田野集团党委副书记、副董事长、总经理；2007年8月，任田野集团副董事长、党委副书记、总经理、高级经济师，兼任武汉大学东湖分校董事会董事、贵州省大方县正达煤矿党支部书记、煤矿建设指挥部总指挥长，享受湖北省人民政府专项津贴。2008年，被推荐为咸宁市第三届人大代表，湖北省青年联合会第十一届委员会委员。

他在任期间，最能体现其成绩的是三方面的工作。

1. 抓科研开发，提高企业自主创新能力

他参与研发的新型双层 HDPE 护套斜拉索、（BH） max $\geq 84kJ/m^3$（10.5MGOe）高性能定向结晶铸造铝镍钴永磁合金两项科研成果，经湖北省科技厅专家鉴定达到国内领先、国际先进水平，获湖北省人民政府授予科技进步三等奖。他参与研制的"在后张拉锚索体系中应用的压磁式索力传感器"，获实用新型专利证书。

2. 抓体系认证工作，促进管理水平上新台阶

他按照国际惯例对企业基础管理工作进行了卓有成效的改革，建立和实施了质量管理、环境管理、职业健康安全管理三标一体化管理体系，使各项管理工作逐步走向标准化、科学化、规范化，顺利通过了上海摩迪质量认证公司、华夏管理体系认证有限公司、青岛中化阳光认证公司、上海天祥质量技术服务有限公司等机构的认证审核，获得中国 CNACR、德国 TGA、美国 RAB、英国 UKAS、荷兰 RVA、加拿大 SCC 等认可的证书，推动了企业现代化管理进程。他还强化员工培训和考核工作，完善体系运作的激励机制，有效解决了管理体系与实际操作"两张皮"的情况，使科学、合理、严格的管理制度落到实处，多年来无一起质量、环境和安全事故，创造了良好管理效益。

3. 抓项目建设和投资管理，为企业发展奠定基础

他先后主持了高强度重型钎具及其系列产品生产线和固齿散中成药、西药片剂和胶囊系列产品生产线等高科技项目引进考察工作，对拟建项目的技术现状、市场前景、预期效益、生产流程、原材料供应、营销方式等情况，进行了调查研究和立项论证。2004年5月28日，湖北田野钎钢钎具有限责任公司的高强度重型钎具生产线建成投产，为企业带来了良好经济效益和社会效益；2007年7月，湖北神农制药有限公司的片剂、颗粒、胶囊和散剂生产线建设圆满完成，并顺利通过了GMP认证，获得了药品生产经营资格。此外，从2003年10月起，积极参与武汉大学东湖分校的筹建，负责学校的土地报批、规划设计、协调关系、建设招标和基建投资管理等工作，截至2005年8月一期工程竣工，完成投资额6.3亿元，建筑面积35万平方米，达到12000名学生就读的规模。2007年7月又进入贵州，全面负责正达煤矿的创建工作。

周志专作为新世纪的高层次管理人才和立志建设家乡、促进地方发展的有识之士，在工作当中保持了艰苦奋斗传统和开拓创新精神，取得了显著成绩，为当地经济发展作出了突出贡献，因而多次被评为集团先进个人，2005年被推荐享受湖北省政府专项津贴。

三　周呈全

周呈全，男，1957年8月9日出生，高中文化程度，中共党员，1989年6月入党。早年为教师，后在其胞兄周宝生带动下，回到官桥八组协助周宝生工作。目前，任田野集团董事会董事、副总经理、党委委员兼党支部书记，高级经济师，负责处理集团日常事务。

四　周瑞奇

周瑞奇，男，1945年11月6日出生，其父亲阶级成分是地主，小学文化程度，中共党员，1986年6月入党。1979年，任官桥八队副队长，一直是周宝生的得力助手。目前，任田野集团总经理助理，经济师。有关周瑞奇的事迹，本书"专题调查报告"部分另有介绍。

五 周运秀

周运秀，周宝生之妻，女，1957年9月26日出生，高中文化程度，中共党员，1996年6月入党。1977~1983年，任官桥八组民兵排长；1984~1992年，任嘉鱼县农工商总公司女工委员；1993年至今，任官桥村八组妇委会主任、田野集团女工部部长；2007年9月，任田野集团工会主席、工会女职工委员会主任，经济师。2008年，被推荐为嘉鱼县工会第四届女工委员会委员。

多年来，她认真开展妇女工作，在两个文明建设中作出了重要贡献。

1. 组织女职工参加经济建设

开展"双学双比"（即学文化、学技术、比成绩、比贡献）和"巾帼建功"活动，以提高妇女素质为重点，以"敬业爱岗、岗位成才"为核心，推动各项工作。例如，进入长江合金厂的女工，原来80%是围着锅台转的农村妇女，文化程度很低。为了让这些女职工尽快掌握生产技术，一是利用"妇女之家"组织妇女学文化，二是开办职工夜校组织妇女学技术，三是开展技能竞赛提高操作技能和熟练程度。在周运秀精心组织和专家耐心传授下，女职工都熟练掌握了生产技术，使产品合格率达98%以上。又如，组织女工参加经济技术创新活动，先后取得了T型螺纹旋风铣加工工艺、永磁合金磁场热处理技术、沉底式感应钎焊镶齿技术、三辊定径机改造等18项技术成果，有37名女工获得企业经济技术创新奖。每年年终总结时，都有10多名女工被表彰为企业先进个人。

2. 维护妇女合法权益

10多年来，周运秀把维护妇女合法权益作为工作的重中之重。在做法上，一是加大妇女维权宣传和教育力度，增强妇女法制意识和自我保护意识，营造尊重妇女、爱护妇女的氛围。二是切实提高妇女社会地位，积极出面与各企业协调，要求企业在用人方面坚持男女平等、同工同酬原则。三是落实女职工劳动保护，通过完善相关制度和程序，使女职工休假权、休息权、"五期"劳动保护落到实处。此外，还积极开展了"送温暖、献爱心"

活动。例如，厂里一名女工得了子宫瘤，思想压力很大，周运秀得知后，一方面派人安慰，解除其思想包袱，另一方面积极联系医院，带她到武汉检查和治疗。由于检查及时，治疗得当，这位女工很快恢复了健康。又如，本组一位中年妇女从楼上摔下，造成颅腔积血，生命垂危，到武汉开刀治疗费需要2万多元。周运秀知道此事后，积极组织女工为她捐款8000多元，同时报告公司解决10000多元，使这位妇女得到及时治疗，恢复了健康。

3. 加强思想道德和家庭文明建设

为了建设富裕、文明、和谐的社会主义新农村，周运秀积极开展文明创建活动。一是加强思想政治工作，教育妇女树立正确的人生观、价值观，增强竞争意识、创新意识，自觉抵制腐朽生活方式及各种不良风气的侵蚀，做"自尊、自信、自立、自强"新女性。二是开展"美德进农家"、"文明楼院"等活动，强化家庭卫生和公共卫生。组织妇女利用业余时间开荒种地、植草、搞卫生，营造文明舒适的工作、生活环境，实现全面绿化、美化和净化。三是以"妇女之家"为载体，组织妇女开展积极健康的文娱活动。每逢"三八"、"七一"、"十一"、元旦等重大节日，组织女工开展拔河、跳绳、歌咏比赛和知识竞赛等活动，丰富妇女文化生活，弘扬企业文化。四是开展家庭美德教育和优生、优育、优教工作，营造和谐、文明氛围，倡导文明、科学、健康的生活方式。通过开展活动，全组无打架骂人现象，无家庭纠纷，"五好家庭"达标率在95%以上。

由于官桥八组和田野集团妇女工作出色，周运秀曾先后被评为湖北省"巾帼建功"先进工作者、湖北省人口和计划生育系统先进工作者。

六　周金湖

周金湖，男，1963年1月11日出生，高中文化程度，中共党员，1987年6月入党。现任中石特管公司副总经理，高级工程师，主要负责材料、销售等方面的工作。

七　周晓兵

周晓兵，男，1968年11月10日出生，高中文化程度，中共党员，1994

年6月入党。现任长江合金厂副厂长,主要负责生产、管理等方面工作,高级工程师。2006年,被推荐为嘉鱼县官桥镇第七届人大代表。

1993年,筹建长江合金厂时,周晓兵便跟随当时的厂长——教授级高级工程师、享受国务院政府特殊津贴的专家刘业胜,负责基建、生产等工作。

周晓兵对官桥八组和田野集团有很强的认同感、归属感。他认为,自己必须在八组干,必须干好,从来没有考虑去别的地方工作。因为,官桥八组是他生于斯、长于斯的地方,家庭、朋友、事业都在这里,这一份事业是自己为自己做的,已经割舍不下了。

周晓兵在管理工作中强调一个严字。他积极开展产品质量教育。明确提出"向质量要产品,向质量要效益,向质量要市场","以实干求生存,以实干求发展,以实干求兴旺","在质量上一丝不苟,精益求精;在技术上一丝不苟,精益求精;在管理上一丝不苟,精益求精"等口号,使职工在生产中念念不忘产品质量,脚踏实地搞好产品质量。他认真实施ISO9001质量管理体系,平时加强质量考核工作,对供应、生产、销售各个环节都规定了明确的工作流程和质量要求。他还制定了集生产统计、质量统计、工资计算等多功能于一体的"产品生产转移卡",以便强化质量考核,促进提升产品质量。他平时开好班前、班后和生产分析会,做到产品质量年年讲、月月讲、天天讲、时时讲。针对生产中所出现的质量问题,他采用现场分析会、技术讨论会、经验总结会、操作示范表演等形式,帮助职工掌握和提高技术。经过这些教育和措施,长江合金厂的生产始终比较正常,产品质量比较稳定。

八 周国兵

周国兵,男,1980年11月3日出生,大学文化程度,中南大学材料系材料物理化学专业本科毕业,长江合金厂副厂长,高级工程师。

2003年,周国兵大学毕业后,曾在广东从事机械设计工作。为了争取他回家乡发展,周宝生曾与他做过一次长谈,并许诺了一些优惠条件:①在经济上给予补助;②今后如果想继续深造、读研究生,不仅不会限制,而且还可给予支持;③回来后任长江合金厂副厂长,从较高起点切入工作。经过反复权衡,周国兵决定放弃广东的工作,回家乡发展。为什么舍弃广东而选择家乡呢？他坦陈，一方面，是周总的诚挚邀请感动了他，回来工作是对家乡培养应有的回馈；另一方面，是自己也想干一番事业，因为，熟悉这里的环境，人际关系较好，很多事情可以互不计较，容易做好工作。既然到哪里做都是做事，为什么不选个能做出成绩的地方呢？于是，2005年3月周国兵回到官桥八组，担任了长江合金厂副厂长一职。

刘业胜对这一任命非常满意，他认为周国兵毕业于中南大学材料系材料物理化学专业，有过机械设计的经验，对合金技术也颇为了解，这样他的事业就后继有人了。因而，特别注意对周国兵进行技术培养，让他负责原材料、市场、销售等方面工作。

经过一段时间工作，周国兵深感团队精神的重要。他说，由于周总抬爱，一回来就当了副厂长，虽然干劲十足，但是，由于经验不足，工作中难免有所欠缺，难免会遇到一些难题。碰到这种情况，应当如何处理呢？他说，正确的做法不是讳疾忌医、一味死扛，而是开诚布公，把问题拿出来，依靠集体，通过多方协作加以解决。他认为，个人力量总是有限的，想要成功，必须要有团队精神，只有凝聚大家的力量，事情才有可能办好。

在周国兵看来，做企业如同做人，做人是做企业的基础。做生意必须要讲信誉、讲诚信。老老实实，才是成功的捷径。虚伪诡诈，也许能得逞于一时，但从长远看，绝对得不偿失。周国兵坦言，当前国内市场已经与国际市场接轨，产品、原材料报价一天一个价，跌涨之间，起伏很大，合金生意很不好做。怎样才能让客户在跌价时维持原价购买，在涨价时不对你丧失信心呢？只能靠信誉、靠诚信，而这些往往取决于企业领导人做人的状况。

在谈到原料市场时，周国兵笑称现在买原料很像买股票。合金厂生产需要铝、镍、钴等金属。每天11点左右，上海有色金属交易所综合国内国际市场行情报出一个价格，成为交易标杆。以前，需求不旺时，原料价格比较平稳。现在，由于美元贬值、油价上涨、世界性的通货膨胀，原材料价格变动飞速，一天一个样。例如，1吨钴一般70多万元，但最高时可蹿升到90万，有的厂家囤积居奇，还不愿接受这个价格。长江合金厂资金有限，不能承受太大价格冲击。面对这种困境，我们只能是不断了解信息、判断趋势，以确定是否该出手购买和购买多少。在谈判销售产品时，对方往往出于资金周转的考虑，要求货到再付款，这就有一定风险。为了降低风险，就必须慎重挑选信誉良好的买家。此外，伴随涨价而来的，是购买的原材料质量问题，因此，不得不进行严格的质量控制。总之，市场问题多得很，必须认真学习，深入研究，长期跟踪，慎重对待。

作为土生土长的大学生和长江合金厂的副厂长，除负责企业的原材料、市场、销售等工作外，还要承担一些其他方面的任务。例如，2007年协助田野集团副总经理杜承清组织员工加入社会保险；不时向集团的《田野》报投稿；参与社区文化建设工作，等等。

九 周东风

周东风，男，1958年10月29日出生，高中文化程度，中共党员，1990年6月入党。嘉佑管业股份有限公司副总经理，高级工程师，主要负责原材料、市场、销售等方面工作。

十 周承明

周承明，男，1960年3月23日出生，高中文化程度，中共党员，1997年6月入党。田野山庄副总经理，经济师。有关田野山庄的情况，本书"专题调查报告"部分另有介绍。

十一 周金河

周金河，男，1982年11月28日出生，大学文化程度，三峡大学计算机专业本科毕业，共青团员。现任正达煤矿财务部长。同时，承担总经理周志专安排的某些工作事务。

十二 周林尧

周林尧，男，1984年8月1日出生，大学文化程度，华中科技大学本科毕业，共青团员。现任董事长办公室秘书。

上述12人资料说明，这一时期社区精英的基本特点有以下几方面。

①家庭出身多样化，其中多数为农民，但也有不少专业技术人员、办事

员，甚至还有出身地主家庭的子弟。

②文化程度较高，其中研究生2人，大学本科3人，高中文化程度6人，仅1人为小学文化程度，平均接受正规学校教育12.2年。

③知识视野比较开阔，善于学习新理论、新政策；善于分析新情况、新问题；善于捕捉新信息、新趋势，因而往往能高瞻远瞩，先行一步，总是走在别人的前面。

④政治上非常敏感，是改革开放政策的坚定拥护者，社会主义新农村和农村城镇化建设的大胆实践者，全面建设小康社会的勇敢带头人。

⑤经济头脑灵活，在市场经济海洋里虽然呛过几口水，但是，经过大风大浪的严峻考验，他们中的多数人已成为市场竞争的成功者、胜利者和行家能手。

⑥技术上不断进取，勇于向高新技术攀登，勇于向研发要新技术、新工艺。

⑦管理上精益求精，勇于向国内领先水平、国际先进水平挑战，生产出过硬产品。

⑧精神上崇尚文明，带头移风易俗，培育科学、文明、健康的生活方式。

第二编

专题调查报告

专题一　周宝生：官桥八组的领头人

在当今中国，村民小组长大概是最小的"官"、最基层的领导人了。周宝生，一个地地道道的农民，一个普普通通的村民小组长，带领全组村民，通过30年不懈努力，在祖辈繁衍生息的偏僻乡村，却干出了一番令世人瞩目的大事业，创造了一个亘古未有的乡村奇迹。这个村庄，就是鄂南嘉鱼县官桥镇官桥村的第八村民小组，简称官桥八组，周宝生就是这个村民小组的组长。官桥八组之所以能有今天的成就，是因为有了周宝生这样一个好领头人，从他的身上体现出了一种敢为人先的创业精神、借力发展经济的聪明智慧、坚韧不拔的顽强意志、保持农民本色的可贵品质和为了实现理想而执著追求的思想境界。

今日官桥八组——成就篇

官桥八组地处嘉鱼县南面的丘陵地带，距县城5公里，总面积1.56平方公里。全组58户，村民241人，所属企业有员工600余人。

走进官桥八组，一阵阵具有现代都市气息又带有江南乡村特色的清风就会扑面而来。首先映入眼帘的是，宽阔平展的田野大道横贯八组东西，路灯、绿化带、人行道和各种标识牌、宣传牌整齐有序地分列两旁，仿佛在静静地迎候远道而来的客人。田野大道西南面是高新工业园区，这里厂房宽敞，机器轰鸣，车来人往，一派繁忙景象，田野集团5个现代化高科技企业和博士后工作站就坐落在这里。田野大道两旁，专家公寓、田野山庄、村民文化活动中心、运动广场、银行、超市、医院等依山而建，错落有致；一幢幢统一规划、统一风格的农家别墅，整齐美观，排列有序，形成4个自然村落——老江边村、前郭城塘村、后郭城塘村、王栗林村，每栋别墅门前悬挂着一面五星红旗，58面红旗在阳光下迎风招展，蔚为壮观。在田野大道正中处，建有一座功能齐全、设施先进而外观古朴、具有传统风格的标志性建筑——官桥八组和田野集团的6层办公大楼，它是接待国内外领导人和客商的重要场所。办公大楼前是宽阔的田野文化广场，极具现代气息；广场西侧老江边村前有一棵百年古杨，树盖如冠，根深叶茂，有八组"树王"之称，它昭示着八组的厚重历史，见证着八组的百年沧桑。田野文化广场南北两侧，分布着南湖、北湖等4个人工湖泊；北湖西面是茂密的森林公园，公园里苍松翠竹，树影婆娑，宛如一座天然氧吧；北湖东面、南面和南湖东面是规划并在建的有机茶园、生态农业示范基地，规划中的高尔夫球场就镶嵌在北湖与森林公园之间；南湖西面是规划中的现代农居，南面是开阔的田野。在这块方圆两平方公里的土地上，生产区、生活区、服务区、休闲区规划合理，公路四通八达。这里，山青水碧，绿树掩映，楼宇轩昂，繁花朵朵，亭阁点点，一派江南水乡风光，既没有都市喧嚣，又不见农村粗陋，人们脸上挂满了笑容，充满着自信，一切都显得如此的自然与和谐。

然而，30年前，同样是这个村庄，却是另一番景象。在计划经济年代，这里是官桥公社官桥大队第八生产队。当年，这里的农民一年四季面朝黄土背朝天，从早忙到晚，一年忙到头，人均年纯收入不足50元。"住的是土砖房，吃的是返销粮，一个工值9分钱，上山打柴换油盐"，这就是当年八组村民生活的真实写照。党的十一届三中全会后，特别是1979年周宝生当选生产队长后，八组村民在改革开放政策的指引和周宝生的带领下，经过30年艰苦创业，坚持发展集体经济，走共同富裕道路，官桥八组才由一个贫穷落后的村民小组，发展成今天这样拥有众多高新科技项目，集科研、开发、生产、经营及教育于一体的企业集团，成为"都市化农村、花园式工厂"，成为社会主义新农村建设的典范。

2007年，官桥八组生产总值6.5亿元，集体资产10亿元，村民人均纯

收入13000元；村民住上了统一规划设计建造的小别墅，家家户户用上了自来水，安上了电话、有线电视、宽带网；村民生活环境大大改善，所有主干道路面硬化，地面绿化，昔日的荒山变成了森林公园和生态农业示范基地，昔日的小水库、低洼农田改造成了人工湖；村里不仅建有运动场、文化活动中心，还开办有宾馆、银行、超市、卫生院；村民都参加了各类社会保险，老年人享受养老金，生病享受免费就医，义务教育免费上学，每年子女升学、房屋改造、逢年过节，以及遇到特殊困难等都有专项福利补助；村民文明程度有了很大提高，能自觉遵守国家法律和村规民约，民风淳朴和谐，多年来无封建迷信、抹牌赌博、打架斗殴、小偷小摸现象，治安案件年年为零。

今天的官桥八组，以经济发达、生活富裕、乡风文明、村容整洁而享誉鄂南，名扬荆楚，先后获得过"全国精神文明建设先进单位"、"全国村镇建设文明村庄"、"全国先进基层党组织"等多项荣誉称号，并被国家旅游局列为"国家级工农业旅游示范点"，成为社会主义新农村建设的典范。同时，周宝生作为官桥八组的领头人，长期扎根在基层，奋斗在家乡，30年如一日，为官桥八组的发展作出了突出贡献，因而赢得了普遍赞誉和多项荣誉，先后当选为第七、八、九、十、十一届全国人大代表和中共第十六、十七次全国代表大会代表，被评为全国优秀共产党员、全国劳动模范、全国优秀企业家、享受国务院政府特殊津贴。

可以说：一方面，官桥八组为周宝生提供了改革、开放、发展的舞台，没有这个舞台就没有今天的周宝生；另一方面，周宝生带领官桥八组在穷乡僻壤之上创造了快速腾飞的奇迹，没有周宝生这个时代骄子和弄潮儿的带领，就没有官桥八组的今天。

创业敢为人先——精神篇

周宝生为什么能在八组这块弹丸之地演绎着惊世传奇？探究周宝生事业成功轨迹，我们不难发现，在他身上有一种特殊气质，那就是他敢为人先的创业精神和过人的勇气和胆识。正是这种敢于吃第一只螃蟹的精神、勇气和胆识，促使他在创业的道路上总是先人一步、高人一筹。正如周宝生所说："要发展，没有一点敢为人先、敢闯敢干的精神是不行的"。

回乡务农敢为人先。在人们都向往"铁饭碗"的时候，周宝生却毅然辞去城里"正式工作"回乡务农。1978年前，官桥八队社员一年四季起早贪黑在田里干活，但总是填不饱肚子，家家穷得叮当响。当年的周宝生已幸运跳出了"农门"，当上了工人，在嘉鱼县化肥厂工作。但他人在城里，心在农村，对生产队状况感到困惑和不满。他曾建议当生产队长的父亲改变吃"大锅饭"的做法，却被父亲顶了回来。父亲说："你没当这个家，不知有多难？换了你，能干成我这样就不错了！"周宝生不服输地说："我就不信干不好！如果让我干，只要乡亲们信得过，第一年就要让大家吃饱饭。"这年春节前夕，厂里一位工人家中有事上班迟到了，被车间主任批评了一顿，"再这样，就罚你回农村去！"这句话深深刺痛了周宝生。就是这两件事、两句话的刺激，使周宝生产生了回家务农的念头。1979年，26岁的周宝生作出了一个惊人决定，毅然放弃令人羡慕的"铁饭碗"，回到了家乡。尽管父亲一再劝说："伢，好歹在城里工作，一个月有36斤粮，可以吃饱肚子哇！"倔强的周宝生却说："我就不信农村永远这样穷！"凭着这种不服输、不甘平庸的劲头，周宝生回村后全票当选为生产队长，赢得了乡亲们的阵阵掌声。周宝生激动地说："生产队长算不上什么官，职务意味着责任，掌声意味着期望。我决不辜负父老乡亲的期望，我就不信农民干不出大事，农村没有出路！"

联产承包敢为人先。在农村都在吃"大锅饭"的时候，周宝生带头推行联产承包责任制。上任之后，周宝生就许下了"要让八组变个样，要让社员过上好日子"的诺言。他不想走父辈的老路，有一天偶然在报纸上看到安徽凤阳小岗村农民搞联产承包的消息，这个消息犹如一道闪电，照亮了他的眼睛，激发了他的思想火花。经过认真思考，周宝生果断地在全县第一个提出并实行把田地按好坏分类定产，承包给各家各户耕种。驻队干部怕担风险、犯错误，责令他将田地收回："谁叫你这么干的？简直是无法无天！"血气方刚的周宝生理直气壮地回答说："十一届三中全会不是号召实事求是吗？搞联产承包有利农民增产增收，人家安徽在搞，我们为什么搞不得？"他顶住各方面的舆论压力，最终把田地承包到户，并掷地有声地对大家说："交足公粮，留下提留，其余都是自己的。"吃怕了"大锅饭"苦头的人们，迸发出多年积聚的能量，生产热情空前高涨，当年全组粮食产量一下就达到了32万多斤，比上年多出7万多斤。乡亲们个个笑逐颜开，他们终于可以一日三餐吃饱饭了。

经商办厂敢为人先。在农民习惯于"土里刨食"的时候，周宝生带领村民开店办厂，发展乡镇企业。1981年，这位出了名的"周大胆"又一次力排众议，拿着一份农民可以经商的"红头"文件，带着队里几个年轻人"洗脚上田"，在官桥集镇上租了3间房子，开办了小卖部、熟食店和冰棒厂，一年下来净赚7000元。乡亲们第一次看到了大把票子，喜出望外，指望商店、冰棒厂有更大发展。不料，周宝生又做出一个惊人决定：不开店了，回去开矿、办厂。当时，组里有的群众一时想不通，当面指责他"瞎闹"、"歪掰"，说他是"五马换六羊，生意做不长"。周宝生几次召开群众大会，对大伙说："官桥镇地方小，销量有限，我们开店后其他小店跟着来了，像这样'五马共槽'，才真正是生意做不长哩。我们村狗头山下有煤炭，不如趁早转舵，回去开矿。"在群众不太理解的情况下，周宝生一边四处跑批复、办执照，一边挨家挨户组织劳力，煤矿终于开工了。开煤矿不仅为八组群众带来200多万元收入，还为组里积累了100多万元资金。此后，周宝生一鼓作气，乘势而上，带领八组群众用"滚雪球"方式陆续办起了铸造厂、砖瓦厂等10多家组办企业，连年利润都在100万元以上。

进军高科技敢为人先。在人们热衷兴办资源型、劳动密集型企业的时候，周宝生却悄然办起了高科技企业。经过市场上多年摸爬滚打，周宝生敏锐地意识到吃资源饭、廉价劳力饭，不是长远之计，要长富久富，必须找新的突破口——创办高新技术企业。他在群众大会上坦陈自己的想法，乡亲们却有些犹豫："泥腿子也可以盘高科技？"他坚定地说："事在人为。条件可以创造，技术、人才可以引进。"当时，武汉冶金研究所高级工程师、享受国务院特殊津贴专家刘业胜正在为其拥有的高性能永磁合金专利技术寻找合作对象。1993年5月，经朋友介绍，刘业胜来官桥村八组考察。通过一段接触,这位专家被官桥八组的良好环境、淳朴民风和周宝生的敬业精神所吸引,毅然辞掉"铁饭碗",来八组合作兴办了"湖北长江合金厂"。三个半月后,永磁合金产品投放市场,销售情况良好。从此,周宝生相继办起了长江缆索公司、嘉裕管业股份公司、中石特管公司、神农制药公司等一批"高、精、尖"企业,建成了"高新技术工业园",组建了集科研、开发、生产、经营于一体的现代企业——湖北田野集团。2001年,田野集团被国家有关部门认定为国家火炬计划重点高新技术企业。

农民办大学敢为人先。在多数人向往到经济领域"淘金"的时候,周宝生却默默地创造着"农民办大学"的神话。在发展高科技企业过程中,周宝生与武汉大学、华中科技大学等许多高校知名教授、专家有了接触,在科研、生产领域建立了密切合作关系,由此与高校结下了不解之缘。作为一个全国知名农民企业家,他对人才有着强烈渴望,对高校作为人才培养摇篮有着深刻认识。1999年,国务院作出了适当扩大高等教育招生规模的决定,一些地方和高校开始试办民办二级学院。2003年,为了解决民办二级学院发展过程中的新情况、新问题,教育部明确了独立学院实行民办机制、相对独立办学、吸收各方优势资源的"民、独、优"原则。周宝生意识到这是一个重大历史机遇和挑战。田野集团作为一个经济实力雄厚、社会声誉良好的高科技民营企业,如果能够兴办一所民办高校,不仅可以提高企业知名度,为企业可持续发展提供人力和智力资源保障,而且可以为国家经济社会发展培养人才。通过多方考察和论证,在许多专家、教授指导下,周宝生开始与武汉大学这所百年名校接触,并寻求各级主管部门和有关领导支持,最终于2003年7月与武汉大学、武汉弘博集团有限公司三方签订了合作创办武汉大学东湖分校协议,其中武汉大学以无形资产出资30%,武汉弘博集团以现金出资24.5%,田野集团以现金出资45.5%,周宝生出任董事长。至2005年8月,短短两年时间,投入资金6.3亿元,完成了机制转换、人员调整、新校园建设等一系列工作,9月整体迁入新校园。现在,一个占地1250亩、建筑面积40万平方米、设有11个学院、39个本专科专业,在校学生13000余人、教职工1000余人的民办高等学府,已崛起在风景秀丽的武汉汤逊湖畔,"农民办大学"的神话已变成了现实。

借力发展经济——智慧篇

官桥八组是一个地处丘陵地带的普通的小山村，没有区位优势，没有资源优势，没有产业优势，更没有科技优势，能够发展成今天这个拥有众多高科技项目、拥有 10 亿元集体总资产、6.5 亿元年生产总值、13000 元人均纯收入的社会主义新农村的典型，是什么力量在推动官桥八组不断地前进？其成功的经验又在哪里？通过对官桥八组发展历程尤其是组长周宝生传奇经历的考察，一个不争的事实摆在我们面前，那就是官桥八组的带头人周宝生能够立足本村实际，借力发展集体经济，表现出这个农村基层干部、农民企业家罕见的智慧和胆略。

借政策之力发展经济。周宝生 1979 年当选生产队长时，集体经济不仅没有积累，反欠国家一万多元的贷款，集体财产只有一栋旧仓库。作为新当选的生产队长，面临的最大问题是如何发展生产，想法让群众吃饱肚子。当时，报纸上宣传安徽农民实行"联产计酬"的消息一出来，周宝生就敏锐地感觉到这是一项新生事物，预示着党的农村工作政策的重大调整即将出台。于是，他立即组织大家进行讨论，果断地决定将田地包产到户，在全县率先实行联产承包责任制，一举解决了群众的温饱问题。吃饱了肚子又在想票子。1982 年正是江浙沿海一带乡镇企业蓬勃兴起之时。为了挣票子，周宝生顶住各方面压力，拿着一份农民可以经商的文件当尚方宝剑，带着一帮农民"洗脚上田"，在官桥镇上办起了小卖部、熟食店和冰棒厂。尝到了甜头之后，又用"滚雪球"的办法先后办起了小煤窑、红砖厂等一批小企业。经过十年打拼，组里不仅有了 7000 多万元、人均 30 多万元的集体积累，为八组的后续发展积聚了资金，更重要的是积累了经验，锻炼了干部，培养了人才。在官桥八组的初始创业和资金原始积累阶段，周宝生就是凭着自己对国家政策的准确理解和把握，凭着自己的智慧和勇气，发展了集体经济，闯出了一片新天地。用周宝生的话说，只要党的政策允许，什么赚钱我们就干什么。后来，官桥八组从办资源型、劳动密集型企业发展到兴办高科技产业、组建企业集团、联合创办武大东湖分校、建设生态农业示范基地等一系列重大项目，都是他们善借政策之力、发展集体经济的一篇篇杰作。

借市场之力发展经济。无农不稳，无商不活，无工不富。周宝生自担任生产队长之后，就逐步地认识到，要发展集体经济，改善群众生活，就必须破除传统的小农经济观念，跳出官桥八组这个小圈圈，利用社会这个大市场，经商办厂搞企业。周宝生有着一双深邃而明亮的慧眼，总是紧紧盯着市场的变化和需求，及时调整官桥八组的发展思路，利用市场抢占先机。实行联产承包责任制后，乡亲们的温饱问题解决了，周宝生就带领乡亲们在官桥镇上搞起了小本经营，一年之后又陆续开办了10多家小企业，市场需要什么他们就生产什么。1986年，周宝生针对农村出现的农民建房热、城市基本建设迅速发展、红砖的市场需求量大、周边又没有砖瓦厂的现状，又决定利用本地的红土资源、煤炭资源和劳动力资源兴建砖厂。1996年，周宝生了解到国家要加强基础建设，将在2002年前建成"二纵二横"国道主干线，在2010年前建成"五纵七横"国道主干线，需要在大江大河和海峡上建造大量斜拉桥、悬索桥，桥用缆索的市场前景十分广阔，商机不可错过，周宝生又果断决定办缆索厂。经历了千辛万苦，"长江缆索公司"终于建成投产了，其产品远销国内外市场。还有如湖北长江合金厂、中石特管公司、武汉大学东湖分校、贵州正达煤矿等一批高科技企业和高校的创办，无一不是周宝生主动寻找市场、善于驾驭市场、发展八组经济的一篇篇杰作。组办企业闯出了大市场，小组长创造了大奇迹。

借科技之力发展经济。官桥八组是靠资源型产业起家的，资源型产业投入较小，上马容易，效益也很直观，在工业发展的起步阶段发挥了重要作用。步入九十年代，高科技已经成为社会变革和促进经济增长的强大引擎，成为国际竞争力新的决定性因素。周宝生虽然原来的学历并不高，但经过多年的钻研和实践，逐步掌握了经济学、市场学和企业管理学等知识，积累了比较丰富的管理和决策经验。他敏锐地感觉到，办资源消耗型、劳动密集型企业终归不是长久之计，八组要谋求长远发展，就要顺应时代潮流，大力发展高科技产业，抢占生产力发展的制高点。他说，谁先认识到这个问题，谁把工作做到前头，谁就能赢得市场的主动权。于是，他说服干部群众，果断关停了当时还在盈利的一些组办企业，决定向高新技术产业进军。从1993

专题一　周宝生：官桥八组的领头人　○　中国百村调查丛书·官桥八组

年开始，官桥八组投入大量资金，集中力量建设了"田野高科技工业园"，与一些高等院校、科研院所共建各类专业科研所，先后创办了"长江合金厂"等高科技企业，完成了由资源型、劳动密集型企业向高新技术产业的嬗变。现在，这几家高科技企业运转正常，效益良好，已形成在国内有一定影响的高新技术产业基地，被科技部认定为"国家重点高新技术企业"，经人事部批准设立了"田野集团博士后工作站"，主导产品有永磁合金、桥用缆索、重型钎具、新药固齿散、特种无缝钢管等高新技术产品。这些产品均具有完全自主知识产权，科技含量和附加值高，市场前景好，广泛应用于交通、冶金、机械、石油、采矿、医疗、军工、航空航天、水利水电建设等行业。如果当年只满足于吃"资源"饭、守住资源型产业不放，不以市场为导向，抓项目结构调整，发展高新技术产业，就不会有官桥八组今天的局面。

　　借人才之力发展经济。兴办高新技术产业，引进人才和技术是关键。周宝生在一次群众大会上讲："我老周没有什么优点，如果说有的话，那就是我还有一点觉悟，能够带领大家一起干。但面对市场经济的大潮，我深感自己的能力有限。八组要发展，必须借脑生财，引进人才，引进技术。"机遇总是偏爱有准备的人。1993年6月，国家第一批享受国务院特殊津贴的专家、武汉冶金研究所高级工程师刘业胜，受周宝生之邀，主动砸掉自己的"铁饭碗"，带着自己的"永磁合金"技术，来到官桥八组落户，以技术入股的形式成功创办了官桥八组第一个高科技企业，就是一个最成功的例子，也使周宝生尝到了引进人才的甜头。周宝生不仅努力营造良好的创业环境来吸引人才、引进技术，而且还以对科学的高度崇敬和对事业的执著追求，用行动感动着那些科学家们为八组的高新技术产业的发展出谋献力。缆索厂土建工程开始不久，接到了第一笔业务，这就是武汉长江三桥的制索业务。在生产试验缆索的关键时候，为了解决锚固技术难题，周宝生多次上门向中国科学院的杨院士求教。有一次天下大雪，周宝生专程拜访杨院士。不巧，杨院士外出未归，周宝生就站在雪地里一直等到深夜。杨院士回来后，望着冻得脸色发紫的周宝生，很受感动，他说："有你周宝生这种精神，缆索厂一定能办好！"周宝生用真情演绎着现代版的"杨门立雪"的感人故事，被传为佳话。为了鼓励科技创新，周宝生不仅给科技人员配小车、建别墅，还每年按销售收入的4%为科技人员提取科研经费,实行"成功给大奖,失败不责难"的激励机制。同时,周宝生还高薪聘请社会上有丰富管理经验和技术专长的各类人才,善于学习和借鉴成功企业的管理模式和管理经验。周宝生敢闯敢干创大业、凝聚人才干事业的胆识,真诚待人、踏实做事的品格,使许多有识之士、有德之才深受感动。短短几年间,官桥八组就聚集了全国各地的100多名高级科技人才和管理人才,为官桥八组的经济发展起到了积极的助推作用。

闯道坚韧不拔——意志篇

周宝生的闯劲是出了名的,人称"周大胆"。一个"闯"字,蕴含着多少艰辛、曲折和冒险,又透视出多少智慧、胆略和勇气。接触过周宝生的人都知道,他身上有一股超乎常人的闯劲、倔劲和韧劲,只要是他认准的理、看准的事,就毫不犹豫地坚持,纵然有千难万险也毫不动摇,这就是周宝生的性格。

坚持信念不动摇。周宝生是个信念坚定、执著追求的人。30年前,他毅然辞掉城里的"铁饭碗"回乡当农民,是他人生道路上的一个重要转折。是什么力量促使他作出这样的人生抉择呢?这就是:"不信农民干不出大事","不信农村没有出路","不信农村永远就这样穷"的信念。正是这种信念和为这种信念而进行的执著追求,他的官桥第八生产队队长、八组组长之职一任就是30年。为了让八队人过上好日子,他顶住各方压力,率先推行联产承包责任制,率先经商办厂。当组里积累了几千万元资金,有些群众要求把积累分光、存到银行吃利息时,周宝生告诫大家:小船难闯大海,独木不成森林。八组要真正过上好日子,要稳富长富,就必须集中力量办大事;如果不思进取,就会坐吃山空。在周宝生的坚持下,八组没有分掉集体资产,而是集中力量扩大再生产,兴办高新技术企业,这才有了后来的田野集团。至于当年拆掉老房建新村、平整荒山造良田、关停小厂引进高科技等举措,都经历过许多困难,经历过群众的不理解甚至抵触,但是,在周宝生的坚持和说服下,逐渐克服了各种困难和抵触,逐步取得了一个个胜利。可以说，没有他对坚定信念的执著追求，就没有八组今天的辉煌。

兴家创业不怕苦。周宝生是个能吃苦、肯带头的人。官桥八组的今天，不是靠投机取巧、坑蒙拐骗发起来的，也不是靠政府或其他人恩赐富起来的，而是靠周宝生带领村民们用自己勤劳的双手实实在在干出来的。无论在创业阶段，还是在发展时期，周宝生总是吃苦在前，带头苦干。开煤矿初期，周宝生跑批复、办执照四处奔波，磨破了嘴皮，受够了气。执照办回后，挨家挨户做群众工作，组织劳力下井挖煤。由于资金缺乏，他与大家一起用最原始的工具挖煤，用血肉之躯把一筐筐煤从矿井里拖出来。有一次采煤时，一个两吨多重的井架突然朝周宝生身上倒过来，若不是他反应灵敏，及时躲避，后果不堪设想。1983年春，周宝生用挖煤挣的钱买设备，办起了铸造厂。运设备那天，突下倾盆大雨，周宝生情急之下把自己身上的雨衣脱下盖在设备上，其他人也纷纷仿效，个个成了落汤鸡，设备却完好无损，为此周宝生还患了一场大病。1986年，针对红砖供不应求的行情，周宝生又办起了砖厂。为了早出砖、出好砖，他夜以继日带头奋战在工地上，仅4个月砖厂就建成、投产了。出砖时，许多人抚摸着红砖哭了起来，可周宝生没有哭，他说，为建砖厂，人虽瘦了一圈，但我觉得自己活着的分量却更重了。

匡扶民风不信邪。周宝生是个正人先正己、永远不信邪的人。八组在发展经济的同时，积极倡导文明生活方式，坚决革除陈规陋习，打击歪风邪气。周宝生认为，正人必须先正己。他从不抹牌赌博，从不进灯红酒绿的歌舞厅。他是组里第一个执行一对夫妇只生一个孩子政策的人，也是第一个执行老人过世实行火葬制度的人。为了破除农村某些陈规陋习，倡导文明新风，他主持制定了一整套村规民约，采取"露头就抓"的铁腕措施，坚决根治各种陈规陋习。其中，不准打牌就是一项铁的纪律。有一次，一位退休的村干部，也是周宝生的老领导，与镇上几个老干部打了一会儿不带"彩"的牌，被周宝生发现后，不仅在群众大会上批评，还罚他200元。周宝生的一个堂弟，有一次参与抹牌赌博，照样在群众大会上挨批评，罚款2000元。有人说，这样做太过分了，有点不近人情。周宝生却认为，在现阶段，农民自觉性是有限的。你准他打牌，他就会赌博；你准他打到晚上10点，他就可能打到天亮。不准赌博，就得从不准打牌抓起。至于放养鸡鸭、牲畜，随地吐痰、乱扔垃圾，婆媳不和、邻里吵架等不文明行为，一经发现，不仅要批评教育，而且要重罚。在教育与重罚相结合的治理下，如今的官桥八组，没有抹牌赌博，没有打架斗殴，没有邪门歪道，没有违法乱纪，甚至在路上连烟头纸屑也难寻见，这些在城里人都难做到的事情，在八组早已成了现实。

逢难遇挫不言败。周宝生是个不服输、不言败的人。官桥八组的发展，充满着艰辛和曲折，承受过许多失败和痛苦。但是，面对困难和挫折，周宝生从不退缩，从不言败，总是挺直腰杆往前走，不回头。当初，周宝生带领大家艰苦创业，开煤矿、办砖厂，其中的困难和艰辛自不必说。1993年，当周宝生想在高新技术上寻找新的增长点而左冲右突时，湖北维嘉牧业有限公司在官桥八组落户了。这是官桥八组投入近千万元资金引进的第一家企业，周宝生和乡亲们企盼着这只"金凤凰"早日生出"金蛋蛋"来。然而，现实却给八组人当头一棒：由于外方提供的是淘汰设备，生产出来的产品技术含量低，没有销路，八组不仅没赚到一分钱，反而交了一大笔"学费"。1994～1995年，八组又投资1000多万元建电子厂，结果又失败了。面对挫折和失败，周宝生没有选择退缩，而是认真反思，寻找失败根源。他认为，八组人谋求发展的方向没有错，错就错在没有选准合作者，没有抢占发展的制高点。于是，一个更清晰、更大胆的设想在周宝生头脑中形成，这就是在选准合作者的前提下，把资金投向市场前景广阔的科技含量高、附加值高、经济效益高的"三高"产品上。经过不懈努力，"湖北长江合金厂"、"长江缆索有限公司"、"中石特种钢管厂"等一批高科技企业先后落户官桥八组，并取得了良好业绩。谈到这些经历时，周宝生总是心情沉重而又动情地说："八组的今天，是用不断失败换来的"，从他的眼神里透射出一丝痛苦而坚毅的神情。是啊，创业难，寻求新的发展更难。周宝生正是凭着这种不服输、不言败的性格，才成就了今天的事业。

保持农民本色——品质篇

经过30年发展，官桥八组从一个贫困的小山村发展成为社会主义新农

专题一　周宝生：官桥八组的领头人　○ 中国百村调查丛书·官桥八组

村建设的典范，周宝生则从一个普通农民成长为中国共产党全国代表大会代表、全国人大代表、全国知名的农民企业家。但是，他的官桥八组组长的职务始终没有变，他的农民身份始终没有变，更重要的是，他的农民本色始终没有变，这正是周宝生的可贵之处。

　　成名不忘根本。如今，周宝生名气越来越大，头上的"光环"越来越多、越来越耀眼。但是，他"出名"而不"慕名"，"发财"而不"慕财"，仍然当着官桥八组组长，仍然做着地地道道的农民，仍然过着与八组村民一样的生活。30年来，周宝生有多次进城提干当官的机会，他推辞了；有许多独立经商发财的机会，他放弃了。在他小有名气之后，嘉鱼县、咸宁市领导曾不止一次问他"要不要挪挪位子？"甚至明确提出要把他调到咸宁市经济部门工作，他总是婉言谢绝："感谢领导关心，我能当好这个组长就不错了。组长虽然算不了什么官，但要当好也不容易呀！""当这个组长，并不妨碍我实现自己的理想和追求"。有人说，"凭周宝生的才干，如果一门心思干自己的，早就是百万富翁了！"这话的确不假。20世纪80年代中期，八组的集体经济已有了比较强的实力，有些人劝周宝生见好就收，当这个组长太辛苦，不划算，不如早点去干自己的，为后半生找个退路，为子女留点家业。这期间，也有个别曾经与周宝生患难与共、一起奋斗的人离开了八组集体，办起了私营企业，一下子"发"了起来。可是，周宝生不眼红、不动心，始终把自己的利益与八组村民的利益捆在一起，带领群众一起干，为群众共同富裕而操劳。个人成名不忘集体之本，这就是周宝生的思想境界。

　　当家一心为民。官桥八组能有今天，是因为有周宝生这样一个好当家人。他一心为民，任劳任怨，这样的事例实在太多了。例如，1986年，为了改善八组村民居住条件和生活环境，周宝生决定拆除全组所有旧宅，统一规划建新村。当时，许多村民留恋祖业和老屋，对拆旧宅、建新村一时想不通。周宝生挨家挨户上门促膝谈心，化解村民心里的疙瘩；亲自组织设计、施工，帮助各家各户购买材料、督办工程；统一建设水电设施，保证每家每户通水、通电、通电话、通有线电视；为了减轻村民经济负担，给每户发22000元建房补贴和一套新式家具，从而逐步化解了建新村过程中的种种难题。这一年，是官桥八组浓墨重彩的一年。58幢新颖别致的农家别墅组成4

183

个自然村落，前有绿树花草，后有森林公园，出门就是马路，交通便捷，环境优美。新村的落成，震撼了四乡八邻，令人们惊叹、羡慕不已！又如，组里一位老人耳朵化脓，周宝生知道后主动上门看望，并拿出1000元给老人作医疗费，还安排专车送他到武汉治疗。组里一位妇女不慎摔成重伤，周宝生不仅为她联系医院、医生，还从组里福利中拿出11000元，发动村民和员工捐款5000余元，给她疗伤，使她转危为安。为了帮助一位残疾人就业，周宝生落实资金，送他学医，待他学成归来，又安排在组里医务室工作。考虑到组里老年人经常要买点小东西，就规定每人每月发60元零花钱。这些老人对周宝生这样无微不至的关心佩服得不得了，逢人就夸宝生是个好当家人。

　　带头克己奉公。来官桥八组创业的磁性材料专家刘业胜说，老周的优点很多，最根本的一点就是克己奉公。在某些人眼里，一个拥有10多亿资产的集团老总，一定会财大气粗，出手阔绰。但经常与他打交道的人都有一个同感，就是周宝生仍然与过去一样俭朴、廉洁、正直，看不出半点骄奢之气。他每次到武汉出差，办完事后再晚也要赶回来，一是怕耽误工作，二是为节省费用。为了论证办焊丝厂的可行性，他与银行、税务部门工作人员到江苏考察，累了在车上打个盹，饿了在路边小店扒碗饭，2000多公里路程，三天一个来回。到北京参加人代会，一位朋友请他吃饭，要了一瓶高档酒，周宝生硬是不准开瓶，趁那位朋友上洗手间，他悄悄到服务台换了一瓶普通白酒。朋友问他，何苦这么节省？周宝生说："我不是讲究吃喝的人，没有必要把钱浪费在吃喝上。"周宝生为公司、为大伙，他舍得花钱，可对自己却抠得很。作为一个集团老总，周宝生何尝没有游山玩水的机会、出国观光的理由？但他没有这份闲情逸致，他极少光顾风景名胜区，至今没有出过一次国。周宝生对自己要求很严，对家属也是如此。有一次，他爱人周运秀到县城办事，没有搭上回家的末班车，好心的熟人瞒着她给公司司机打了个电话，开车把她接了回来。周宝生知道后，不仅要求妻子在群众大会上认错，还按规定交了罚款。从此，周运秀再也没有摸过公司的车。周宝生对妻子严，对儿子更严。儿子到县城上中学，到武汉上大学，都是自己搭车往返。有人对周宝生的这些做法感到不理解，周宝生却笑着说："谁叫我是八组的组长呢！"

践行廉洁自律。当今社会，许多人"一阔就变"，可周宝生却始终廉洁自律，稳立潮头。30年来，他曾面临过无数次诱惑和考验。在科技园基建工程发包时，两个包工头提着烟酒到周宝生家中"公关"，周宝生毫不客气地对他们说："凡拿东西来的，一律免谈。"包工头以为周宝生嫌东西少了，随即掏出早已准备好的红包说："一点小意思。"周宝生更生气了："邪门歪道在我这里行不通，我有我做人的原则！"两个包工头不好意思地走了。通过公开竞标，这两个包工头还是拿到了这项工程。工程竣工后，这些包工头感慨地说："老周这人太抠、太正统了。虽然我们没有赚到什么钱，但我们的人格却得到了尊重。"还有一次，为修建科技园门楼，包工头买了一套银质餐具，好歹要送给周宝生，他实在推不掉，就将这套餐具交办公室保管，等工程竣工结账时，周宝生将这套餐具原封不动退给包工头，包工头不肯收，周宝生斩钉截铁地说："你把东西拿走就结账，不拿走就不结账！我一个共产党员的价值，难道就值这套餐具？我收了你的餐具，就降低了我的人格！"包工头只好拿着餐具悻悻地走了。1997年，周宝生的儿子考上了大学，公司几位老总凑了2000元贺礼到他家祝贺，在他们受到热情接待之后，礼金却被周宝生一一退回。周宝生非常注重自己的形象。他常说："我有我的追求和理想。把金钱看淡点，精神就浓点；把金钱看重了，事业就没了。"在利益面前，他始终坚持一个标准——"自己的利益可损，八组群众的利益不可损；自己的利益可丢，共产党员的形象不能丢！"

为了圆就梦想——理想篇

有梦想才有追求，有追求才有成功。周宝生就是一个有梦想、有追求的成功者。周宝生在回忆这一段经历时，一种质朴的使命感和责任感溢于言表。他说："这些年，我一直在追求年少时的梦想，就是要让八组群众富起来。""我从当组长那天起，心里就有一幅蓝图，我要把这幅蓝图画到底。"别人说，"要让农村人过上城里人一样的生活"，周宝生却说，"要让城里人过上官桥八组一样的生活"。正是为了圆这个梦想，画好这幅蓝图，周宝生历尽艰辛、苦苦追求、矢志不渝,一步一步地把自己的梦想变成了现实。

"让农村人过上城里人一样的生活",这是过去官桥八组人对幸福生活的向往。现在,官桥八组村民不仅早已填饱了"肚子",有了"票子",而且在"劳有所得、住有所居、学有所教、病有所医、老有所养"、"楼上楼下、电灯电话"、月月领工资、年年有福利等方面,过上了比绝大多数城里人一点都不差的幸福生活。

"让城里人过上八组人的生活",这是现在官桥八组人对幸福生活的新追求。现在,官桥八组在家家户户住上小别墅,以及在举止文明、环境优美、民风淳朴、治安良好、"夜不闭户、路不拾遗"等方面,已达到绝大多数城里人望尘莫及的程度。但是,在经济、政治、文化、社会建设等方面还需要不断加强和提升,还需要长期、艰苦的努力。

目前,官桥八组依托田野集团的发展,正在建设生态农业示范基地,加快新农村建设,发展旅游服务业。可以预见,随着一系列新建设项目实施,必将大大提高生活质量,使生态环境更优,人与自然更和谐,官桥八组必将成为名副其实的都市化农村、花园式旅游休闲度假胜地。到那时,八组人的生活水平和生态环境为城里人所羡慕、所追捧,绝不是什么神话。

中共嘉鱼县委书记王兆民说得好:官桥八组的发展,除了得益于党和国家的方针政策外,有两条基本经验是值得肯定和推崇的。一是得益于有一个好的领头雁,二是始终坚持走共同富裕的道路。假如没有周宝生这样一个好领头人,就不会有官桥八组的今天;假如没有官桥八组这片蓝天、厚土和父老乡亲的支持,为周宝生提供施展才华的舞台,他也难取得今天的辉煌。正所谓英雄造时势,时势造英雄。周宝生说得好:"我的事业在农村,在我的家乡。这里的村民离不开我,我也离不开他们。带领大家共同致富,过上幸福安康生活,是我的理想和责任。"

回首过去,风雨兼程,岁月如歌;展望未来,前程似锦,豪情满怀。周宝生在谈到对未来发展的展望时,充满自信地说:"当今时代,竞争激烈,生产力发展如逆水行舟,不进则退。因此,我们要立即动手筹划新一轮发展规划,并迅速实施。我要把官桥八组建设得更好,总有一天人们会说,要让城里人过上官桥八组那样的生活。"为此,官桥八组正在制订《经济和社会事业发展二十年规划》，按照"一主两翼三延伸"格局，把田野集团建设成为国内知名的高新技术产业基地，把集团所在地官桥八组建设成为现代化的社会主义新农村。其发展目标是：到2010年实现年收入10亿元，年利税1.5亿元；到2015年，实现集体资产20亿元，年收入30亿元，年利税3亿元，村民人均纯收入5万元。

愿周宝生心中的蓝图越画越美，梦想早日成为现实，理想之花结出累累硕果。

专题二 田野集团的形成与发展

"湖北田野集团"（以下简称"田野集团"）是湖北省嘉鱼县官桥镇官桥村八组创办的一个集体企业，它成立于1994年5月16日，其发展经历了3个阶段，现正朝着集科研、开发、生产、经营于一体的高新技术企业集团方向发展。

一 兴办乡镇企业，积累原始资本（1980~1992年）

田野集团的前身，是20世纪80年代初开办的乡镇企业。

1980年，在生产队长周宝生带领下，官桥八队在全县率先推行家庭承包责任制，当年增产稻谷7万多斤，一举解决了温饱问题。为了进一步解决致富问题，周宝生又带领八队群众采取"滚雪球"方式开始了兴办乡镇企业的艰苦历程。

1981年10月，官桥八队创办了第一个乡镇企业——钉丝厂，效益明显。

1982年春节期间，按照"离土不离乡，办厂带经商"的路子，投资1万元，在官桥大队租用150平方米房屋，开办了冰棒厂、小卖部、熟食店，当年盈利7000多元。

1982年11月，关停商店，开办方家塘煤矿，1983年产煤4000吨，产值60万元，利润9万元。1989年11月，关闭方家塘煤矿，新开罗家桥煤矿，到1995年为八组群众增收200多万元，为集体积累资金100多万元。

1983年5月，低价从武汉买回铸造设备，创办铸造厂，到1985年实现产值60万元，利润5万元（1989年产值达70万元，利润6万元）。

1984年1月，创办沙发厂，年产值10万元，利润1.5万元。

1984年2月，官桥大队改为官桥村村民委员会，八队改为八组。经有关部门批准，成立了"湖北省嘉鱼县官桥农工商综合公司"。

1984年12月，在沙发厂基础上创办家具厂，占地面积70平方米，职工52人，固定资产35万元，年产值36.5万元，利润6.7万元。

1986年，根据红砖供不应求的行情，投资近50万元，建成占地40亩、24门窑的红砖厂，职工174人（其中技工8人），固定资产48.3万元，产砖260万块，年产值17.2万元，利润7.2万元。到1989年产红砖1020万块，产值79.75万元，利润30万元。

此外，还兴办过金属结构厂、手套厂等企业。

经过10多年打拼，官桥八组积累资金7000多万元，基本完成了原始积累。1992年4月28日，经有关部门批准，原"湖北省嘉鱼县官桥农工商综合公司"更名为"湖北省嘉鱼农工商总公司"，注册资金518万元，从而为田野集团的成立奠定了基础。

二 形成田野集团，发展高科技产业（1993~2003年）

改革开放初期，绝大多数商品供不应求，"搞什么，什么赚钱"。当时的发展方针非常简单，"什么赚钱，就搞什么"，而且真能赚到钱，官桥八组就是这样完成原始积累的。但是，进入20世纪90年代后，中国市场发生了深刻变化，卖方市场逐渐转变为买方市场。在日益激烈的市场竞争中，资源型、劳动密集型企业越来越难以生存和发展。周宝生敏锐地意识到，吃资源饭、廉价劳力饭不是长久之计，要大富久富，就必须提升企业层次，把企业做大、做强，特别是要引进技术和人才，向高科技产业进军。

一次偶然的机会，周宝生结识了拥有高性能永磁合金专利技术的武汉冶金研究所高级工程师刘业胜，当了解到高性能永磁合金在国内不能生产、市场需求完全依赖进口，而刘工正在为其专利技术寻找合作对象时，周宝生立即诚邀刘工来官桥八组考察，并表达了合作意愿。经过考察，刘工被周宝生的敬业精神和八组的淳朴民风所感动，毅然辞掉"铁饭碗"，带领他的专家组来官桥八组一起创业。1993年7月，成立了"湖北长江合金厂"（以下简称"合金厂"），刘业胜任总工程师，仅用4个月时间就建成投产，其产品性能经国家计量科学研究院测试，超过了GB4753国家标准和IEC国际标准，达到世界先进水平，产品很快打入市场，当年产值230万元，盈利50余万元。到21世纪初，其产品不仅占有国内同类产品市场份额70%以上，而且远销德国、瑞士等国家和地区。1999年，合金厂产值1700万元，利税800万元。合金厂的成功，标志着集团在发展高新技术道路上迈出了第一步。

田野集团办公楼

为了建立现代企业管理制度，促进企业快速发展，1994年5月5日和16日，先后经嘉鱼县经委和咸宁地区经委批准，湖北省嘉鱼农工商总公司更名为"湖北田野集团"，注册资金12007.5万元。11月16日，成立集团董事会、监事会，周宝生任董事长兼总经理，刘业胜、周文林、周东风等任董事，文良彬任监事；刘业胜任总工程师，周文林任集团副总经理。刘业胜兼长江合金厂厂长，周呈全任皮件分公司经理，周东风任建材分公司经理，

专题二　田野集团的形成与发展 ○ 中国百村调查丛书·官桥八组

周瑞猛任煤炭分公司经理，赵重新任茶叶分公司经理。12月，制定《湖北田野集团管理制度》和《职工行为规范》，从此田野集团正式诞生。

　　集团成立后，掀起了一个兴办企业的高潮。例如，1995年接连兴办了5个企业：与嘉鱼协力汽车附件厂合作兴办了嘉鱼东风汽车附件厂，与武汉慧达机电技术发展公司合作创办了湖北田野电子技术发展有限公司，与华中理工大学科技发展中心合作组建了生产镇流器的湖北田野电子电光源有限责任公司，与咸宁市古田乡政府联合开发了古田煤矿二号井，以及独立兴办了湖北田野焊丝厂。为了适应企业发展需要，1995年田野集团投入大量资金，创建了"田野高科技产业园"，推平了一座300亩的荒山，先后建起了4万平方米的高标准厂房，2700平方米的专家别墅以及办公楼。为鼓励技术创新，集团每年提取销售收入的4%作为科研经费，实行"成功给大奖，失败不责难"、技术入股分成等奖励机制。此后10多年间，集团与中科院、清华大学等多家科研机构、知名学府建立了产学研合作关系，一批高新技术企业相继落户高科技园，100多位科技人员为田野集团发展提供了强有力的技术和人才支持。

　　1996年，根据国家交通部门计划2002年前建成"二纵二横"、2010年前建成"五纵七横"国道主干线，需要大量斜拉桥、悬索桥缆索的信息，集团决定上缆索项目。1996年1月27日，集团与铁道部机械电器设计室主任、中国万里慧英科技发明研究院院长、高级工程师、专利技术发明人樊后鹏签订了组建"湖北长江缆索有限责任公司"（以下简称"缆索厂"）合同，总投资2000万元。土建工程开始不久，缆索厂就接到了武汉长江三桥制索业务。在试生产关键时刻，碰到锚固技术难题，集团聘请中国科学院杨院士、上海同济大学教授范立础、铁道部桥梁科学研究院专家党志杰、湖南大学桥梁系主任程翔云、中国路桥总公司副总工程师王荣等一批技术权威，充当缆索项目技术后盾，开发出双机共挤和冷铸锚填料新配方等高新技术，填补了国内空白，达到了国际领先水平。缆索厂建成投产后，产品大受市场欢迎，武汉白沙洲长江大桥、荆州长江大桥、军山长江大桥、缅甸玛哈邦多拉大桥等多座国内外大桥都用上了该厂产品。这个仅50多名职工的缆索厂，1999年已收回全部投资，2000年产值8000万元、利税近3000万元。2005年上

191

半年，销售收入 1537 万元，利润 343 万元。现在，缆索厂已是国内著名的专业化生产新型高强度低松弛缆索的国家级高新技术企业，拥有一条年产万吨缆索的生产线和一支高素质科研队伍，解决了拉索拉力、连接、卷缆、防护以及工况监控智能化等技术难题，成功开发了新型双层 HDPE 护套斜拉索、双螺旋线抗风雨震斜拉索等新产品，被国家经贸委列为"国家重点技术创新项目"。1999 年 7 月，缆索厂 PES 斜拉热挤聚乙烯列入国家经贸委技术改造项目，工程总投资 9838 万元，专项贷款 6800 万元，建成后可新增产值 34000 万元，利润 2500 万元，税金 1500 万元。同时，还被科技部、财政部列为"国家科技型中小企业技术创新基金项目"，钢缆索产品被科技部等五部委确定为"国家重点新产品"，被湖北省政府命名为"湖北名牌产品"。用于钢缆索产品的"田野"牌商标，被评定为"湖北省著名商标"。企业已通过 ISO9001 质量体系认证、ISO14001 环境管理体系和 OHSAS18001 职业健康安全管理体系认证。

合金厂和缆索厂的成功创办，使集团坚定了走高科技产业道路的决心。2001 年 12 月，经人事部批准，集团创建了专门从事新产品、新技术、新材料研发和应用的科研机构，培养高科技人才的基地——中国博士后科研工作站，与中国地质大学、西北工业大学等高等学府合作培养博士后科研人员，目前在站博士后有 3 人。集团希望通过博士后科研工作站，达到人才、技术、项目"三引进"的目的。

1993~2003 年，是田野集团形成和初步发展的重要阶段。在这个阶段，集团坚持科技是第一生产力、人才是第一资源的思想，充分尊重科学、尊重知识、尊重人才，极大地增强了集团的竞争力、凝聚力和经济实力，为集团向更高层次发展奠定了坚实基础。

三 打造综合性现代企业集团（2003 至今）

从 2003 年起，集团正在探索一条高科技工业、高等教育、矿产业、医药业、生态农业、旅游观光业多元发展的新路子，从而把集团做大做强，促进集团持续快速健康发展。

2003年6月，集团与中国地质大学、海电接头有限公司联合组建了湖北田野钎钢钎具有限责任公司，注册资本1000万元。2006年，改组为湖北嘉鱼管业股份有限公司（以下简称"管业公司"），注册资本增至6600万元。管业公司经营范围是：各类无缝钢管、钎钢、钎具、钢筋连接套筒和硬质合金、超硬材料等产品的研发、生产及销售。该公司已通过ISO9001质量管理体系、ISO14001环境管理体系和OHSAS18001职业健康安全管理体系认证，是国内有影响的专业化生产钎钢钎具的国家级高新技术企业。主导产品是高炉开口钻杆、石油钻探管、地质钻探管、凿岩钎钢及其他凿岩工具，广泛应用于矿山、能源、交通、水利和军工等领域，远销美国、加拿大、澳大利亚、印度等国家和地区。管业公司装备有加强型Φ50热穿孔—全程带芯热轧机组生产线、八米深计算机控制深井式渗碳炉等关键设备，中长钎具的综合生产能力居全国同行业前三名，产品质量、技术居国内领先水平。设计初期生产能力为年产高强度重型钎杆系列产品10000支，中空钢型材2000吨，钢筋套筒200万只，年产值3000万元；以后，逐步达到年产高强度重型钎杆系列产品50000支，中空钢型材10000吨，钢筋套筒1000万只，年产值15000万元以上。现在，"田野"牌钎钢钎具被湖北省政府命名为"湖北名牌产品"，田野牌商标被湖北省工商局确定为"湖北省著名商标"。

2003年7月，集团与武汉弘博集团有限公司、武汉大学联合创办武汉大学东湖分校。总投资6.5亿元，占地面积1250亩，建筑面积40万平方米，目前设有11个学院，本、专科专业39个，现有在校学生13000余人（详情，另有专题介绍）。

2004年田野集团成立了湖北省神农制药有限公司（以下简称"神农公司"），主要生产、经营、出口和销售中成药"固齿散"，并兼营其他药品的生产和销售业务，注册资本200万元。该公司建有前处理、提取、固体制剂、散剂等生产车间和中心化验室，拥有生产片剂、胶囊、颗粒、散剂等4种剂型的全套生产、检测设备，拥有一批医药科学方面的专业技术人才，是一家通过国家GMP认证的药品生产企业。目前，神农公司拥有自主知识产权的15种国家级新药，能有效治疗呼吸、循环、消化、泌尿、神经、内分泌等系统的多种病症。

2006年6月,集团与中石机电设备制造安装公司和一民营企业家合资组建了湖北中石特种钢管有限公司(以下简称"中石特管公司"),注册资本5000万元。计划总投资2.6亿元,其中一期工程投资1.6亿元,建成一条年产15万吨高精度特种钢管生产线。2007年3月25日试车成功,6月正式投产,当年实现销售收入2.5亿元,占田野集团全年销售收入6.5亿元的38.5%。显然,中石特管公司在集团所属企业中已成为当之无愧的龙头老大。其产品的各项指标,居全国同行业领先水平,被评定为"湖北省名牌产品",并通过了美国石油协会API会标使用权认证和"三标一体"管理体系认证,已销往新疆、大庆、中东、南非等国内外油田及机械加工等行业,市场前景广阔,用户反映良好。中石特管公司正在紧锣密鼓地筹划二期工程建设,计划投资1亿元,新建年产15万吨成品油井管的生产线,建成投产后可实现年销售收入15亿元,年利税1.6亿元(详情,另有专题介绍)。

在这些高科技企业欣欣向荣发展时,集团加大了工业反哺农业的力度,加快了生态农业示范基地建设步伐,集团成立了嘉鱼县生态农业发展有限公司(以下简称"生态农业公司"),主要从事农作物、蔬菜、树苗、水产品、茶叶等农产品的种植养殖与销售,以及游览景区的开发、管理和餐饮住宿服务。目前,已建成新办公大楼、田野山庄、南湖、北湖、林业生态园等设施;还有高尔夫球场、有机茶园、良种培植基地、现代农业示范园、现代农居等项目正在逐步实施之中。2007年12月,官桥八组已被国家旅游局列为第4批"国家级工农业旅游示范点"。

2007年7月,集团投资5000万元,在贵州省大方县开办年产80万吨标准煤的正达煤矿。目前,正在抓紧办理开工许可手续,修路、建房等前期工作正在顺利进行之中。田野集团(及其前身)1982~2006年发展情况见专表2-1。

专表2-1 1982~2006年田野集团(及其前身)总资产和总收入发展简况

单位:万元

项目 年份	1982	1992	2003	2006
总资产	7.8	7200	35000	100000
总收入	0.7	4500	35400	53000

四 发展思路与目标

2008年,田野集团有下属企业6家:长江合金厂,长江缆索有限责任公司,武汉大学东湖分校,嘉裕管业股份有限公司,神农制药股份有限公司,中石特种钢管股份有限公司。为促进集团进一步发展,以现有企业为基础,集团制定了详细发展规划。总的发展思路是:以十七大精神为指导,以科学发展观总揽全局,从5个方面来指导发展工作。

1. 坚持和谐发展

推进经济发展,促进社会进步。构建"和谐企业、和谐团队、和谐企社关系",使八组村民与外来职工共享发展成果,为建设和谐社会作贡献。

2. 坚持科学发展

坚持以人为本,走可持续发展的新型工业化道路。建设资源节约型、环境友好型企业。在低投入、低消耗、低污染等方面走在全国同类企业前列。

3. 坚持自主创新

树立"创新是发展的灵魂"理念。建立自主创新激励机制,加快生产工艺、产品性能、市场营销方式等方面的创新步伐,争创具有自主知识产权的品牌。

4. 坚持社企共建

立足农村办工业,发展工业带农村。用现代工业理念改造传统农业和农村,实施以工带农、以工补农、以工促农,实现企业和村组共同发展。

5. 坚持区域合作

利用湖北区位优势,开展区域协作。以参股、控股、吸引外资等形式建设好高科技工业园。引进高新技术人才和优秀管理人才,增强企业核心竞争力。

田野集团的发展目标是:以发展经济和改善民生为目标,创建"生态田野、科技田野、人文田野、和谐田野",逐步形成"一主两翼三个延伸"的格局。"一主",就是以钢材加工业为主,发挥湖北钢铁资源优势,壮大钢材加工业。"两翼",就是以中成药和现代农业为重要支点,做大做强中成药产业，发展现代农业，建成生态农业基地。"三延伸"，就是有选择地向旅游业、服务业和高等教育延伸，培植新的增长点。

具体地说，田野集团2010年的主要目标是：

1. 生活比较富裕

村民人均纯收入2.5万元，恩格尔系数35%，平均预期寿命75岁。医疗卫生服务体系比较健全，社会保障覆盖率100%。村民子女高教入学率95%。村民文化素质明显提高，参加培训率100%。外来员工平均工资达到或高于全国同类先进企业水平。

2. 经济较快发展

销售收入10亿元，其中：工业7亿元，立体农业0.5亿元，东湖分校2亿元，其他服务业0.5亿元；利润2.5亿元，其中：工业1.9亿元，农业0.05亿元，东湖分校0.5亿元，其他服务业0.05亿元。纳税0.7亿元。累计追加投资6亿元。

3. 结构不断优化

不断优化产业、产品和企业组织结构。逐步增强自主创新能力，研究与试验发展经费支出占公司销售收入比重逐步增加到6%，形成一批拥有自主知识产权、国际竞争力较强的优势企业和一两个中国名牌产品。

4. 效率显著提高

万元产值综合能耗比2005年降低25%，主要水域水质达到Ⅱ类标准，工业废水排放达标率达到100%，生活污水处理率达到100%。对山地、水域进行综合治理，森林覆盖率达到60%，资源利用效率逐步提高。

5. 实现社会和谐

搞好各项制度建设。干部工作满意度达到98%，集体事务民主决策满意度达到98%，社会安全感达到100%。思想道德建设进一步加强，构建和谐社会取得新进步。形成具有官桥八组特色的社会主义新农村文化。

专题三　武汉大学东湖分校的创立与发展

一　东湖分校的创立

2001年10月，经国家科学技术部火炬高新技术产业开发中心认定，湖北田野集团已成为国家火炬计划重点高新技术企业，其总资产已达2.3亿元，工农业总产值2.8亿元。① 为了进一步发展壮大，田野集团决定寻求多元化发展道路。2002年12月28日，全国人大常委会通过了《中华人民共和国民办教育促进法》。官桥八组组长、田野集团董事长周宝生认为，这是一个重大机遇和挑战。田野集团是一个经济实力雄厚、社会声誉良好的高科技民营企业，如果能与一所名校联合兴办一所高等院校，不仅可以为社会培养人才，而且可以扩大企业知名度，为企业持续发展提供强有力的人力资源保障，其经济和社会价值无法估量。

经过多次考察和咨询，在许多专家、教授建议与指引下，田野集团开始与武汉大学这所百年名校进行接触，同时积极寻求各级主管部门支持。当时，已有多家企业与武汉大学商谈联合办学事宜，最终武汉大学选择与湖北田野集团、武汉弘博集团合作创办武汉大学东湖分校，并于2003年7月18日签订协议。协议规定：分校以2000年8月经教育部批准设立的武汉大学职业技术学院为基础；分校为股份有限责任性质，武汉大学以无形资产出资

---

① 龚达发等：《希望在田野上》，2002年3月23日《人民日报》。

30%，湖北田野集团与武汉弘博集团分别以现金出资 45.5% 和 24.5%；分校按"四独立"（即独立事业法人、独立财务核算、独立校园、独立教学）原则运作；以武汉大学东湖分校名义招收招生，学习成绩合格的毕业生，颁发武汉大学东湖分校毕业证书。

至此，以武汉大学职业技术学院为基础的武汉大学东湖分校正式创立，当年开始招生。到 2005 年 8 月，一座布局合理、配套齐全、环境优美、管理规范的现代化大学城，已出现在武汉市江夏区汤逊湖畔。2005 年、2006 年，本科毕业生就业率连续两年名列湖北同类高校前列。2007 年，在校学生 12000 余人，教职工 1000 余人；获中国校园网独立学院百强排行榜第 4 名，腾讯网"回响中国"全国二十强品牌独立学院第三名，社会影响力和美誉度不断提升。

二　东湖分校的建设

5 年来，武汉大学东湖分校发扬"厚德、笃学、求是、创新"的校训精神，按照"依法治校、民主办校、质量立校、特色兴校"的办学理念，励精图治，发愤图强，在基础设施建设、教师队伍建设、专业建设、课程建设、应用能力培养、招生工作、对外交流合作等方面取得了显著成绩，逐步走上了健康发展轨道。

1. 基础设施建设

武汉大学东湖分校从创立开始，就确立了"整合三方优质资源，迅速形成教育教学资源优势，打造优质高等教育"的建设理念。由于企业投资方所具有的巨大社会活力、强烈成本意识、雄厚经济实力和高效管理体系在校园建设中发挥了关键作用，因而在很短时间内就顺利解决了征用土地、筹集资金、扩大招生等一系列难题。

从 2003 年 7 月签订协议至 2005 年 8 月，短短两年多时间，武汉大学东湖分校就完成了 1250 亩土地征用、6.3 亿元资金筹集，以及 35 万平方米第一期工程的建设任务，一批整体布局合理、配套设施齐全的教学大楼、计算机中心及实验大楼、图书馆、学生食堂、师生公寓，以及行政大楼和接待中心等现代化楼群全部建成。到 2005 年 9 月新学年开始，武汉大学东湖分校教职员工整体迁入新校园。

据初步统计，分校网络中心与实验中心拥有教学和实验用计算机 1374 台，多媒体教室和语音室分别拥有座位 9468 个和 576 个，教学科研仪器设备总价值 4298.88 万元；各专业基础实验室 40 多个；校园网络覆盖办公区 30314 平方米、教学区 142091 平方米、学生宿舍区 123259 平方米；图书馆建筑面积 2.66 万平方米，藏书 53.5 万册，电子图书 36 万册；体育馆、体育场、各种球类运动场和大学生活动中心占地面积 13659 平方米；学生宿舍及公寓 23 栋、学生食堂 2 栋以及服务超市和校医院等。此外，还建有多个校外实习基地。

2. 师资队伍建设

按照"素质优良、数量达标、结构合理、队伍稳定"的师资建设目标，分校先后出台了《2006～2010 年师资队伍建设规划》、《关于加强师资队伍建设的意见》等文件。在师资队伍建设实践中，着重抓了以下几个方面的工作。

（1）加大招聘工作力度，拓宽引进教师渠道。

采用招聘优秀硕士和博士研究生、从社会其他部门引进"双师型"人才、从各高校聘请退休教师等多种途径，来发展壮大教师队伍。

（2）强化教师培训力度，提高教师队伍业务素质。

对每年招聘的新教师进行岗前培训，并有计划地选送优秀教师外出进修。聘请武汉大学知名教授任各学科带头人，打造出一支结构合理、学术造诣深、教学水平高的教师队伍。经常召开教学工作研讨会、教学经验交流会、教学专题座谈会，扩充教师知识，提高教学能力和水平。

（3）加强思想政治工作，提高教师的思想觉悟。

根据教师的思想和工作实际，开展贴近思想、贴近生活、贴近工作的思想政治工作，增强思想政治工作的针对性和有效性。制定和完善教师职业道德规范，引导教师树立正确的教育观、质量观和人才观，增强实施素质教育的自觉性。每年开展表彰奖励优秀教师活动，广泛宣传优秀教师先进事迹，把教师的思想政治素质和职业道德作为教师工作考核和职务聘任的重要依据。

(4) 聘请职业精英担任兼职教师，建立名师学术讲座制度。

分校聘请各类成功企业家、专业技术人员和有丰富经验的行业精英，担任各专业有关课程的兼职教师或兼职实习指导教师，并初步建立起名师学术讲座制度，努力提高教学的实践性和应用性。

(5) 深化人事聘用和分配制度改革，完善用人机制和分配机制。

实行教师聘用合同制和职务聘任制，从制度上解决教师能进能出、职务能上能下、待遇能高能低问题，促进教师队伍结构合理化、效益明显化、发展持续化。教师薪酬分配实现由"身份管理"向"岗位绩效管理"转变，建立形式多样、自主灵活的分配激励机制。教师分配与岗位业绩挂钩，体现多劳多得、优劳优酬、以岗定薪、岗变薪变的原则，根据贡献大小，合理拉开分配差距。

(6) 明确师资队伍建设领导体制。

由人事处和教务处牵头，建立师资队伍建设工作的长效机制，制定教师职称聘任制度，实现合理的职称结构体系。2006年，分校获得了湖北省人事厅职称改革办公室批准的教师中级职称评审权。

(7) 设立教师队伍建设专项经费。

分校设立了教师招聘、职称评定、培养进修等专项经费，实行专款专用；遵循"效益优先"原则的改革分配制度，对关键教师岗位实行按岗取酬；建立人才引进专项基金，以吸引高素质、高学历人才来校发展。

(8) 完善教师考核和奖励制度，鼓励一专多能，多教课，教好课。

要求高级职称教师能讲授3门课程（包括1门基础课，1门专业课，1门选修课或实验课），中级职称教师能讲授2门课程（包括1门基础课或专业课，1门选修课或实验课），年轻教师一般要求讲授1门基础课或专业课、实验课，逐步形成一支乐于教学、勤于教学、精于教学的教师队伍。

通过上述各项工作，分校师资队伍已初具规模。截至2008年2月的统计，分校在册教职工总数1024人，其中专任教职工344人，占33.6%；外聘教职工680人，占66.4%；专兼职教师694人（含2006年招聘的350人），占67.8%；行政、后勤职工330人，占32.2%。在专兼职教师中，副高以上职称 154 人，占专兼职教师的 22.2%；硕士、博士 387 人，占专兼职教师的 55.8%。2007 年，在校学生 12261 人，生师比为 17.7∶1。

分校计划通过加大专任教师招聘力度、完善教学质量考评体系、提高教师待遇、改善工作环境、稳定师资队伍等措施，使教师队伍到 2010 年达到 1110 人，其中硕士学位以上比例超过 90%，高级职称教师比例达到 30%~35%，中级职称教师比例达到 35%~40%。

3. 专业建设

专业建设是办学的基础性工作。搞好专业建设，是形成办学特色、增强办学实力、提高办学水平的需要。在专业设置方面，分校根据"总体布局、优化结构、突出特色、分步实施、重在绩效"的方针，坚持以市场为先导，以社会需求为依据，优先设置面向全国和湖北支柱产业（包括制造业和服务业）中的应用性专业；积极发展加入 WTO 后急需的金融、贸易、法律等专业；适当发展信息科学、生命科学、新材料科学等高新技术专业。同时，注重依托武汉大学优质教育资源，突出特色，努力做到"人无我有，人有我优"。

至 2005 年底，分校已开设经济学、法学、中国语言文学、外国语言文学、新闻传播学、艺术学等 16 个一级学科。其中有国际经济与贸易、金融学、法学、汉语言文学、英语等本科专业 25 个；生物技术及应用、城镇规划、工程造价、机械制造与自动化、数控技术等专科专业 36 个。到 2010 年，本科专业将增加到 40 个，其中重点建设法学、金融学、国际经济和贸易、通信工程、新闻等专业。

在广泛征求专家建议基础上，分校确立的培养目标是："知识面宽、专业基础扎实、应用能力强"，具有综合外语能力、应用计算机能力、专业实践能力、中文写作能力和社会公关能力的应用型本科人才。为此，就必须加强基础课、专业课建设，强化实践教学环节，搞好因材施教，注重培养学生的动手能力和实践能力。

4. 课程建设

根据培养应用型人才的要求，在依托武汉大学学科优势和发挥教师主动性、创造性的基础上，分校设立专项经费，采取多种措施加强课程建设与改革。

(1) 合理制定课程内容和课程体系,实施基础课、专业主干课课程建设计划。

加强公共基础课程和专业主干课程教学。设立主讲教师岗位,实行公开招聘、竞争上岗、择优聘用制度,应聘教师必须承担并完成公共基础课或专业主干课的教学任务。在教学过程中,课程内容的规范性与应用性努力做到有机结合。

(2) 每年投入一定经费重点建设若干门基础课(含专业基础课)和专业主干课。

经过 5 年建设,使 40% 的主干课和基础课达到优质课程标准;鼓励教师积极选用面向 21 世纪的新教材,组织教师编写适合本校特点的自编教材或学习资料;依托武汉大学优势学科,将 25% 本科专业建设成为省内一流专业,另 75% 本科专业建设成为学校优质专业或合格专业。

(3) 加强校园网、多媒体教室、多功能教室、语音室等教学基础设施建设,使数字化教学条件得到根本改观。

截至 2007 年 12 月底,分校在教学、科研仪器设备方面投入总额累计达 4298.88 万元,生均 3506 元。

(4) 采用现代化教学手段进行教学。

在全校适合使用多媒体教学的必修课中,保证 50% 的课程采用多媒体进行教学,并鼓励教师使用新的教育教学软件。

(5) 改革传统教学方法,倡导讲授与自学、讨论与交流、指导与研究、理论学习与实践学习、启发式教学与案例教学相结合的教学方法。

鼓励教师进行考试方法的改革和探索,倡导平时检查与期末考试相结合、笔试与口试相结合、开卷考试与闭卷考试相结合,实行计算机无纸化考试等。同时,进一步提高考试命题的科学化水平。

总之,要通过"名师、名课、名教材、名专业"建设,努力提高人才培养质量和水平。

5. 应用能力培养

为了提高应用型人才的应用能力,分校设立了"实践实验教学改革研究项目专项经费",以推动实践实验教学水平的提高。这笔专项经费主要用于以下几项建设。

（1）实验室建设。

学校成立了实验室建设与管理中心，对全校专业实验室建设工作进行统筹规划和统一管理。现已建成标准化实验室40多个，涵盖文学、法学、理学、工学四大学科门类。仅2006年，投资实验室建设总额就达1000万元，学生实验课程70%可在校内完成，从而大大改善了学校的办学条件。今后，计划每年建设2~3个重点专业的专业课实验室，争取使这些专业的学生在校内完成基础课和专业课的全部培养过程。

在加大实验室硬件建设的同时，学校也非常注重实验室的软环境建设。例如，聘请大量知名教授或具有丰富实践经验的高级实验技术人员担任实验室或实验中心的负责人；鼓励现有实验人员努力提高自身学历和业务能力；引进高学历、高层次人才充实实验教学队伍等。此外，不断更新、改革实验大纲和实验内容；鼓励利用多媒体技术讲解和演示实验；认真进行实验教学质量监控；逐步向学生开放基础课与部分专业课的实验；引导学生积极参与开放性、综合性实验；提高实验室利用效率和实验教学效果等。

（2）实训基地建设。

按照每个专业都必须有对口实践教学基地的要求，学校每年投入一定经费，有计划有选择地建设一批高质量的实习基地，鼓励学生在生产和实际工作现场接受训练和教育，在生产实际和工作实践中学习。对于现场教学有困难的课程，采用虚拟化、模拟化方式教学。到2007年底，全校共建立专业教学实习基地20余个，涵盖法、经、管、理、工等多个学科专业。分校与这些基地所在单位，签署了联合培养具有良好职业素养和国际竞争力的实用型、复合型高级应用人才的合作协议。

（3）认证中心建设。

2006年，分校取得了全国计算机等级考试考点和高等学校外语专业考试考点资格。

（4）校园网络建设。

分校根据办学实际情况，将计算机基础课教研室、计算机中心与网络管理中心合为一体，成立了计算机网络中心，实行一套体系、三大功能的组织结构，统一调配工作人员，统一使用硬件和软件资源，努力做到人尽其才、物尽其用、动态管理、高效运行。计算机网络中心主要承担全校非计算机专业的计算机公共基础课程的教学与实验任务、国家计算机等级考试、全校网络畅通保障工作以及通用计算机机房设备、办公电脑、一卡通系统、监控设备、多媒体设备和网站的维护与维修等工作。目前，校园网络已经全面覆盖办公区、教学区和学生宿舍区，基本完成了现代化数字校园的基础网络框架建设。

（5）图书馆建设。

一座现代化程度高、管理先进的图书馆，不仅是学校的知识宝库，师生学习成长、科学研究的重要场所，而且是学校形象的标志性建筑。分校图书馆由主楼10层、附楼4层组成，总面积26600平方米，设施齐全，已验收入库藏书53.5万册，生均43.6册。2007年新增图书5万册，生均4册。另外，有电子图书36万册。目前，还有未验收入库图书3.5万册，电子图书20万册。由于与校园网络建设相配合，分校图书馆在馆际联网、微机检索、电子阅览等方面，在湖北省乃至全国高校同类图书馆中位居前列。

6. 招生和就业

招生和就业是学校人才培养的入口和出口，关系到学校发展和社会稳定，是国家和人民普遍关注的大事，也是分校着力抓好的两件重要工作。

（1）招生工作。

在武汉大学领导下，分校在招生录取工作中实行"阳光工程"，制定了招生工作的各项制度。自2005年来，录取学生的分数线始终在湖北省同类高校中名列前茅。其中，2005年本科理科最高分为504分，文科最高分为494分；专科理科最高分为469分，文科最高分为463分。2007年，在校学生规模已达到12261人，其中本科生7320人，专科生4941人。

（2）就业工作。

为了搞好就业工作，分校加强了对就业工作的组织领导和工作队伍建设，建立了就业信息网，开展了就业指导与服务工作。

一是构建毕业生就业工作体系。分校成立了由校领导挂帅的就业工作领导小组，各学院成立了以常务副院长为组长的就业工作小组，班级也成立了相应组织，从而形成校、院、班三级毕业生就业工作体系。

二是拓宽就业渠道，拓展就业市场。与用人单位建立密切联系，广泛收集有效就业信息，积极举办各类专场或联合招聘会，扩大就业渠道，为毕业生提供更多的就业机会。

三是加强校内、外实习基地建设。按照市场和用人单位的标准，进行人才培养模式改革，着重加强实践能力、应用能力培养，从根本上提高毕业生就业竞争力。

四是进行思想教育，宣传就业政策。教育毕业生树立正确人生观和就业观，积极引导毕业生到基层去、到西部去、到艰苦地区去，实现个人价值与社会价值的统一。

五是坚持每月一次就业例会制度。邀请湖北省毕业生就业办公室、武汉大学招生就业处等有关单位领导及专家来校举办就业指导专题讲座，帮助毕业生树立正确就业观念。

六是建立就业评估体系和责任考核机制。建立校、院两级就业评估体系和责任考核机制，形成以就业为导向的招生、培养和就业相联系的、相互促进的运行机制。

截至 2007 年 9 月，2007 届 2828 名毕业生中，已有 2011 人以各种方式

武汉大学东湖分校图书馆

实现就业，总就业率达71.1%。其中，本科毕业生就业率为74.2%，专科毕业生就业率为65.1%。

7. 对外交流合作

为了学习国内外大学办学的成功经验，给学生成才提供更广阔的平台，扩大学校的影响和声誉，武汉大学东湖分校适应教育国际化趋势，积极寻求与境内外知名高等教育机构的沟通与合作，2004年以来进行了以下一些对外交流和合作：

2004年11月，日本冲电气（OKI）工业株式会社代表团来武汉大学东湖分校考察访问，并达成了合作协议。

2005年先后与日本松江高等专门学校、美国纽约州立大学等国外高校开展了互访与合作交流。2005年，中国独立学院、民办高校图书馆馆长研讨会在东湖分校举办。

2006年，新西兰怀阿里奇理工学院、浙江大学城市学院等20余所高校来校考察调研，交流办学经验。

2007年，中国独立学院协作会常务理事会一届六次会议在东湖分校举行。

三 东湖分校的管理

1. 领导体制

东湖分校实行董事会领导下的校长负责制，董事长是学校的法定代表人，董事会由9人组成，设董事长1人、副董事长2人、董事6人；其中武汉大学3人、湖北田野集团3人、武汉弘博集团有限公司2人、教职工代表1人。

董事会负责召开股东会议，制定分校发展规划、基本规章制度、管理机构及教学机构设置方案，批准财务预算和决算方案、利润分配和亏损弥补方案、注册资本改动方案，聘任或解聘分校校长、常务副校长、副校长、校办公室主任、教务处处长、学生处处长、总务处处长、财务处处长。分校实行校、院两级管理体制，校长、副校长等人的简要情况见专表3-1。

专题三 武汉大学东湖分校的创立与发展 ○ 中国百村调查丛书·官桥八组

专表 3-1 校长、党委书记简况

职　务	姓　名	性别	出生年	原所在单位名称	原单位担任职务	专业技术职　称	专业特长
校　长	彭宇文	男	1964	武汉大学	校长助理	教授	
副校长	吴建军	男	1954	武汉大学		高级工程师	
党委副书记(副校长)	肖模银	男	1966	武汉大学		高级工程师	
副校长	王天录	男	1951	武汉大学		教授	
副校长	康碧龙	男	1957	武汉大学		研究员	
副校长	万化喜	男	1969	武汉大学		研究员	
党委书记	傅功成	男	1949	武汉大学		副教授	

2. 教学管理

教学管理是提高教育质量的保障,其核心是建立科学的教学质量评估体系和监测机制。

东湖分校采用校、院两级教学管理体制。教务处是学校教学管理的职能部门,其任务是对全校教学任务、教学资源进行全面管理和统一安排,包括专业和课程设置、教学运行的宏观管理和控制、教学质量的检查和评价、各类教学文件的制定和教学资源的合理使用等。

各院系是学校教学管理的实体,其任务是贯彻执行学校各项教学规定,组织实施各项教学工作,制订专业培养方案、规划与调整课程设置、管理教学建设和质量等。院长全面负责学院的教学工作,分管教学的副院长协助院长组织日常教学、管理和专业建设等工作。教学秘书则负责落实学院教学管理各项事务,完成学院领导及上级部门交办的有关工作。

为了加强教学管理,保障教学顺利进行,学校教务部门、教学督导机构共出台了八份教学管理文件,对两级教学机构管理职能、教师教学工作规范、兼职教师管理办法、听课制度、教学效果评价等做出了明确规定,对各教学环节制定了质量标准和工作人员职责,对教学质量和学生质量制定了监控标准和体系。这些文件的贯彻实施,教学监督、学生评教、教师评教、教师评学、社会需求调研、毕业生就业调查、新生素质调查等工作的开展,促进了教学质量的大幅提高,招生、就业、学生素质培养等工作都取得了较好成绩。

2007年，05级本科学生参加专业英语四级考试，通过率69.05%，高于全国独立学院平均通过率25.8个百分点，高于全国普通高校平均通过率9.8个百分点。当年，首届本科生就业率名列湖北地区同类高校首位，其中管理学院市场营销专业和档案学专业毕业生就业率达90%。毕业生考公务员、选调生、研究生情况良好。在研究生考试中，60多人上线，其中34人被武汉大学、华中科技大学、华中师范大学、重庆大学、上海大学等著名高校录取。

3. 规章制度

东湖分校创立以来，制定了一系列规章制度，努力做到有法可依、有章可循。例如，建立健全董事会领导下的校长负责制，明确董事会、党委和行政职责，理顺关系，各负其责，建立科学、长效的管理机制；建立健全教学管理制度，强化教学管理和教学质量监控，确保教学工作顺利进行，教学质量稳步提高；建立健全人事管理制度，不断完善全员聘用制和灵活工资制，促进教职员工队伍建设；建立健全行政管理体制，加强行政管理和后勤社会化管理，形成小机关、大服务格局，为规范办学提供行政、后勤服务。

在教学方面，制定了教学研究项目管理办法、教研室建设与管理办法、教师工作量计算办法、学生学籍管理规定（修订）、学生转学管理细则、学生转专业的实施办法、本科生毕业论文（设计）管理办法、教学督导工作条例、教师教学效果评价方案、教材建设与管理暂行办法等管理制度，规范了教学过程管理。

在学生管理方面，制定和完善了勤工助学管理暂行办法、学生课堂规则、军事教育暂行规定、学生健康平安保险管理办法、学生宿舍管理规定、学生安全教育及管理条例、学生团体管理办法、先进团支部优秀团员（团干）评选表彰办法、先进班集体评选表彰办法、先进学生评选表彰办法、学生奖学金管理条例、学生证和学生校徽管理暂行办法、考场规则、学生违纪处分条例、学生伤害事故处理办法等制度。

在人事方面，出台并完善了师资队伍建设与管理实施细则、教师职务晋升评审办法、教职工续聘考核办法、教职工年度考核暂行办法、教职工考勤管理暂行规定、干部选拔任用暂行条例等规章条例。这些制度，促进了教职工队伍建设。

在财务方面,完善了财务管理、会计管理、物资采购、固定资产管理等制度,特别是进一步规范了收费行为、收费管理和收费监督。这样,既提高了资金运行效率,又减少了由于收费而引起的种种矛盾,保证了学校工作的正常进行。

4. 党团组织建设

2003年8月,经中共武汉大学委员会批准,成立了中共武汉大学东湖分校委员会和中共武汉大学东湖分校纪律检查委员会。10月,成立了8个党支部。12月,成立了共青团武汉大学东湖分校委员会。当时,全校有党员242人,团员9200人。

东湖分校党委高度重视党建工作,坚持以马克思列宁主义、毛泽东思想、邓小平理论和"三个代表"重要思想为指导,深入贯彻落实科学发展观,紧密结合新世纪、新阶段的新形势和学校改革发展的实际,把党建工作作为保证学校持续、健康发展的重要工程,确立了以党建作为思想政治工作的龙头,以党建带团建、促育人、带动整个学校工作的思路,以建立一支政治强、业务精、专兼结合、结构合理的党建工作队伍为重点,以制度建设为基础,逐步形成科学规范的党建工作体系,建立起党建工作的长效机制。

2006年,分校党委对全校基层党组织进行调整,组建了15个党支部。按照"提高素质、优化结构、相对稳定、合理流动"的原则,把政治可靠、工作得力、有奉献精神、群众威信高的党员教师和政工干部选配到学生党建工作队伍中来,鼓励优秀党员教师担任政治辅导员或参加学生党支部工作。充分发挥党支部战斗堡垒作用,每年举办两期学生入党积极分子培训班,做好在大学生中发展党员的工作,以党建带团建,充分发挥共产党员、共青团员的先锋模范作用。

每年的7月1日前夕,分校党委大力开展评选表彰先进活动。2007年,全校共评选出3个先进党支部、6名优秀党务工作者和35名优秀党员,受到分校党委的表彰。其中,管理学院党支部、2名优秀党务工作者和5名优秀党员同时受到武汉大学党委的表彰。

2007年,分校党委完成了领导班子的换届工作。经武汉大学推荐,学校董事会任命彭宇文为武汉大学东湖分校副董事长、校长，傅功成为武汉大学东湖分校党委书记，并成立了武汉大学东湖分校党建工作研究会，深入探索新形势下高校党建工作的新情况、新特点、新任务、新要求，通过了"中共武汉大学东湖分校党总支（支部）目标管理细则"，完成了学院党总支建设和部分党支部调整，大力抓好党员发展工作。

武汉大学东湖分校学术报告厅

此外，分校党委利用学生党建工作平台，在 2007 年开展了党建工作进学生会、进社团、进网络、进学生公寓等活动。加强了分校党校建设，发挥党校培养入党积极分子的熔炉和主阵地作用。加强和改进思想政治理论课教学工作，发挥了思想政治理论课的主渠道作用。加强思想政治教育网站建设，发挥网络教育的灵活性、实时性、互动性优势。积极支持和指导邓小平理论、"三个代表"重要思想、党章等学习小组的活动，发挥这些学习小组对入党积极分子的教育功能。发挥党、团组织日常思想政治教育作用，引导学生入党积极分子投身社会实践活动和青年志愿者行动，促进他们在改造客观世界的同时改造自己的主观世界。经过对入党积极分子全方位、多渠道的培养教育，在坚持党员标准的前提下，共发展学生党员 562 人，大幅度提高了大学生党员比例。在湖北省第十五次高校党建暨大学生思想政治教育工作现场经验交流会上，分校作为湖北省独立学院的唯一代表在大会上作了经验交流。

党的十七大之后，根据武汉大学党委《关于认真学习贯彻党的十七大精神的通知》要求，东湖分校党委制定了学习贯彻党的十七大精神工作安排，开展了党委中心学习组集中学习、党总支（支部）自主学习、请专家作辅导报告、开展征文和演讲比赛等活动，使党组织活动既符合党的要求，又贴近党员思想、学习和生活实际，深受广大党员欢迎。

四　校园文化建设

校园文化是教师、学生和学校管理者长期共同创造和传承的精神成果的总和，是学校发展的思想基础和精神动力。分校从更新办学理念、加强党的建设着手，引导教职工团结合作，引导学生积极向上，不断丰富校园文化生活，营造校园文化氛围，积淀校园文化底蕴，从精神、物质、制度方面创建全面、协调、和谐、先进的校园文化。

1. 办学理念

学校师生员工秉承"厚德、笃学、求是、创新"的校训，弘扬励精图治、发愤图强精神，走依法治校、民主办校、质量立校、特色兴校之路，使分校的党政工作、教学管理、师资队伍建设、专业建设、校园建设等工作逐步走上健康发展轨道，呈现出超常发展态势。

武汉大学是一所具有悠久历史的百年名校，东湖分校用自己的方式传承武汉大学的科学和人文精神，运用新机制、新办法和新模式，探索适合自己的高校发展之路。

东湖分校作为一所年轻且独立性较强的高校，凭借"新颖办学体制、灵活运作机制、现代化办学条件"的优势，积极更新办学理念，拓宽办学思路，创造办学特色，不断加强基础教学，实施课程改革和人才培养模式改革，强化培养机制，始终把"育人为本，德育为先"的办学理念体现在培养人才的过程之中。

2. 教书育人

分校确定培养人才的目标是：培养德智体美全面发展的社会主义建设者和接班人，使其树立正确的世界观、人生观、价值观，提高运用马克思主义观点分析问题、解决问题的能力，具有高尚的道德品质和修养，掌握现代化建设所需要的科技知识和技能。

围绕上述培养目标，分校以育人为本，把思想道德、科学文化、社会实践等方面的素质教育全面纳入教学计划。同时，建立党委领导下的学生思想政治工作机制，以学风建设为重点，制度建设为保障，校园学术、科技、文化活动为载体，形成寓教于乐、寓管于乐的学生思想政治工作体系，有效地促进了培养目标的实现。

在组织学习《中共中央国务院关于进一步加强和改进大学生思想政治教育的意见》（中发［2004］16号）的精神、深入贯彻党的十七大精神、全面落实党的教育方针的过程中，分校按照"思想教、行为管、政策导、文化育、考核评"五位一体的运行机制，开展了如下工作。

（1）狠抓教风、学风建设。通过检查教师教案、学生到课率、学生评教等方法，使得教风、学风明显好转。同时，完善学生评优办法、违纪处分条例、课堂和考场规则、学生行为准则、学生手册等，规范学生教育、管理工作，建设良好学风。

（2）加强和改进思想政治理论课教学。努力提高思想政治理论课教学质量，提高思想政治理论课教学的感染力和说服力，引导学生树立正确的世界观、人生观和价值观。

（3）加强爱国主义教育。围绕"中国加入WTO"、"中美撞机事件"等重大事件开展丰富多彩的活动，对学生进行爱国主义教育。组织学生参加"新世纪宣誓仪式"活动，振奋学生爱国热情，坚定他们报效祖国的决心。

（4）在"非典"期间，开展抗击"非典"教育。做好在校学生思想稳定工作和毕业生派遣工作，保证在非常时期学校稳定和毕业生工作顺利进行。

（5）举办各种形式的学术讲座和报告会。建立名师学术讲座制度，开辟"名人名师大讲坛"，形成浓厚学术氛围，营造良好育人环境，提高学生综合素质。

（6）以团委、学生会、学生社团为主体，开展形式多样的校园文化活动，逐步形成校园文化的特色和品牌，从而将思想政治教育与科学、人文精神结合起来，做到寓教于乐。

（7）发挥各种宣传阵地作用。校报、校刊、广播台、网络、影视中心、电子显示屏、标语等宣传阵地，不仅及时宣传本校信息，而且加强与湖北省、武汉市各种媒体的联系，先后在省市报刊发表稿件13篇，电台5篇，电视台专题节目12期，知名网站8篇，从而提高了分校的影响力和美誉度。2005年度，获得江夏区精神文明创建先进单位称号。

（8）健全学生工作部门。建立和调整各级学生党组织、共青团组织、学生会组织，为搞好学生思想政治工作打下良好的组织基础。

（9）加强辅导员队伍建设。坚持"高进、严管、精培、优出"原则，形成较完善的辅导员选拔、培养、任用机制，促使辅导员在学生思想政治教育工作中发挥重要作用。

（10）加强校内外社会环境建设。搞好分校后勤管理与服务改革，加强校内安全保卫工作，同时注重校园周边环境治理，为打造平安校园奠定基础。

2006年下半年，分校先后接受了中共湖北省委高校工委、省教育厅教学巡视组、党建工作检查组、思政工作检查组、规范办学督查组和武汉市公安局文保分局平安校园检查组的多次检查，这些检查组对分校相关工作都给予了较高评价。

3. 社会实践

为了坚持理论与实践相结合原则，使社会成为培养学生的第二课堂，分校围绕文化、科技、卫生"三下乡"和科教、文体、法律、卫生"四进社区"要求，组织开展了社会调查、科研攻关、科技推广、企业帮扶、文化宣传、文艺演出、法律普及、支教扫盲、帮老助幼、技能培训、环境保护、社区援助、勤工助学等活动。

（1）组织武汉农民工现状调查。

通过对武汉市务工农民工的调查，以翔实的第一手资料反映了务工农民

工现状，剖析了务工原因，为有关方面提供了有益参考。

（2）组织"荆州市丘陵地区农业机械化调查"。

校团委在调查期间，积极做好新农村建设服务工作，并与松滋市新江口镇签订了"建立实践基地的协议"。这些活动，得到众多媒体关注，《武汉晚报》、《江汉商报》、武汉大学未来网、共青团中央网站等都进行了报道。

（3）组织有关独立学院问题的调查。

管理学院组织的"独立学院社会影响力调查"，就独立学院的社会地位、毕业生待遇、社会各界对独立学院的认识等问题进行了深入调查，从而为独立学院了解社会对自身的看法和确定今后发展方向提供了第一手资料。

（4）组织三峡被淹没区植物多样性调查。

生命科学学院组织的这一调查，在三峡库区淹没地区野外进行了大量物种采集、数据测量和分析等调研工作，取得了丰富的第一手材料，为认识三峡被淹没区植物的多样性提供了宝贵的实物资料。

（5）组织"华中地区不正当竞争调查"。

管理学院组织的"华中地区不正当竞争调查"，重点调查了武汉、宜昌两个城市，并结合其他城市调查数据，对华中地区不正当竞争进行了深入剖析，形成的调研报告具有较大价值。

通过这些调查，既帮助学生了解了国情，服务了社会，又促使他们扩大了视野，锻炼了能力，提高了素质，培养了创新精神，从而有利于他们形成正确的世界观、人生观和价值观，有利于增强他们的社会责任感和历史使命感。

4. 心理健康

在大学生心理健康教育工作中，坚持科学性原则，防止唯心主义、封建迷信和伪科学干扰，确保心理健康教育工作的正确方向；坚持科学发展观和党的教育方针，以推进素质教育为目标，以提高心理素质为重点，立足教育，重在预防，促进大学生健康成长；坚持以人为本，促进全面发展，依据大学生身心特点和教育规律，开展正面引导，提高大学生适应社会生活、应对竞争考验、承受挫折压力、增强自我调节等方面的能力。

为了做好大学生心理健康教育工作，分校成立了心理健康教育工作领导小组和大学生心理健康教育中心（挂靠学生工作处），它们的职责范围及工作任务是，对大学生进行心理危机评估，提出必要的干预措施，以及对自杀行为的预防。专职心理健康教育工作人员与学生的比例，按 1∶3000～1∶4000 配备，按教师职务计算教学工作量并给予报酬，为他们提供必备的工作场地及设施，给予每年生均不少于 10 元的专项经费，专款专用。

此外，分校还制定了《武汉大学东湖分校大学生心理危机干预实施方案（试行）》；建立了一支由心理咨询教师和辅导员组成的工作队伍，现有专职教师 1 名，兼职教师 19 名。现已选派 25 名辅导员参加武汉大学心理咨询师培训班学习，以提高他们对学生心理问题的鉴别能力和心理危机干预能力，编写了《大学生心理健康指导手册》，定期举办心理健康教育讲座，播放心理健康教育影片，并通过校园网、校刊等方式宣传心理健康知识。

5. 社团活动

为了加强对学生社团的正确引导，确保学生社团沿着健康有序轨道发展，分校按照扶持激励和规范管理相结合的原则，出台了《武汉大学东湖分校学生社团管理办法》，为学生社团工作制度化、规范化、科学化发展提供了依据。

到 2007 年，分校已成立学生社团组织 40 多个，主要有：英语协会、黑白灰摄影协会、青春创业社、生物与环保协会、心理协会、法律协会、千叶舟文学社、计算机协会、V 漫工作室、篮球协会、梦幻模特社等等，它们分别活跃在学术、书画、摄影、体育、文学、表演、公益等领域。通过组织演讲、辩论、书画、模特、合唱、十佳歌手、百科知识、电子竞技等比赛，以及举办文化艺术节、网络文化节、艺术设计展、文艺晚会、学生军训等活动，形成了昂扬向上、团结奋进、开拓创新的良好精神状态，营造了活泼、健康、向上的校园文化氛围。

6. 校园建设

校园建设，是校园文化的"硬环境"，是物态校园文化的核心内容。美丽的校园，是莘莘学子读书、思考、探索真知的理想园地，是求知、成才的理想殿堂。

东湖分校校园占地面积 1250 亩（规划为 1500 亩），分为校前区、教学

区、学生宿舍区、体育运动区、信息中心区、生态绿化区等部分。在功能分区上，教学区的教学楼、实验楼、计算机中心等楼群位于校园中心轴两侧，轴线到图书馆中心文化广场后向北曲折推进，直抵汤逊湖边。教学区与学生宿舍区平行布置在中心绿化生态区的东西两侧，以利于学生学习、生活的时空转换。在建筑布局上，是"动"、"静"分置，行政楼、接待中心、体育场馆等"动"态建筑，布置在靠近市区道路的校园外围，以利于日常对外交流；教学楼、图书馆、计算机中心、实验楼等"静"态建筑物，则安排在校园中心区，以便于形成安静的学习氛围。至于校园建筑，则传承百年名校武汉大学的传统建筑风格，融古朴、凝重与时尚、典雅于一体。

根据校园地形特点，北部沿湖一侧为80米左右的环湖绿化带；东、西、南边缘为城市绿化隔离带。校园建设采用园林手法，设计了许多亭、阁、人文景点、名人雕塑等，并利用各种植物组成各种图案。在各个建筑物周围、公共绿地及路旁、河边，采用点、线、面相结合手法，栽植常绿灌木或花圃、草坪，道路及绿化带旁设置坐椅。生态绿化区或为山体、山林，或为水渠、水榭，或山水兼而有之，它们都有美化校园环境、调节区域气候的作用。整个校园以校东南中心广场、中央生态带和道路两侧绿化带为主体，按照花园式生态校园要求进行建设，从而营造出独特、优美、古朴的校园环境。2007年，校园绿化面积达382198平方米，绿化覆盖率为59.4%，被武汉市江夏区评为"园林式"示范学校。

五　问题与对策

武汉大学东湖分校办学时间短，这几年的工作重点主要放在硬件建设上，因而在办学定位、教学管理、师资队伍建设和学校管理等方面仍然存在着许多亟待解决的问题。

1. 更新办学理念，明确办学定位，找准发展方向

2008年4月，教育部颁布了《独立学院设置与管理办法》，指出当前独立学院的主要任务是稳定规模、规范管理、提高办学水平和教育质量，强调独立学院的民办属性和在法律、制度上的独立地位，鼓励进行运行机制和管

理体制改革。它规定独立学院将自授学士学位（即东湖分校不再由武汉大学授予），这意味着"红帽子"将被取消，"武大光环"将会减弱。

从此，东湖分校办学之路将更加"独立"。因此，如何从自身条件出发，更新办学理念，明确办学定位，找准发展方向，如何进行运行机制和管理体制改革，如何创建自己的教育品牌、教学品牌、学科品牌，已成为分校进一步发展面临的重大历史机遇和挑战。

2. 强化教学管理，提高办学质量

在国家对独立学院管理愈来愈规范的情况下，只有强化教学管理，提高办学质量，才能使自身发展道路愈走愈宽广。要提高办学质量，必须着重解决如下问题。

（1）深化改革人才培养模式。

必须以社会需求为导向，坚持服务于经济建设和社会发展的办学思路，按照社会实际需求设置特色专业和特色课程，创新人才培养模式，着重培养社会急需的各种应用型人才，走多样化的人才培养之路。

（2）扎实推进教学基本建设。

依托武汉大学优质教学资源，坚持不懈地加强学科建设，着力打造校、省、国家三级精品课程，开发特色教材，改进教学方法，建设实验基地，逐步形成自己的教学品牌和办学特色。

（3）强化教学管理。

要强化对教师、学生的管理，注重培养师生严明的组织纪律观念、强烈的责任意识、理性的爱国情操。对课堂教学、社会实践、考试考核、教学档案等各个环节，都要按照规章制度进行严格管理，确保教学工作顺利进行。

（4）推进素质教育。

要深化教学内容和教学方法改革，克服理论脱离实际的通病。要加快课程设置、教材体系、考试制度改革，着力培养学生的创新精神和实践能力。要注重思想政治教育，帮助学生形成正确的世界观、人生观和价值观，使学生既能"成才"，又能"成人"。

3. 加强师资队伍建设

东湖分校教师队伍主要由武汉大学退休教师、临时聘用教师和招聘年轻教师（主要是毕业研究生）组成，师资队伍的数量、质量、结构和稳定性都无法满足学校长期发展需要。

要适应办学的客观需要，分校必须组建一支高学历、高技能、高素质的教师队伍。为此，必须加大专任教师招聘工作力度，特别是要着重招聘熟知前沿科学、掌握先进理论的教授，着重招聘既有丰富理论知识又有较强实践能力的"双师型"教师；必须加大对中青年教师的培训力度，迅速提升中青年教师的业务能力和综合素质；必须完善教师管理制度，改善教师待遇，为教师创造良好的工作生活环境；必须加强师德建设，促进教师转变育人理念，注重教书育人、为人师表、严于律己的品德建设，注重教师的自身学习以及和团队合作能力。

4. 搞好资金筹集和财务管理

国家对独立学院的定义是："实施本科以上学历教育的普通高等学校与国家机构以外的社会组织或者个人合作，利用非国家财政性经费举办的实施本科学历教育的高等学校，是民办高等教育的重要组成部分，属于公益性事业"。这就是说，独立学院没有国家的教育投入和补贴，办学资金完全靠自己筹集，其中主要靠企业投入和学费收入。

独立学院的上述特点，对学校提出了两个方面的更高要求：一是要善于筹集资金，除善于筹集企业投入外，还要善于筹集社会资金，善于在合法、合理前提下收取学费；二是要搞好财务管理，力争用更少的钱，办更多、更好的事。

专题四　一个现代化企业的崛起

——关于田野集团中石特种钢管有限公司的调查报告

一　田野里"长"出一座现代化工厂

去官桥八组前，无法想象那里拥有一个年产值8亿元的现代化企业。走进官桥八组，走近气势恢宏的厂门和规模宏大的厂房，笔者立即被它吸引住了，既充满惊奇，更满怀敬意。它，就是官桥八组田野集团中石特种钢管有限公司（以下简称中石特管）。

纵观21世纪初的中国经济，不必说那些大型国有企业，即使在民营企业中，7～8亿产值并不稀罕。可是，当了解到它是一个由村民小组组长催生的企业，一个村民小组举办的企业，而且是一个高新技术企业时，你不能不充满惊奇、充满敬意。

笔者正是怀着了解它、探究它的愿望，走进中石特管的。

二　走进田野集团

在官桥八组和田野集团中，中石特管处于什么地位？周宝生、官桥八组和田野集团为什么要办这个厂？笔者到官桥八组时，没有见到官桥八组组长、田野集团董事长兼总经理周宝生，却有幸见到了田野集团副总经理杜承清。当笔者问到中石特管在田野集团处于什么地位时，杜总笑了笑，给笔者提供了这样几个数据：2007年，田野集团全部销售收入6.5亿元，其中当年

219

6月才正式投产的中石特管达2.5亿元,占集团总收入的38.5%!显然,中石特管在田野集团所属企业中是当之无愧的龙头老大,是官桥八组的主要经济支柱。不仅如此,它还是名副其实的高新技术产业,代表着田野集团今后的发展方向。

笔者继续问杜总,田野集团此前已有不少成功企业,为什么还要创办中石特管?他回答道:周总非常看重中石特管,花了很多心血创办这个企业。他的直接动因是把田野集团做大做强,促使整个集团向更高层次发展,成为一个真正的高新技术企业,一个逐步进军海外市场的外向型企业;深层次的原因则是,为官桥八组的发展提供更强大的经济支撑,为社会主义新农村建设探索一条新路径。

显然,在周宝生看来,官桥八组要实现新一轮发展,就不能按照原有思路和发展模式进行,而必须有更开阔的视野和视角,超常的思维和方法,以及异乎寻常的胆量和魄力。中石特管就是这种指导思想的产物,也是田野集团持续腾飞的深层次的内在动因。

三　中石特管见闻

那么,中石特管到底是一个什么样的企业?它的运转情况如何?为此,笔者采访了中石特管总经理王书林先生。

初见王书林,立即感觉到他的俭朴、务实。他没有众多电视剧中总经理那种咄咄逼人的气势,却有着企业家特有的精明与细致。他有着钢铁工人般的黝黑皮肤,一双炯炯有神的眼睛充满了睿智。他待人随和,还有点如同他名字一样的书卷气息。

听笔者说明来意,王总略露羞涩的笑容。笔者的印象是,他好像是那种性格比较内向、思想胜于言谈、行动强于表达的人。然而,谈着谈着,却发现他其实非常健谈。在接受采访过程中,他一直在忙碌着,电话一个接一个,采访一再被迫中断。当采访告一段落,按他的指引去采访了一位副总后,本想再次对他做深入采访并为他拍一张工作照时,却再也找不到他了。接着,笔者又采访了公司其他领导和一些工人。根据采访、观察、查阅资

专题四 一个现代化企业的崛起

料,以及与一些员工接触,这个公司在笔者的脑海中便形成了这样一个基本轮廓。

中石特管组建于 2006 年 6 月。它是由田野集团、中石机电设备制造安装公司(以下简称"中石机电")与一位民营企业家合资组建的民营股份制企业,由田野集团控股。注册资本 5000 万元,田野集团出资 47.4%,中石机电董事长兼总经理王书林担任公司董事长兼总经理。该公司是一家从事无缝钢管制造和提供相应技术支援的企业,目前主要生产石油专用管,产品包括多种规格的石油导管、输送流体用管,以及结构无缝钢管、低中压锅炉管、液压支柱用管、汽车半轴管、液压缸筒用管等。

2007 年 3 月,中石特管试生产,生产出第一根石油套管。6 月正式投产,标志着投资 1.6 亿元的中石特管第一期工程正式完工。当年仅用半年,生产无缝钢管近 5 万吨,2008 年全年预计可达 15 万吨。目前,公司销售情况非常好,产品已遍及中石油、中石化的一些油田,以及汽车和工程机械等行业的一些企业,有的产品还出口到中东和俄罗斯。当前,随着能源需求量的不断攀升和石油工业的迅速发展,公司产品的市场前景一定会更好。

为了亲身感受公司生产情景,笔者提出到厂房去看看。当笔者走进厂房,立即被堆积如山的钢管惊呆了,一问,原来都是公司生产的产品。看着这么多钢管,我不禁担忧地问道:这么多钢管,能卖出去吗?会不会积压?领我参观的工人笑了,说:这里的产品都是经销商订购了的。公司以销定产,不存在卖不出去的问题。闻听此言,我忙不迭地拿出相机拍了一些照片。此时,正好有一些车辆停在厂房外,工人紧张地往车上装货。往前走,又是一堆堆原料。再往前就是生产车间了,各种加工设备正在忙碌地运转着。

周宝生引进中石机电,看中的自然是它的技术和实力。这里,有必要对中石机电作一简略介绍。中石机电的前身,是中国最早特种钢生产企业冶钢集团有限公司(以下简称"冶钢集团")的一部分。冶钢集团的前身大冶铁厂,是清末汉冶萍煤铁厂矿有限公司的重要组成部分,历史悠久,有中国"钢铁工业摇篮"之称。1949 年大冶铁厂改称华中钢铁公司,1953 年改为大冶钢厂,1995 年改制为冶钢集团。2004 年,中信泰富投资有限公司出资收

221

购了冶钢集团钢铁主业资产，组建了中外合资企业——湖北新冶钢有限公司（以下简称"新冶钢"），同时将剥离出来的设备维修系统重组、改制为中石机电。目前，中石机电既承担着新冶钢设备保养与维修业务，又独立生产无缝钢管，具有雄厚的技术力量、先进的管理模式、丰富的管理经验、庞大的营销网络和良好的企业文化。中石机电投资中石特管后，不仅承担着中石特管的技术工作，而且移植了中石机电的管理经验和企业精神。例如，中石特管"遵纪守法，客户至上；保护环境，文明生产；以人为本，注意安全；优质高效，持续发展"的管理方针，"创新、攀高、争名、夺效"的企业精神，就是从中石机电移植过来的。正是有了这些管理方针和企业精神，中石特管才能不断激发活力，不断朝着更高目标前进。

中石特管的良好局面和广阔前景，还与公司当家人王书林先生有密切关联。王书林是一位有创新意识、管理才能和精湛技术的优秀企业家。他原任太原钢铁厂总经理，2000年临危受命来到冶钢集团。当时，企业濒临倒闭，职工每月只能发不到400元的生活费。上任后，他大刀阔斧改革，4年后扭亏为盈，一年上缴利润4亿元，职工月平均工资2000元以上，冶钢集团已成为中国国企改革成功的典范。2004年，冶钢集团改制为新冶钢，并重组中石机电，王书林成为中石机电当家人。王书林的工作经历是他能力的最好佐证。周宝生将中石特管交给王书林掌管，正是出于对他的技术、管理能力和经验的信任，也正是这种信任，使王书林可以大展身手，按照自己的思路来经营、管理、发展公司，并以优良经营业绩作为对周宝生知人善任的回报。

俗话说独木不成林。中石特管不仅有王书林这样的优秀领军人物，而且有一个懂技术、善经营管理的团队，一支实力雄厚的技术队伍，一批高素质的技术工人。中石特管管理的团队，除2人由田野集团委派外，其余人员均来自原中石机电。2008年，中石特管有员工270名，其中硕士学位1人，大专学历32人，中专学历50人，高中学历90人。在30余名管理干部中，有高级工程师、高级技师5人，中级职称人员占2/3。2007年，招收大学生3名。中石特管是村办企业，承担着转移本村劳动力任务，但招收的本村劳动力都要经过严格岗前培训，其中绝大多数都已成为具有专业知识和技能的技术工人或熟练工人。

周宝生为什么千方百计引进中石机电？为什么毫不犹豫地将公司交给只出资 36.8% 的第二大股东负责人王书林打理？了解了中石机电及其掌门人懂技术、会管理、善经营的过去，就不难理解了！这说明，周宝生慧眼识珠，精明过人，胸怀宽广，谋略超群。可以说，没有周宝生，就不会有中石特管，就不会有田野集团今天的大好局面。

四　未来的道路更宽广

按规划，中石特管建设分为三期。目前，投产的是第一期工程。第二期工程是套管加工，它将光管加工成成品，为油田提供可直接使用的石油套管。第二期工程计划投资 1 亿元，现已进入厂房建设与设备采购阶段。同时，二期工程还要建设一条热处理生产线，以提高钢管性能、产品规格和附加值。二期工程一旦投产，不仅可年产 15 万吨套管成品，而且将大大提高产品技术含量，建成投产后可实现年销售收入 15 亿元，年利税 1.6 亿元，从而使中石特管迈入一个新的发展阶段。此外，三期工程也在规划之中，它将进一步扩大生产规模，把企业做得更大更强，然后适时将它与集团另一关联企业组建成上市公司。

笔者非常关心中石特管是否会造成污染环境？王总给予了明确回答。他说，轧钢不像炼钢，是轻污染企业。即便如此，公司仍然非常重视保护环境。在设计时，就考虑了防污治污与节能降耗问题。在防污方面，工厂装配了污水处理与除尘设备，可确保将生产过程中的轻度污染控制在国家规定的标准范围之内，基本上不会污染当地的水体和空气，不会损害工人和村民的身体健康。笔者在参观工厂过程中，特地察看了这些除尘和污水处理设备及其运转情况，并咨询了现场员工，证明了王总的回答真实、可信。

就在此时，一位年轻、漂亮的女工突然闯进了笔者视野，她带着安全帽，穿着工作服，迈着轻快步伐，浑身散发出青春活力，显得十分健美，精神焕发。在我的请求下，她愉快地以污水处理设备为背景让我拍下了她美丽的倩影。照片上，她笑得那样甜美，那样开心！让我感到意外的是，她的美

丽倩影与她身后的背景竟是如此和谐、协调！我突然感悟到，她的阳光、快乐、健康、美丽和朴实，不正是中石特管企业形象、企业特质与中石特管人精神面貌的传神写照吗？在她的身上，我似乎看到了中石特管乃至整个田野集团充满活力的现实与一派辉煌的前景，看到了中石特管人乃至所有官桥八组人的幸福生活与对更加美好未来的憧憬！而这正是中石特管、田野集团和官桥八组的希望之所在！

专题五　农民文化中心纪实

在官桥八组，沿宽阔的田野大道西行，紧临依山而筑的田野山庄有一栋三层小楼，赭红色琉璃瓦屋顶，白色瓷砖墙面，咖啡色玻璃窗，显得雅致和精巧。大门上凸显着原中共中央政治局常委宋平亲笔题写的"农民文化中心"六个金色大字，在阳光下熠熠生辉。在官桥八组取得的成就中，农民文化中心（以下简称"文化中心"）发挥了不可替代的作用。

一　从电视室到文化中心

官桥八组组长周宝生很早就认识到，只有积极开展文明、健康、丰富多彩的文化活动，才能逐步提高村民素质，纠正不健康、不文明行为。1979年11月，周宝生当生产队长仅1个月，就买了一台24英寸黑白电视机，办起了电视室。1981年8月，又创办了生产队图书室。1984年，兴建了官桥八队灯光球场，这是当时嘉鱼县农村唯一的标准灯光球场。同年，又在老江边村公路南侧兴建了面积达300平方米的滑冰场。1990年，开始修建农民文化中心，1992年4月建成，总投资达70万元。1994年10月1日，开通了有线电视。2007年12月，实现了光纤联网，提高了传输质量，增加了8套电视节目。到2008年，文化中心建筑面积已达600平方米，连同各种文化、体育、娱乐、健身设施，总资产已达1000多万元。

文化中心是一座"回"字形建筑，具有传统四合院风格。回廊内圈由

15个半圆拱门组成，拱门正中悬挂着15盏红色宫灯，增添了几分喜色和暖意。回型建筑中央，镶铺瓷砖的长方形露天天井，是一个标准羽毛球球场。

文化中心一楼正面有4间活动室，从右至左分别为2间台球室、1间乒乓球室和1间健身房。每间活动室内，窗棂下双层深色窗帘低垂，地上铺着地毯，雪白墙壁上点缀着字画，房顶悬挂着吊灯，周边摆放着沙发、茶几和茶具等。台球室、乒乓球室中央放置着台球桌或乒乓球桌，健身房内则安装有多功能健身器、自重式划船器、健身赛车、膝肌训练器、跑步机、腹肌训练器等十余台（套）健身设备，供各类运动爱好者自由选用。

从健身房右转，是文化中心的最大娱乐室——多功能厅，长18米，宽9米，地上铺着瓷砖，吊顶中部凹进，四周装有五颜六色的装饰灯，中间垂挂3盏球灯。厅前方中央，悬挂着2.0×1.2米投影屏幕，装有高保真音响、柜式中央空调等设施。厅两侧，在厚重双层垂地窗帘下，摆放着6张实木圆桌、24张木质靠椅。多功能厅可以成为棋牌室，可以成为舞厅，可以成为卡拉OK歌厅，还可以开展其他群体活动。当它成为舞厅、歌厅时，装饰灯不断闪烁、球灯来回翻滚，整个大厅笼罩在一片斑斓光影之中，充满着浪漫和神秘。

文化中心二楼的4个活动室，除1间乒乓球室、1间台球室外，另2间是阅览室。

阅览室（1）中央摆放着长方桌，周围是供读者使用的靠背椅。靠门的报夹架上整齐地排列着《人民日报》、《湖北日报》、《咸宁日报》、《工人日报》、《中国青年报》、《环球日报》、《农村新报》等有影响的大报，以及《家庭医生报》、《大家》、《文摘报》、《讽刺与幽默》、《家庭文摘报》、《家庭与生活报》、《人民摄影》等大众化的娱乐、休闲小报。

报架的侧面是期刊架，陈列着《瞭望》、《半月谈》、《今日中国》、《中华人民共和国最高人民法院公报》、《湖北省人民政府公报》、《政策》、《民主与法制》、《法制与新闻》、《小说月报》、《中国作家》、《东方故事》、《传记文摘》、《知音》、《工友》、《中国儿女》、《打工》、《南风窗》、《足球俱乐部》、《漫画月刊》等期刊。

报架、期刊架对面，是一排红漆书柜。书柜分6层，上面4层有玻璃对开门，可以很方便地查找到自己所需要的图书；下面2层安装的是木门，主要用于储藏过时期刊。书柜里的书籍琳琅满目，有如下几种类型的书籍：马克思主义、列宁主义、毛泽东思想、邓小平理论、"三个代表"思想、科学发展观，政治、法律、军事、经济、文化、科学、教育、体育、语言、文字、文学、艺术、历史、地理、医药、卫生、农业科学、工业技术，综合性丛书、百科全书、辞典和年鉴等。

阅览室（2）是书库。据田野集团文化部副部长李逢君介绍，书库有藏书20000余册。在多功能厅上方，有一个近200平方米的露天阳台，可供村民运动、阅读和休闲。

三楼是一间大房，是有线电视台差转站，可转播50余套节目。三楼顶部耸立着塔形天线。2007年秋，投资30余万元的监控设备和智能巡查设备的核心部分也安置于此，它默默地守护着官桥八组这片富庶、文明、安宁、和谐的福土。

此外，在田野集团新办公大楼左侧，建有塑料地面的标准篮球场和标准网球场各1个，球场西侧，还安装了单杠、双杠、秋千等众多户外健身器材。

官桥八组在完善硬件设施的同时，不断加强文化中心管理，制定了《固定资产管理》、《劳动人事管理》、《档案管理》、《员工学习培训》、《内部治安管理》等制度。目前，文化中心由田野山庄统一管理。其中，各活动室日常保洁、活动器材保养及补充采购、财产安全等，由文化中心管理人员负责（见专表5-1）；阅览室报纸、杂志、书籍的更新和维护，由集团企业文化部负责。文化中心投入资金情况见专表5-2。

专表5-1 2007年文化中心员工简况

姓名	性别	年龄	文化程度	籍贯	政治面貌	哪年来本单位	现任职务
李逢君	男	40	中专	嘉鱼	党员	1997年	副部长
朱 静	女	25	本科	嘉鱼	团员	2005年	员工
余兰枝	女	22	中专	嘉鱼	团员	2007年	员工
李菊花	女	41	高中	嘉鱼	—	2003年	员工
任娟心	女	38	高中	嘉鱼	—	2004年	员工

专表5-2　文化中心投入资金简况

单位：元

年份	投入金额	建设性投入			活动性投入		
		合计	基建	设施	合计	工资	其他
2005	127000	77000	20000	57000	50000	40000	10000
2006	105000	40000	30000	10000	65000	55000	10000
2007	115000	35000	20000	15000	80000	65000	15000

田野集团领导的高度重视，村民和员工的积极支持，以及功能完善的硬件设施，规范严格的组织管理，这一切为开展丰富多彩的群众文化活动奠定了坚实基础。

二　丰富多彩的文化生活

官桥八组离嘉鱼县城较远，村民在物质生活日益富裕的同时，对精神生活的要求越来越高；田野集团的外来员工，更迫切需要用丰富的文化活动来充实下班后的闲暇时光。

根据村民、员工和田野山庄顾客作息时间的特点，文化中心对开放对象和时间做了不同的安排（见专表5-3）。

专表5-3　文化中心开放对象和时间

活动室	开放对象	开放日期	开放时间
球类、棋类活动室和健身房	田野山庄顾客 村民、员工	每晚开放 周二、四、六、日	冬、春：18:30~21:30 夏、秋：19:00~22:00
多功能厅	田野山庄顾客 村民、员工	预约 周日	
图书阅览室	村民、员工	周六	

每逢文化中心开放时间，文化中心内灯火辉煌，充满欢声笑语。

台球室内，球手们右手紧握球杆、左手稳稳地按在台球桌边，凝神定气地瞄准着前方的台球，空气似乎也凝固了。

乒乓球室，小小银球空中飞舞，乒乓之声不绝于耳，不时爆发出阵阵叫好声音。

健身房是力量和意志较量的场所。沉重的铁块撞击声、粗重而有节奏的喘息声、跑步机上轻快的踏步声、骑蹬器上飞轮的摩擦声，合奏出耐力运动的进行曲。

多功能厅是舞蹈和卡拉OK的天堂。七彩光影下流淌的是婆娑起舞的人流，厅内回响的是一首首耳熟能详的中外经典歌曲。

阅览室里是知识的海洋。这里非常安静，只有少许书页翻动的沙沙声……

据不完全统计，2005~2007年参与各类文化活动的人数见专表5-4。

专表5-4 各种活动参与人数

单位：人次

年份	合计	人次/日均	台球	乒乓球	健身房	卡拉OK	读书阅览	篮球	网球
2005	39000	107	5000	4000	4000	8000	9000	7000	2000
2006	42800	117	6000	4500	4000	8500	9000	7800	3000
2007	43000	118	6000	4500	4000	8500	9000	8000	3000

三 几点建议

通过调查，我们对文化中心的发展有如下几点建议。

1. 理顺管理体制

目前，文化中心主要属田野山庄管理，但是，它的阅览室和图书资料却属田野集团企业文化部管理。这种双重管理体制，不利于文化中心整体发展。另外，文化中心既是田野山庄顾客的娱乐场所，又是村民、员工活动中心，有时难免发生矛盾。

2. 提高人员素质

文化中心管理人员文化水平较低，业务素质较差。例如，阅览室书籍陈旧，摆放比较零乱，没有规范分类，明确规定不外借等，这都不符合图书管理的规则。要解决这些问题,必须首先提高管理人员的综合素质。

3. 拓展服务功能

目前,文化中心的活动主要集中在文化、体育、娱乐等方面,图书、报刊阅览方面的功能发挥得不充分,电脑、网吧还是空白,至于自编、自演、自乐方面的工作尚未开展。这说明,文化中心还应该进一步拓展服务功能。

专题六　发展中的田野山庄

一　从招待所到田野山庄

田野山庄的前身，是官桥八组招待所。20世纪80年代，为了适应组办企业发展、参观考察客人不断增加的需要，官桥八组兴办了一个招待所，有客房10余间，可同时接待20余位客人。当时，招待所设施十分简陋，工作人员都是临时指派的农民，并实行免费接待，因而服务水平低下，仅能满足客人一般食宿需求。

20世纪90年代以后，特别是随着田野集团的成立和发展，社会知名度的不断提高，原有招待所已无法满足接待工作需要。2005年初，集团领导层决定投资2000余万元，按照三星级宾馆标准，在田野大道南侧依山兴建接待大楼，总建筑面积5000多平方米。当年10月，接待大楼建成，被命名为"田野山庄"，并立即投入使用。

目前，田野山庄下辖客房部和餐饮部，有员工40余人。

客房部拥有63间不同级别的客房，其中豪华套间4间，豪华单人间17间，标准客房42间，可同时接待120人入住。每间客房均备有空调、电话、有线电视、中央灯控系统，标准卫生间，冷热水24小时供应，客房服务热情、周到。

餐饮部拥有2个风格迥异的宴会厅和10余间包房，可同时接待400人用餐。餐饮部厨师烹调技术较高，不仅能做各种南北名菜，而且可精制多种时尚佳肴。餐饮部设施先进，炊具、碗筷十分清洁，服务员经过严格培训，服务工作非常到位。

田野山庄设有一个能容纳300多人的多功能会议厅，厅内桌椅宽松、舒适，光线充足、柔和，并配置有多媒体投影仪、高级音响、空调等设施，可举办各种较大规模会议。另设有两个中、小型会议厅，可供召开各类中、小型会议使用。

此外，田野山庄还设有购物中心，以方便顾客购物。田野山庄紧靠的文化活动中心，内设图书室、健身房、桌球房、棋牌室、乒乓球室、歌舞厅等文化娱乐休闲设施。这些设施，质量优良，服务周到，使用方便，是来宾休闲娱乐的好去处。

总之，田野山庄规模不大，但是，设计精巧，建筑优良，环境优美，设施齐全，服务周到，费用低廉，已成为远近闻名的集会议、休闲、健身、娱乐于一体的理想场所。

二 围绕中心，搞好服务

根据田野集团提出的围绕"经济发展中心"，起到"窗口作用"、"桥梁作用"的要求，田野山庄把"服务集团发展大局"作为中心工作来抓，力争抓好、抓实、抓出成效。2005年以来，田野山庄接待顾客人数不断增加。据客房部不完全统计，2007年共接待顾客159批，6723人。其中：嘉鱼县8批、182人；咸宁市35批、1838人；湖北省73批、2984人（包括武汉市8批、223人）；湖南、江西、浙江、广西、云南、重庆等省市区15批、451人；全国政协、中组部、中纪委3批、63人；高等院校等22批、1164人；日本、印度、塔吉克斯坦3批、41人。各批顾客具体情况见专表6-1。

应该指出，上述数据不包括那些与田野集团有工作关系的客人，他们虽然也在田野山庄食宿，但一般没有作为顾客登记。至于来官桥八组或田野集团参观、考察，即来即走的客人（多在武汉市或咸宁市食宿），数量更多，也不属上述统计范围。

专表6-1　2007年接待来宾情况

单位：人

批次	时间	接待来宾情况	人数
1	1月6日	武汉市江夏区大桥新区干部	45
2	1月9日	嘉鱼县官桥镇第七届人大会议	88
3	1月12日	国家投资湖北省嘉鱼县基本农田土地整理项目汇报会	15
4	1月16日	赤壁市党政代表团	60
5	1月20日	蕲春县党政代表团	16
6	1月21日	湖北省政协提案委员会代表团	10
7	1月26日	北京商业银行考察团	5
8	1月31日	湖北省、市、县法院干部会议	150
9	2月1日	湖北省公路局人事工作会议	35
10	2月2日	咸宁市咸安区党政代表团	69
11	2月7日	湖北省人大代表团	17
12	3月7日	咸宁市植树造林暨防火现场会	70
13	3月10日	华能集团下属宾馆服务员经验交流会	50
14	3月15日	咸宁市公路局领导	6
15	3月16日	中共湖北省委党校市、处级干部研讨班	50
16	3月16日	湖北省发改委农经工作会议	55
17	3月17日	通山县经济环境建设研讨会	70
18	3月18日	中共中央组织部法制处	8
19	3月21日	咸宁市国税系统税政暨车购税工作会议	50
20	3月21日	中共湖北省委宣传部、湖北省邮政局	20
21	3月24日	通城县党政代表团	50
22	3月25日	通城县民营企业家代表团	25
23	3月25日	宜都市城区党政代表团	30
24	3月27日	湖北省政府发展和改革委员会	12
25	3月28日	华中农业大学社会主义新农村建设考察团	45
26	3月29日	中共咸宁市委政研室	8
27	同日	江西省人民银行	5
28	同日	武汉市蔡甸区干部	40
29	同日	咸宁市咸安区干部	10
30	4月1日	湖北省高等学校马克思主义理论教育研讨会	130
31	4月6日	咸宁学院经管学院师生	108
32	同日	湖南省岳阳市龙滩开发区村组干部	27
33	同日	武汉市江汉公安分局干部	5
34	同日	中共湖南省临湘县委组织部干部	27
35	4月11日	咸宁市党政代表团	30

续专表 6-1

批次	时间	接待来宾情况	人数
36	同日	荆州党政代表团	40
37	4月12日	嘉鱼县农业银行工作会议	19
38	同日	咸宁市物价局价格认证工作会议	30
39	4月13日	湖北省银监局支局长会议	48
40	4月17日	宜昌市宜都区代表团	140
41	4月18日	日本西科姆工业株式会社	3
42	4月19日	中共云南省委政研室领导	8
43	4月21日	湖北经济学院师生代表团	100
44	同日	咸宁市直属机关干部	30
45	同日	湖北省人大机关干部	21
46	4月23日	宜昌市宜都区乡镇干部	50
47	4月24日	咸宁市委党校副处级离休退休干部	40
48	4月25日	嘉鱼县老干部局县级离退休老干部	30
49	4月27日	咸宁市城镇建设工作现场会	100
50	同日	咸宁市党政代表团考察新农村建设	100
51	4月28日	湖北省物价局	30
52	4月29日	赤壁市旅游局代表团	70
53	5月1日	湖北省人大代表团考察新农村建设	100
54	5月3日	华中科技大学师生代表团	40
55	5月4日	宜昌市宜都区代表团	20
56	同日	湖北省水利厅代表团	35
57	5月5日	湖北省人大代表团	60
58	5月9日	中共湖北省委书记俞正声来组考察	30
59	5月10日	嘉鱼县委党校骨干培训班	50
60	同日	应城市党校代表团	120
61	同日	咸宁市电信生产经营分析暨欠费专题研讨会	150
62	5月15日	咸宁市委党校	50
63	5月17日	湖北省政协考察团	30
64	5月18日	湖北省医药大学2007年教学研讨会	120
65	同日	华中科技大学教授考察团	30
66	5月19日	公安县党政代表团	80
67	5月21日	宜昌市宜都区好时光旅行社	40
68	同日	武汉市武昌区司法局司法所干部竞争上岗动员会	60
69	同日	武汉市汉阳区政府考察团	30
70	同日	武汉市江夏区退休老干部考察团	10
71	5月23日	湖北省药监局代表团	50

续专表 6-1

批次	时间	接待来宾情况	人数
72	5月25日	咸宁市国土资源系统"五五"普法依法治理培训大会	90
73	同日	咸宁市国土资源信访工作会议	60
74	5月26日	中共湖北省纪委考察团	20
75	同日	宜昌市宜都区好时光旅行社	40
76	5月27日	孝感学院师生考察团	30
77	同日	《湖北日报》记者代表团	6
78	5月29日	湖北省旅游局考察团	20
79	同日	嘉鱼县委党校考察团	40
80	6月2日	全国政协常委李其炎考察团	30
81	同日	中共湖北省委组织部考察团	16
82	同日	咸宁学院中文系考察团	10
83	6月6日	咸宁市检察机关现场会	40
84	6月7日	浙江省萧山市党政代表团	50
85	6月10日	江西省玉山县党政代表团	50
86	同日	湖南省岳阳市玉溪区胜利村代表团	50
87	6月14日	洪湖市村镇干部	50
88	6月15日	武汉同济医学院师生	90
89	6月17日	湖北省政府法制办	30
90	同日	武汉大学东湖分校	10
91	6月21日	湖北省诗词学会	60
92	同日	赤壁市蒲纺集团考察团	30
93	6月22日	湖北省人民银行考察团	16
94	同日	湖北省农科所	20
95	6月23日	洪湖市党政代表团	80
96	6月24日	华中科技大学代表团	20
97	同日	湖北省委政研室考察团	10
98	同日	湖北大学师生考察团	40
99	6月28日	湖南省岳阳市工业委员会代表团	100
100	同日	湖北省政协代表团	25
101	6月30日	武汉大学后勤集团	45
102	7月4日	宜昌市党政代表团	26
103	7月6日	印度共产党代表团	18
104	7月10日	湖北省第二师范学院社会实践骨干	50
105	7月11日	黄石市西塞山区党政代表团	20
106	7月12日	中国地质大学师生考察团	15
107	7月13日	湖南省岳阳市工业委员会考察团	4

续专表 6 - 1

批 次	时 间	接待来宾情况	人 数
108	同日	通城县宝塔镇考察团	100
109	7月14日	江西省上饶市玉山县考察团	7
110	7月19日	湖北经济学院师生考察团	16
111	7月20日	武汉市江夏区党政代表团	30
112	7月22日	黄石市发改委考察团	80
113	7月25日	崇阳县党政代表团	30
114	7月26日	湖北省副省长郭生练来组考察	20
115	8月1日	蕲春县九颗松村干部考察团	110
116	8月3日	通城县麦市镇考察团	10
117	8月4日	湖南省临湘县参观团	20
118	同日	华中科技大学师生参观团	100
119	8月10日	赤壁市组织部考察团	20
120	8月16日	中共湖北省委组织部、省纪委、省综治委等单位干部	45
121	同日	中共重庆市委办公厅考察团	18
122	8月18日	华中科技大学师生考察团	15
123	同日	中共湖北省委组织部	20
124	8月19日	赤壁市陆水湖风景区考察团	40
125	8月21日	华中师范大学数统学院师生考察团	30
126	8月22日	蕲春县大同镇李山村干部	30
127	8月23日	咸宁市咸安区畜牧局考察团	30
128	8月26日	中共广西壮族自治区浦北县委考察团	60
129	8月27日	湖北省机要局考察团	10
130	8月30日	嘉鱼县财政局考察团	20
131	9月6日	湖北省公安厅考察团	7
132	9月9日	蕲春县九棵松村考察团	4
133	9月11日	湖北省保密局考察团	7
134	9月13日	《武汉晨报》记者	3
135	9月15日	鄂东南八市干部教育工作研讨会	150
136	9月18日	湖北省发改委考察团	10
137	同日	湖北省人大考察团	120
138	9月20日	咸宁市农村基层党风廉政建设工作现场会	90
139	9月21日	咸宁市委党校考察团	50
140	9月22日	黄石市黄石港区党政考察团	40
141	10月4日	湖北省人事厅考察团	20
142	10月18日	湖北省纪委考察团	30
143	同日	湖北省建设厅城镇规划建设考察团	80

续专表 6-1

批 次	时 间	接待来宾情况	人 数
144	10月19日	蕲春县党政考察团	30
145	同日	中共湖北省委办公厅老干部考察团	60
146	10月24日	黄石市西塞山区企业家考察团	20
147	10月25日	浙江省代表团	20
148	10月26日	黄石市峰烈山村干部考察团	50
149	11月1日	咸宁市咸安区党政代表团	70
150	11月4日	湖北省各市级领导、秘书长考察团	20
151	11月5日	塔吉克斯坦人民民主党干部考察团	20
152	11月6日	武汉大学师生代表团	70
153	11月10日	咸宁市地税系统税收工作会议	90
154	同日	咸宁市咸安区领导考察团	20
155	11月13日	湖北省政协领导考察团	30
156	11月14日	咸宁市委党校考察团	50
157	11月23日	湖北省计生委考察团	40
158	12月1日	原中共中央纪律检查委员会书记吴官正考察新农村建设	25
159	同日	嘉鱼县吴江镇银行考察团	20

专表 6-1 的数据说明：田野山庄的接待任务比较繁重，差不多每 2 天就接待一批顾客，平均每批顾客 42 人。特别是接待会议，不仅要安排好食宿，还要做好会议服务工作。但是，由于准备充分，预案合理，接待工作总能有条不紊地进行，因而获得各方好评。

田野山庄餐饮部，不仅要承担顾客接待任务，而且要负责供应田野集团员工和村民 200 多人的一日三餐。餐饮部通过合理安排，既搞好了顾客就餐服务，又保证了员工和村民按时就餐，而且根据季节适时调换菜色品种，做到饭热菜香，员工满意。例如，仅一次早餐，就有豆浆、炒面、热干面、捞面等 7~8 个品种。2006 年 12 月底，中石特管公司设备安装、调试会战时，新增进餐人员 120 多人，要求中、晚餐送饭到工地。餐饮部及时调整工作安排，按时送饭到工地，保障了重点工程施工的顺利进行。

随着外来顾客增多，内部员工、村民消费水平提高，田野山庄的收入也不断增加。据不完全统计，2005~2007 年，客房部、餐馆部收入增长情况，见专表 6-2。

专表6-2　2005~2007年收入情况

单位：万元

年　份	总收入	餐饮部收入	客房部收入
2005	60	不详	不详
2006	201	116.9	84.1
2007	226.5	158.7	67.8

二　以人为本，加强管理

1. 以顾客满意为宗旨

"以人为本"，首先是以顾客为本，为顾客服务，以顾客满意为宗旨。

从专表6-1数据看，在田野山庄的国内顾客中，湖北省最多，占44.4%；咸宁市次之，占27.3%；接下来是，高等院校等占17.3%，外省市自治区占6.7%，嘉鱼县占2.7%，中央机关占0.9%。为顾客服务，就是要为所有顾客服务，无论是本地顾客，还是外地顾客；无论是中央级、省级单位顾客，还是县、市级单位顾客，以及高等院校等单位的顾客，都做到一视同仁，热情服务，都要以顾客满意为宗旨。

2006年，是田野山庄开业后的第一个完整年，也是全面推进社会主义新农村建设的第一年，接待全国各地来参观、考察的任务明显增多。例如，中央"共产党员先进性教育"巡视组、中央和湖北省直17家新闻媒体采访团、中央党校常务副校长虞云耀、中央办公厅调研室王武召、中国社会科学院社会学所李培林等一行20余人，全国农业厅长会议一行150余人，十届全国人大湖北团代表视察团，湖北省人大解放军代表视察团，上海市、石家庄市、岳阳市等党政考察团，中共湖北省委和湖北省政府领导（12次）等，先后来官桥八组和田野集团参观、考察、指导工作。在这个过程中，田野山庄都要承担繁重的接待任务。

接待、承办各种会议和培训班，是田野山庄另一重要任务。2006年，接待、承办县级以上各类会议和培训班28次。例如，湖北省县域经济工作会，湖北省市州人大常委会主任座谈会，湖北省民政厅"全省基层政权建设座谈会"和"全省村务公开民主管理示范培训班",湖北省妇联基层组织建设现场会,湖北省计生系统工作会,湖北省物价系统"中青年干部培训班",等等。2007年,接待、承办了县级以上各类会议和培训班27次。这些会议或培训班,少则几十人,多则一百多人;短则1~2天,多则5~6天;既要解决食宿问题,又要安排各种会务和参观、考察,其工作量大大超过接待一般顾客。

另外,2006年田野集团还被外交部、中联部确定为外宾参观、考察社会主义新农村建设示范基地。从此,接待外宾成为田野山庄的一项新任务。例如,2006年8月8日,接待了两位美国客商;12月18日,接待了法国客人莫莱特一行10余人;12月29日,接待香港教育界观光考察团一行50余人。2007年,接待外宾3批、41人,占顾客总数的0.6%。与接待国内顾客相比较,接待外宾要求更高,田野山庄本着"微笑在田野,满意在田野"的要求,认真对待每次接待任务,事前了解来访外宾情况,制定详细接待方案,接待过程中做到临阵不乱、临事不慌、从容应对,从而圆满完成了每次接待任务。

2. 提高员工素质,发挥员工才能

"以人为本",还要以员工为本,不断提高员工素质,充分发挥员工才能。

2007年底,田野山庄有员工50人。其中,男14人,女36人;20岁及以下的7人,21~30岁21人,31~40岁11人,41~50岁10人,50岁以上1人,平均年龄30.8岁;"文化程度"在初中以下的1人,初中38人,高中11人,平均受教育9.6年;本组4人,嘉鱼县41人,咸宁市和湖北省5人;管理人员3人(经济师1人),炊事员13人,服务员30人,保安2人,清洁工2人。

员工素质决定着服务水平、服务质量和自身形象。田野山庄由于现有员工素质不高,因而采取多种途径加强员工培训,努力提高员工素质。一是军训。每年3月、6月集中一段时间进行军事训练和消防演习,以达到练思想、练作风、提高服务水平的目的。二是采取"走出去"和"请进来"方式,加强与星级宾馆交流。例如,2007年先后两次组织主管以上业务骨干到四星级酒店——武汉东湖宾馆参观、学习,并请东湖宾馆接待专家王总来田野山庄主办讲座,现场手把手地教员工如何提高接待水平。三是参加服务技能大赛。2007年10月29~30日,选派6名选手参加咸宁市"禄神杯"第七届旅游服务技能大赛，不仅荣获了"最佳组织奖"，而且开阔了视野，锻炼了队伍，找到了差距，明确了努力方向，对今后改进服务工作、更好完成接待任务打下了良好基础。四是进行敬业意识和企业文化教育。组织员工学习官桥八组和田野集团创业史和周宝生先进事迹，树立爱岗敬业意识和以田野山庄为家的思想，提高员工职业道德，培养员工的归属感和荣誉感。

田野山庄不仅注重提高员工素质，而且关怀员工切身利益，努力创造一个和谐、平等、乐观、稳定的工作环境。一是与员工签订劳动合同，规范劳动关系，完善用工制度，用法律手段稳定员工队伍。二是推行绩效工资制，对管理人员实行超额比例分成，对一线员工实行多劳多得，对后勤人员每年上调工资一档，从而保证所有员工得到实惠。三是为员工购买工伤保险和养老保险，解决员工后顾之忧。四是组织员工免费体检，保障员工身体健康。五是加强学习培训，开办学历函授班、岗位培训班、科技培训班等，不断提高员工文化水平和业务技能。通过以上举措，稳定了员工队伍，激发了员工的工作热情和主人翁精神。

在提高员工素质、关怀员工切身利益基础上，田野山庄还注重发现人才、重用人才，充分发挥人才的作用。例如，客房部经理王冬云就是从一位普通员工被提拔为管理人员的突出代表。王冬云，女，35岁，嘉鱼县城人，中专文化程度，给人既朴实又精干的感觉。她原是一名纺织女工，后转行做酒店管理。她做事热情、认真、细致，处处用"心"做事，多次获得顾客赞赏。例如，2007年12月，原中共中央纪律检查委员会书记吴官正来集团考察，王冬云很快发现了首长不喝茶、只喝温白开水的习惯，就专给首长供应温白开水。这一细节，赢得了首长的表扬。又一次，一位韩国客商夜间想喝啤酒，但语言不通，王冬云想办法弄懂并满足了顾客要求，喝到啤酒的韩国客商竖起大拇指连连称谢。田野山庄领导层及时发现了王冬云的工作热情和能力，经田野集团总部批准任命她为客房部经理。

3. 强化内部管理，规范企业运作

作为田野集团总部的直属单位，田野山庄既要完成接待任务，又要注重经济效益，要实现社会效益、经济效益双丰收。为此，就必须强化内部管理，规范企业运作。

专题六　发展中的田野山庄　○　中国百村调查丛书·官桥八组

田野山庄建立了一套规范的管理制度，实行岗位责任制，努力做到责任到岗、任务到人，上至总经理，下到保洁员，每个人的职责都清清楚楚。田野山庄管理示意图见专图6-1。

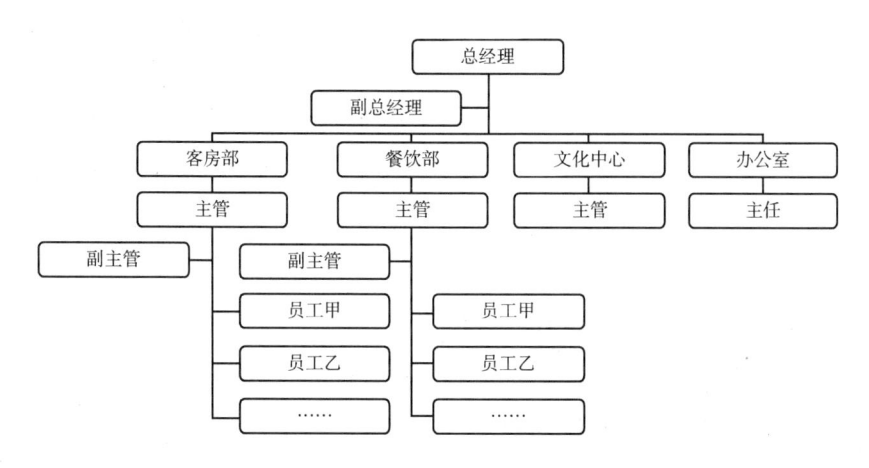

专图6-1　田野山庄管理示意图

田野山庄在管理工作中，严格实行上下班签到、工作质量考核、奖勤罚懒等制度。其中，《接待中心工作制度》有15条规定，其内容涵盖了各岗位的具体职责，工作人员的着装、行为规范、精神面貌，以及各种违章的处罚办法等内容，具有很强的可操作性。如：

（三）根据分工，明确责任，按照程序认真完成当日的工作。严禁工作时间喝酒……发现一次罚款30~50元。……造成恶劣影响的重罚，直至解除聘用。

（六）工作人员两个一：一口流利的普通话，一份永远快乐的心情。

（七）接待游客六个一：一脸的微笑，一声问候，一声请坐，一杯热茶，一份关切，一声再见。

……

（十二）制度执行要做到令行禁止，否则根据违反制度、情节及引起的不良后果处以10~50元罚款，给公司造成经济损失的还要予以赔偿，情节特别严重的给予开除处分。

241

这些制度的实施，激发了员工工作的积极性和主动性，树立了田野山庄的良好形象，保证了田野山庄的正常运行。

三 突出特色，搞好服务

2005年10月开业以来，田野山庄虽然取得了较好经营效果，但是，与田野集团发展需要相比较，与大城市星级宾馆相比较，仍然存在着设施相对落后、经营思路狭窄、员工素质较低、管理水平不高、发展速度缓慢等问题。要解决这些问题，建议采取如下对策。

1. 提高山庄档次，打造特色品牌

为了适应田野集团发展需要，必须从硬件和软件两个方面提高田野山庄管理和服务的档次。在硬件方面，应严格按照"三星级"或"四星级"宾馆标准进行改造，使硬件设施上一个大台阶。在软件方面，主要是引进现代宾馆管理经验，引进高级专业管理人才，努力提高员工队伍素质。对硬件和软件的足够投入，是田野山庄提高档次不可缺少的条件。

2007年12月，经旅游总局、湖北省旅游局考察、评定，官桥八组和田野集团已达到《全国农业旅游示范点、全国工业旅游示范点评定标准》，现已成功入选国家旅游局公布的第四批"全国工农业旅游示范点"名单。因此，要打好"全国工农业旅游示范点"这张牌，突出集工业旅游、农业观光旅游、生态休闲旅游于一体的综合旅游品牌特色。

据不完全统计，近两年来，每年慕名来考察的团体都在100个以上，而且有进一步增长势头。这是一笔"送上门"的财富，也是"免费"甚至"收费"的对外宣传的绝好机会。因此，提高服务质量，对于扩大客源、吸引"回头客"具有重要意义。

2. 纳入发展规划，提高服务质量

2008年，官桥八组已制定了《经济和社会发展二十年规划》，确立了"多元化发展、生态化发展"原则；形成了"一主两翼三延伸"产业构想，努力打造国内一流工农业旅游示范景区，使以旅游为主的第三产业成为田野集团的新增长极。

专题六　发展中的田野山庄　○　中国百村调查丛书·官桥八组

田野山庄必须被纳入上述发展规划，为实现上述规划服务好。为了适应旅游业发展需要，田野山庄必须改造硬件，提升软件，扩展接待功能，提高服务质量。此外，还应配套新建 1 座商城、若干栋单体别墅，从而使旅游、休闲、娱乐、健身、餐饮、美容、商务、购物等功能集于一体，以满足多层次顾客的不同需求。

3. 融入区域环境，服务地方发展

党的十七大报告指出，"必须把建设资源节约型、环境友好型社会放在工业化、现代化发展战略的突出位置。[①]"2007 年 12 月，经国家发改革委报请国务院同意，批准武汉城市圈为全国资源节约型和环境友好型社会建设综合配套改革试验区。在《武汉城市圈总体规划》中，咸宁—赤壁—嘉鱼是其中首批"重点开发区"。田野集团及其所属的田野山庄，必须融入这一区域发展环境，必须当好资源节约型和环境友好型社会建设综合配套改革的排头兵，搞好自身资源节约和环境保护工作，使田野集团成为一个先进的资源节约型、环境友好型的高新技术企业，使官桥八组成为一个经济发达、生活富裕、环境优美的村组，使田野山庄成为一个食宿舒适、服务周到的宾馆。

田野山庄外景

[①]　胡锦涛：《在中国共产党第十七次全国代表大会上的报告》，人民出版社，2007，第 24 页。

田野山庄客房部接待厅

专题七　一位村民的过去、现在和未来

周瑞奇是官桥八组前郭城塘村的一名村民，他既是这个神奇小组的创业者，又是它发展变化的见证人。2008年元旦后，笔者在一个天寒地冻的雪夜，按照预约时间造访周瑞奇家，与他谈起了他的工作、生活和家庭，聊起了他的过去、现在和未来。

1945年11月出生的周瑞奇，按照官桥八组的社会保障制度，他已到了退休年龄，完全可以在家享受领养老金的退休生活。但是，他却一直忙个不停。早在1977年周宝生任官桥八队副队长时，他就是农业技术员；1979年周宝生当选生产队长后，他任副队长；1982年，他跟周宝生一起"洗脚上田"办企业，从此先后参与兴办、建设、管理、经营过许多企业，为官桥八组和田野集团的腾飞立下过汗马功劳。我们造访他家时，他仍担任着田野集团分管后勤的总经理助理，因而被大家亲切地称为"瑞总"。当时，他正忙着带领一帮村民用竹竿清打路边景观树上的积雪，直到21点多才踏雪归来。要不是事先已有安排，我们无论如何也不会把眼前这个精瘦的老头与田野集团总经理助理联系起来。然而，事实上正是这些普普通通的农民，跟随周宝生创造着官桥八组的奇迹，演绎着田野集团的故事。

一　昨天：依附土地的农民

——从地主家庭出身的孤儿到生产队技术员

让我们意想不到的是，周瑞奇不是一个贫苦农民的后代，而是出生在一个地主家庭。

据周瑞奇说,他爷爷手里已购置了一些田地,一进三重十多间青砖加泥砖的瓦房,一家人虽没有脱离农事,但农忙季节要雇工,在当地算是比较殷实的人家。他的父辈有兄弟两人,其父居长,年轻时在国民党的部队里当兵,曾当过连长一类的军官,后来在湖南湘潭娶了个财主的女儿,抗战胜利后回家,当年生下大儿子周瑞奇,1949年生下第二个儿子。

1950年土改时,周瑞奇父亲被划成了地主。这样,他父亲家多余的田地、房子被没收,分配给了贫雇农,自己家里只留下10来亩耕地和2间青砖加泥砖的瓦房。

土改期间,周瑞奇父亲因当过国民党军队军官而被批斗,大约在1951年投水自尽。周瑞奇的母亲将小儿子过继给了别人,自己偷偷逃回老家湘潭改了嫁(周瑞奇成家后她还健在,曾去探视过几次)。爷爷由于受刺激,大概在1953年去世。叔叔成家后,分开居住。周瑞奇只能跟奶奶一起生活。1953年,祖孙二人进了互助组,1954年转入合作社,1958年进入人民公社。祖孙两人基本没有劳动能力,靠集体经济组织照顾,日子过得紧巴巴的。1959年大饥荒,奶奶又撒手人寰。这样,周瑞奇成了孤儿,念到小学四年级的他被迫辍学。

周瑞奇虽出身地主家庭,但是,为人忠厚、乖巧,肯于吃苦,善于动脑筋,耕田种地是一把好手,还学会了泥工、木工技术,因而在集体经济组织中不仅没有受到歧视和排斥,反而成为一个得人喜欢的小伙子。1977年,踏实能干的周瑞奇担任了生产队技术员,1978年加入了中国共产党。在讲究阶级成分的年代,这对于周瑞奇来说,实在是太不容易了。

1969年初,已过23岁的周瑞奇与姑母的女儿成了亲。妻子任玉珍1949年出生,是官桥镇任家桥村人。因是回头亲,没有讲究什么彩礼。结婚也很简单,把老房子的门换下来打柜子,床是家里的旧式床,添置了些被褥、床单,办了几桌酒席,就算结了婚。1969年8月,大儿子周江明出生。1971年11月,二儿子周小明出生。1973年底,三儿子出生,1974年三儿子得了急性肺炎,当时周瑞奇在码头工地上工,妻子任玉珍一人起早摸黑出工,没有精力好好照顾孩子,几个月后孩子不幸夭折。1975年4月,生下小儿子周

专题七　一位村民的过去、现在和未来 ○ 中国百村调查丛书·官桥八组

建国。

说起1978年前的日子，63岁的周瑞奇脱口而出了4个字："又累又穷。"

说"累"，是指劳动强度大。周瑞奇告诉我们，其实官桥八组并不是今天才成为四面八方争相观摩、学习的典型。由于官桥八队地处官桥镇旁、官桥公社眼皮底下，因而早在人民公社年代，就一直是公社树立的典型。在那个以粮为纲的年代，生产队专搞农业生产，集体出工一般是早5点、晚10点，即早晨5点出工、晚上10点收工。加夜班是常事，"双抢"季节往往通宵突击。农闲时，要滚草皮积肥，还要抽调劳力外出做民工，参加县里和地区的水利工程建设。

那个年代完全不讲科学，一味强调"人定胜天"。官桥公社经常到八队抓典型、搞示范，实际上完全是形式主义。早稻为了不插"五一"秧，有时硬要"三八"就开始栽田，由于气温没有回升，秧苗根本就长不起来；晚稻为了不插"八一"秧，7月上、中旬就要赶着收割还没有成熟的早稻，不知造成了多大的损失。

就这样，工作组来了一茬又一茬，队长换了一个又一个，大家一年忙到头，每天从早忙到晚，活没少干，苦没少吃，就是解不开一个"穷"疙瘩。社员的收入，就是基本口粮和工分粮，年收入人均不足50元，许多人家年终结算甚至要"超支"。当我们谈到这里时，坐在一旁抱着小孙子的任玉珍插话说："我们3个孩子，虽然口粮、工分粮不够吃，但还没有超支过。"据他们回忆，每个月一家五口可分一百多斤粮食，一担箩筐就挑回家了，年终结算时从来没有超支，多的时候一年可分到一百多块钱，少的话也能分得几十块钱。

那些年，官桥八队每逢青黄不接时都要吃国家返销粮，1970、1971年甚至吃返销糠。虽然社员都有一点自留地，也能养一点家畜，可是弄不好也会被割"资本主义尾巴"。许多人家的房子、家具都是破破烂烂的，有的甚至除了睡觉的床铺、吃饭的桌子外，连一家人坐的椅子都备不齐。周瑞奇家的条件还算是比较好的，原有两间瓦房，后因为连续增添了3个孩子，又加盖了一间泥砖房，3间房合计约60平方米。至于村子的面貌，也只能用破烂二

247

字来形容,几条歪歪斜斜的泥巴路连接着各家各户的土坯房,全村人吃水、洗衣都靠一口浑浊的小水塘。当年,连肚子都混不饱,哪里还顾得上环境不环境?卫生不卫生?

说起那个时候的思想,老周笑了,他说:"那时候好像没有什么怨言,或许是跟以前战乱时期相比较,总算还有个安稳日子过吧!再说,那个年代的人好像很单纯,没有太多想法,也不敢有太多想法。"当时,周瑞奇是队里搞副业的好手,为了避免被批为"投机倒把",就先打报告,偶尔搞点副业,增加一点收入,大家就很满足了。

二 今天:跳出土地的农民
—— 从生产队副队长到田野集团总经理助理

1979年10月,周宝生被选为生产队长,周瑞奇为副队长。在周宝生带领下,官桥八队在嘉鱼县率先实行联产计酬,将旱地按劳力、人头各半办法承包给农户,水田则划分为4个作业组承包经营。周瑞奇也是这一冒险行动的推动者之一。1980年,粮食大丰收。1981年,全部田地承包到农户。这一年婶母去世,叔父跟周瑞奇一起生活,全家按6口人分责任田,有水田12亩、旱地6亩。当年,周瑞奇家产粮5千多斤,交队里任务3千多斤,自己留2千多斤。旱地里种苎麻、油菜、芝麻、花生、绿豆等经济作物,除自家吃用外,还卖了一百多元钱。至此,官桥八队一举解决了温饱问题。

但是,官桥八队人并没有满足。1982年,周宝生、周瑞奇、周文连、周东方、周瑞权5个"泥腿子"带头"洗脚上田",在官桥镇上租了3间房子,开办了小卖部、熟食店和冰棒厂,一年下来净赚7000元。1982年11月,又在邻村方家塘办起了煤矿,1983年产煤4000吨,产值60万元。此后,又陆续开办了拉丝厂、砖瓦厂、铸造厂、家具厂、手套厂、金属结构厂等企业。这样,企业越办越多,利润越来越大,集体家底越来越厚,生产队的产业结构也逐渐发生了变化,许多村民进入队办企业,逐步变成技术工人或管理人员。

专题七 一位村民的过去、现在和未来

1. 一块可信赖的多功能"砖"

在"洗脚上田"过程中,周瑞奇一直是周宝生的坚定支持者和得力助手,并逐渐成长为许多企业的当家人或高层管理者。1982 年开办冰棒厂,周瑞奇是牵头人;1983 年筹建拉丝厂,周瑞奇是基建负责人;1984 年成立湖北省嘉鱼县官桥农工商综合公司,周瑞奇是公司负责人之一;1985 年兴办起铸造厂,周瑞奇是负责人;1986 年创办砖瓦厂,周瑞奇任厂长;1989 年,周瑞奇先后任方家塘、罗家桥煤矿负责人;1994 年周瑞奇被任命为湖北长江合金厂副厂长,负责销售工作;同年,湖北省嘉鱼县官桥农工商总公司更名为湖北田野集团,周瑞奇任董事;1995 年周瑞奇接手古田煤矿,任田野集团古田煤炭分公司经理;1999 年,由于砖瓦厂亏损,周瑞奇又回任砖瓦厂厂长;从 2002 年开始,周瑞奇任田野集团总经理助理,负责后勤工作。20 多年来,周瑞奇好像一块神奇的多功能"砖",哪里需要就往哪里搬,搬到哪里就在那里生根、开花、结果,就在那里为八组、为田野集团作贡献。

周瑞奇"洗脚上田"后,主要精力逐渐转移到企业管理上,家里的田地基本上靠妻子打理。起先,农忙季节周瑞奇还能回家帮帮忙,过着亦工亦农的生活,只有犁田一类重活需请人来做。1985 年,周瑞奇负责铸造厂后,就完全没有精力顾及家里的农活了,成了真正的"工薪一族"。家里田地的翻耕、插秧、割谷等农活都请人来做。请人做农活的工资按面积计算,1 亩田地 1990 年前后是 15 元,2000 年左右涨到 30 多元。

2. 没有农民的"农户"

2000 年后,周瑞奇家不再耕种农田了,责任田由组里收回,统一转包。周瑞奇叔父年纪大、妻子要料理家务,没有进企业工作,周瑞奇本人、3 个儿子及儿媳都在田野集团及其下属企业上班,全家劳力都成了企业员工,成为没有农民的"农户"。周瑞奇每月的工资,1982 年 50 元,1990 年 100 多元,2000 年约 1000 元,2007 年 1800 元,25 年上涨 35 倍。

周瑞奇的妻子任玉珍一直默默支持丈夫工作,扛起了打理责任田、操持家务、赡养老人、抚养小孩的责任。1981 年开始一起生活的叔叔,起先还能帮着做些家务、带带小孩,后来逐渐衰老,直到 2000 年去世,全由任玉珍照顾。为了增加收入,任玉珍还饲养过一些家禽家畜。1986 年养了 200 多只

鸡，后因鸡瘟和饲料涨价，基本上没有赚到钱。1988年养了53头猪，后因精饲料涨价，亏了13000多元。20世纪90年代，一般只养1只猪婆下崽卖钱，1只肉猪自家过年。2000年后，就不再饲养生猪了，一心一意在家操持家务、带孙子。

大儿子周江明，1985年官桥中学初中毕业，当年进入砖瓦厂开铲车。现在，是钎钢厂焊工，拿计件工资，月工资1000~2000元。1989年结婚，周家花了3000~4000元。妻子任杏兰，是任家桥村人，婚后帮婆婆打理家务，1994年进入合金厂，从事精磨工作，现月工资1200元左右。1996年生一女儿，现在嘉鱼县城一小读书，每天上学集团有车接送。

二儿子周小明，1987年官桥中学初中毕业，先在铸造厂搞机修，后到砖瓦厂开货车，1988年到公司为副经理开小车，2003年开始为"老板"（官桥八组和田野集团的人都这么称呼周宝生）开车，2007年到贵州大方煤矿为"专总"（官桥八组和田野集团的人都这样称呼周宝生的儿子、现任田野集团总经理周志专）开车，月工资2000元左右。1993年结婚，周家花了7000~8000元。妻子任甘英，1994年到长江合金厂上班，2007年调中石特管公司上班，现在月工资1500元左右。2006年，生了一个儿子。

三儿子周建国，1991年官桥中学初中毕业后，跟人学装潢、做油漆工，1998年进长江合金厂上班，现月工资1300元左右。1998年1月结婚，周家花了约20000元。妻子佘红霞，是咸宁古田人（周瑞奇曾在古田煤矿负责，认识其父，因而有了这门亲事）。1999年，佘红霞进长江合金厂工作，目前月工资1200左右。2007年，生了一个儿子。

3. 职业结构和收入结构的变化

官桥八组产业结构的变化，带来了周瑞奇全家职业结构、收入结构的变化：从纯农业家庭到半工半农家庭再到工业家庭。

1978年，周瑞奇家5口人2个劳力（周瑞奇、任玉珍），除生产队每月分100余斤口粮、工分粮外，年终集体结算可分得工分钱约100元。

1981年，包干到户的周瑞奇家6口人3个劳力（周瑞奇、任玉珍、周瑞奇叔父），年收入700多元，其中粮食收入约600元，经济作物收入100多元。

1990年，周瑞奇家7口人5个劳力（周瑞奇、任玉珍、周江明、任杏兰、周小明），年收入约5000元，其中周瑞奇、周江明、周小明3人工资收入约3000元，福利收入1000元，另农业收入约1000元。

2000年，周瑞奇家8口人6个劳力（周瑞奇、任玉珍、周江明、任杏兰、周小明、任甘英），年收入62000元，其中除任玉珍外5人工资收入约50000元，福利收入10000元，另农业收入约2000元。

2007年，周瑞奇家11口人7个劳力（周瑞奇、周江明、任杏兰、周小明、任甘英、周建国、佘红霞），年收入约14.5万元，其中工资收入约11万元，福利收入约3.5万元。

4. 24年盖了3次新房

1981~2005年24年间，周瑞奇一家盖了3次新房。

1981年，小有积蓄的周瑞奇像多数农村人一样，郑重其事地盖了新房。由原后郭城塘村搬到后堤，盖了一栋楼上楼下各3间的小楼房，共120多平方米。门面和1楼间隔墙都是红砖，其余外墙用旧房子拆下的青砖，2楼间隔墙还只能用泥砖。另外，还利用了许多旧材料，总共花了约1500元。在当时，他家的小楼房已经是够气派的了。

1986年，官桥八组改造村民住房，由组里统一划线、统一下脚、统一外观设计，各家自行施工，组里每个档补200元。周瑞奇家搬到现办公楼前面，盖了一栋两个门面、4个档、楼上楼下总面积400平方米的小洋楼，后面还修建了一排面积约60平方米的平房，用作厨房、猪栏、鸡舍，组里补贴2000元，自家花了3万余元。

1999年，按组里统一要求，进行重新装修，组里补贴2万元钱。

2005年，田野集团盖新办公楼、修人工湖，周瑞奇家属于搬迁户之一，又由现办公楼前拆迁至前郭城塘村。于是，他家20多年来第3次盖新房。根据组里制度，老周家3个儿子各立一个户头，老周和老伴列在小儿子周建国名下。这样，3个儿子各盖一栋上下两层的小洋楼，共计500多平方米，2006年6月落成。组里每平方米补贴150元，共8万多元；每家另补1万元，共3万元，合计共补了11万多元。盖这些新房，全部材料费由老周出，3个儿子自己出工钱和装修费，每家都花了10万余元。老周在小儿子新房后院,另盖了一处约90平方米的平房,自己和老伴居住。

5. 芝麻开花节节高的生活

从1988年起,官桥八组统一承担各项税费任务,村民则分文不交。

从20世纪80年代开始,组里每年年终按人头发红包或鱼肉补助,每个村民200元。到2005年,改为每个在岗村民发5000元。2007年,组里将人造林、草坪按人均5亩分配到户,由村民负责管理,年终福利与此任务完成情况挂钩。

20世纪90年代以来,组里规定男60岁、女55岁退休。退休后,每人每月可领取退休金100元。2006年,组里一次性补贴60%为村民购买养老保险,从2007年开始,村民男满60岁,女满50岁,像城里人一样领取养老金。周瑞奇老伴现每月可领取400元养老金。

收入提高了,生活条件也越来越好。1981年以来3次盖新房、搬家,周瑞奇家逐渐添置了许多现代家具和家用电器。1982年,周瑞奇家买了黑白电视机。1989年大儿子周江明结婚,添置了彩电。以后周小明、周建国结婚,都买了大彩电。如今,自己和3个儿子都换成了大屏幕彩电。1986年,周瑞奇家装了固定电话。20世纪90年代初,周瑞奇用上了公司配备的手机,到现在已经换了好几部手机;妻子、儿子、儿媳也都各有自己的手机。1980年之前,周瑞奇是骑自行车上下班;1980年之后买了摩托车,到如今摩托车已换过好几部。1989年,第一次购置洗衣机,1992年第一次购置电冰箱,1998年第一次购置空调、热水器。其他厨卫电器,已一应俱全。从2004年开始,根据组里统一安排,拆除了柴灶,以烧煤和煤气为主。1984年,组里投资4万~5万元修建了自来水厂,使全组村民吃上了自来水;2000年开始,吃上了嘉鱼县自来水厂的自来水。2008年,水费1.2元/吨,电费0.55元/度。

6. 一位新型农民企业家

在物质生产、生活变化的同时,周瑞奇的思想观念、精神面貌、知识水平和管理能力也发生了可喜变化。周瑞奇已由一个忠厚本分的农民,逐步转变成为一个视野开阔、勇于开拓、勤于学习、善于管理的技术骨干和现代企业管理者。周瑞奇的儿子、儿媳们也逐渐从普通农民变成为现代企业的技术工人。周瑞奇一家,已从传统农民家庭变成了现代工业家庭。

思想观念的变化，还表现在对外来人才的态度上。成立田野集团后，引进的技术人才，有的成了田野集团副总、下属高科技企业厂长，而像周瑞奇这样跟周宝生一起闯天下的"老革命"只能屈居总经理助理；外来技术人才可以住专家楼，配小轿车，拿高工资，而周瑞奇这样的本组干部只能享受普通待遇。我们问周瑞奇，面对这种情况有何感受？他有点不好意思地说："当初好多人都想不通，现在大家不服都不行。"如今，"科技是第一生产力"已不是挂在嘴边的口号，而是看得见、摸得着的活生生的现实。

通过深入访谈，望着眼前依旧憨厚、朴实的老周，我们深深感到，无论从工作方式看，还是从生活方式看，特别是从思想观念、精神面貌、知识视野和管理能力看，周瑞奇都早已大大超越了传统农民的局限，已成为一位相当成功的新型农民企业家了！

三 明天：不离土的农村居民

——从田野集团的后勤主管到退而不休的技术顾问

据某媒体报导，官桥八组"生态优势没有变、种植业没有丢——有近100亩耕地仍是稳产高产良田，纯朴的村民，下班后依然有侍弄庄稼的习惯，粮食也能自给自足。"这是我们来官桥八组之前，对官桥八组的认知。

事实上，官桥八组绿化确实很好，环境优美更值得称赞。但是，通过实地调查我们发现，由于搞工业建设和村庄建设，官桥八组的耕地面积大幅减少，早在2000年，组里仅剩几十亩责任田，于是由组里统一收回，包给3家农户耕种。到2002年，剩余的耕地仅够周瑞权一家耕种，到2006年，连最后一个种田人周瑞权也无田可种了。现在，官桥八组1.56平方公里范围内，除高技术工业园、办公楼、专家别墅、田野山庄、文化中心、村民住宅区等建筑外，就是人工湖、景观林，再也没有一亩农田了！这不禁使我们产生了很大疑虑：没有耕地的农村还算农村吗？没有了耕地的农民还叫农民吗？

当我们把这个疑虑告诉瑞总时，他很"政策"地告诉我们，八组发展工业、解决了农业剩余劳动力后，又反哺农业，一方面修路筑湖，植树造林，推动新农村建设。另一方面正在着手建设生态农业，发展农业旅游，并已被评为"生态农业示范村"、"农业旅游示范点"。

瑞总的回答，使我们深深体会到，曾经为致富而跳出耕地的官桥八组人，现在又站在新的高度和起点上，开发着这片曾养育过他们祖祖辈辈的土地。八组人是农民，又不是农民。说他们是农民，是因为他们并没有抛弃土地；说他们不是农民，是因为他们不再以种田为主要谋生手段。他们正在用自己的智慧和实力改造这片故土，他们是工业化、后工业时代离土不离乡的新型农民。周瑞奇便是这群普通而又不简单的八组村民的典型代表。

后来，我们又问已过退休年龄的周瑞奇，今后有什么打算？精明而又忠厚的瑞总说，老板还没叫我退，我还能做点事，就应该帮着做点事。他又笑着说，其实，农民是无所谓退休不退休的！果然，2008年5月，当我们再次造访八组时，周瑞奇接受田野集团委派，已于4月远赴贵州大方县指导煤矿基建去了。田野集团的杜总告诉我们，瑞总已经不是总经理助理了，因为他对煤矿和基建有丰富经验，因而让他去贵州指导工作。听说，瑞总在贵州那边每月工资3000多元。我们想，这绝不会是退而不休的瑞总远赴贵州的主要原因！

这次造访，我们没有见到老周，就去看望他的老伴。从任玉珍处得知，她在2008年2月因腰椎间盘突出住了一个星期的医院，又在医院门诊治疗一个星期，花了2000多元。现在，不到一岁的小孙子还是请她在嘉鱼机械厂内退的妹妹来带的。我们问任玉珍，丈夫、二儿子都在贵州，想不想也去看看？她苦笑着说，当然想啊，可是去不了啊！身体不好，家里事走不开，老头子也不允许。老头子原来说，退休了没事干就带我出去转转，可现在他还在工作啊！任玉珍还说，她现在就想把家管好，让老伴、儿子、儿媳妇好好做事，也希望孙女、孙子好好读书，将来能考大学，因为大学毕业回来，组里要奖好几万块钱，工资也高。我们问她，有没有去城里买房的打算？她奇怪地说，我们这里好得很啊！城里空气不好。她指着人工湖对面正在建设的别墅区说，这里离城近，环境好，好多城里人都要来这里买房住呢！

听着这些朴实无华的话语，我们深有感慨：这群原本束缚于土地、受累受穷的农民，为了过上好日子曾经努力跳出土地，对他们的明天或许没有非常明确的憧憬。但是，他们永远热爱着养育他们的土地。现在，他们已经不是传统意义上的农民，但他们离土不离乡，正在用智慧和劳动的画笔描绘着新农村的壮丽画卷。他们才是新农村的真正主人！他们才是中国农村的希望！中国农民的希望！中国田野的希望！

专题八 一位引进人才的感受和建议

——田野集团合金厂副厂长黄波访问记

善于引进人才、使用人才和留住人才，是官桥八组迅速腾飞的一大秘诀。田野集团合金厂副厂长黄波是引进人才中的一个典型。下面，就是我们访问他的一些情况。

一 黄波其人

1968年10月，黄波出生在嘉鱼县簰洲湾镇一个农民家庭，父亲以种田为生。童年时期，他目睹了父亲终年辛勤劳动，但家庭经济拮据，生活异常艰难，使他终生难忘。年幼的黄波思考，农民为什么这样贫困呢？也许得益于"无工不富"的启发，黄波从小就立志要走一条与父辈不同的道路，想在工业战线上寻求自己的前途。

1989年，21岁的黄波顺利通过了高考，在填报志愿时，他毅然选择了工科专业，并默默许诺毕业后用所学知识服务家乡、建设家乡。由于黄波高考成绩优异，最后被国家重点大学——重庆大学录取。当年，重庆大学是国家重点建设的"985"与"211"高校，在光电精密仪器等领域处于全国乃至世界前列。黄波就读于这个专业，不仅学习成绩优异，而且以农村学生的质朴与上进给人留下深刻印象。在重庆大学的四年，他年年被评为三好学生、优秀学生干部。毕业时，当大家都认为黄波要留在大城市、留在大企业施展才华的时候，他毅然选择了回到家乡，践行自己当初填写志愿时在心中默默许下的诺言。

1993年回到家乡后,黄波被分配到嘉鱼县化肥厂工作。初期,他和其他工人一样从基层做起,成为仪表车间的一个普通员工,从事自动化控制工作。在这个工作岗位上,黄波不仅认真履行自己的职责,顺利完成工厂交给的各项工作任务,而且勤于钻研技术,善于解决技术难题,多次带领技术攻关小组解决工厂日常生产中的一些技术问题,从而大大提高了工厂的生产效率和经济效益,赢得了领导和同事们的信任。由于专业技术过硬和性格随和,1994年黄波被推举为嘉鱼县化肥厂仪表车间主任。

化肥厂是嘉鱼县的一个重点企业,当时正处于生产和销售的繁荣期。但是,该厂的致命弱点是生产规模小,技术落后,污染严重,因而与全国其他小化肥企业一样,很快就被列入淘汰对象。20世纪末,该厂生产和销售逐渐下降,2004年破产。在嘉鱼县化肥厂期间,黄波在生产第一线经过多年实践磨炼,动手能力和创新能力得到了很大提高,特别是在机电一体化等方面的技术才能更广为人们所熟悉。然而,这个技术落后的小厂,施展才华的空间相对狭窄,很快就难以满足黄波在知识、技能的运用和发展方面的要求。

二 为何而来

1993年,官桥八组酝酿成立田野集团、创建高科技产业园。当年,随着享受国务院政府特殊津贴的磁性材料专家、高级工程师刘业胜及其专家组的加盟,官桥八组创办了长江合金厂,从而开始了从资源型企业向高科技企业的跨越。

在创办长江合金厂的过程中,刘业胜总工程师曾多次邀请黄波来合金厂共同探讨技术革新等事宜,官桥八组组长、田野集团董事长周宝生也常作陪。黄波每次来官桥八组,都为这里热火朝天的生产场景和技术革新热情所吸引,更为董事长周宝生求贤若渴的态度和总工程师刘业胜的诚意所感动。同时,这里的良好人际关系和优美生态环境也使他感到非常愉快。经过一段时间的观察和思考,1998年黄波毅然决定辞去嘉鱼县化肥厂车间主任职务,从县城来到官桥八组长江合金厂,从事生产技术和科研工作。

笔者采访黄波时曾问到:"你为什么要到这里来上班?"他红着脸说,是这里美好的环境——和谐的工作环境和优美的生态环境吸引了他。他说:做这个决定并不容易,只有决心抛弃传统观念,才能毅然离开化肥厂这个国有企业,才能毅然辞去车间主任这个职务,到官桥八组这个集体企业来做一个普通技术人员。

三 为何而留

官桥八组不是一个普通村庄,而是一片播撒希望的田野,一片施展才华的乐土。田野集团更把人才视为第一资源,广开渠道招揽人才,不拘一格使用人才,想方设法激励人才,千方百计留住人才,最大限度地发挥人才资源的潜能。1998~2008年,黄波在田野集团长江合金厂已连续拼搏了十年,是什么把他留下来了呢?

首先,是事业上的成功留住了他。例如,黄波主持了对铝镍钴永磁材料某些特性的改进,已取得良好效果。铝镍钴永磁材料的特点是,机械强度低、硬度高、易脆,可加工性较差,不能锻造和进行其他机械加工,仅能做少量磨削或电火花加工,因而不能作为结构件来设计。合金厂的主导产品是石油物探检波器磁钢,它是为20DX系列地震检波产品配套的主要元件,体积小、重量轻、技术指标稳定、精度高、寿命长、野外恶劣环境适应能力强,适合于各种方法的中深层地震勘探。针对20DX-40Hz产品和9类出口产品易脆、易掉边掉晶的缺陷,在刘业胜总工程师的支持和鼓励下,黄波开拓思路,不畏艰难,通过调整合金成分和增加新合金元素(如在有的产品中增加铌或钐等新元素),从而改善了磁钢易脆、易掉边掉晶的缺陷,提高了产品机械加工性能,在保证磁性能的同时使产品外观质量得到了显著提高。又如,2006年黄波主持了新检测线圈课题研究,实验成功后,不仅使检测操作更简单、更准确,而且提高了磁钢的交货合格率,全年增加合格供货3万余只。通过多年努力,合金厂磁钢产品性能已大幅提高,交货合格率处于全国同行业之首,原料损耗得到有效控制。1998~2008年,黄波在合金厂挥洒了十年汗水,历经了合金厂数次生产扩建、技术改造和工艺革新,参与了企业标准制定，公开发表了多篇论文，取得了多项省部级科研成果，从而使自己从一名青年技术工作者成长为高级工程师和企业骨干。正是事业上的不断成功，使得黄波十几年如一日地留在田野集团，留在合金厂这个集体。

其次，是领导上的重视留住了他。黄波来合金厂后，生产上兢兢业业，技术上得心应手，精神上有成就感，对未来充满信心。由于他技术过硬，生产能带头，科研创佳绩，大大提高了企业生产效率，1999年经周宝生介绍加入了中国共产党；2000年被田野集团任命为长江合金长副厂长，主管生产技术和科研工作。2007年初，公司给他颁发技术创新奖金，并获得集团"优秀工作者"、"优秀共产党员"称号和"湖北省劳动模范"称号。

再次，是生活上的关心留住了他。为了让黄波能安心工作，经领导安排和黄波动员，2001年11月他的妻子孙燕于（高中文化程度，原嘉鱼县化肥厂行政科工作人员）也来到合金厂质检科工作。后来，黄波在嘉鱼县城又买了一套130多平方米的住房，把在农村的父母接到县城居住。这样，既使父母老有所养，又使两个孩子得到较好照顾。他每天下班后，就可与妻子骑摩托车回到县城家里（下雨天就坐直达公汽，县城距离官桥八组约15分钟车程），既能帮助父母做家务，又可为孩子辅导学习。所有这些安排，都解除了黄波的后顾之忧，从而使他更为安心地在田野集团长江合金厂工作。

此外，田野集团投入大量资金建成的高科技工业园、专家公寓、员工食堂、文化活动中心、运动场、休闲广场、森林公园等设施，为员工提供了一个优美、舒适的工作和生活环境；集团建立的每年按销售收入的4%提取科研经费的制度，以及"成功给大奖，失败不责难"的激励机制，为科技人员提供了一个施展才华的创新环境；集团开展的"党员之家"、"青年热线"、"团员之家"、"妇女心连心"等活动，办了许多实事，排除了员工许多政治、经济、思想、文化、社会生活难题，为职工提供了一个团结、互助、温馨、和谐的人际关系环境。所有这一切，都促使黄波以田野集团为家，将自己的事业与田野集团的命运紧密地联系了起来。

简言之，是"事业留人、待遇留人、感情留人、环境留人"。

四　有何建议

黄波是一个把自己的人生、命运融入官桥八组和田野集团中的科技人员，对于官桥八组和田野集团的发展，他有如下一些建议。

首先，进一步营造公平竞争环境，给员工提供施展才华的机会和舞台。建立"干部能上能下、工资能高能低、人员能进能出"管理模式，营造比学赶帮氛围，增强对优秀人才的吸引力、凝聚力。促进企业良性循环，实现企业和个人共赢。

其次，进一步为员工着想、让员工满意。企业管理观念应有一个重大转变，即从"服务于利润"转变为"服务于员工"。只有如此，才能进一步激发员工对企业的认同和忠诚，才能促使员工自觉地为企业提供优质、高效的劳动和服务。

第三，建立"爱心基金"，完善集体资助机制。对员工因家属疾病、家庭重大事故等造成的困难应给予帮助。为此，应该建立"爱心基金"，动员企业和职工的力量，建立完善的资助机制，让员工感受到企业大家庭的温暖。

第四，进一步加强员工培训，提供深造机会。知识需要更新，人才需要培养。通过学习和培训（包括外派进行系统的专业学习），不断提高、更新员工的理论知识水平和实际操作能力，为企业可持续发展提供源源不断的人才资源。

第五，建立科学的绩效考核和奖励制度。要以人为本，尊重知识，尊重人才。要建立公正、科学的绩效考核制度，构建公开、合理的职位、薪酬、福利等待遇与工作绩效挂钩的奖励制度，形成一套具有竞争力的人才管理激励机制。

专题九　一位外来工的体会和希望

——嘉裕管业股份有限公司余志威访问记

随着田野集团的快速发展，职工队伍中外来人员越来越多。为了了解他们在田野集团的体会和希望，我们采访了嘉裕管业股份有限公司热处理车间的一名普通工人——余志威。

一　进入"田野"

余志威，男，湖北省汉川市韩集乡全健村人，1982年出生，高中文化程度。

高中毕业后余志威没能如愿考上向往多年的大学。怀着对军人的崇敬和对部队生活的向往，他毅然报名参了军，被分配到宁夏军区独立步兵团，成为一名光荣的人民子弟兵。

两年后，余志威复员回家待业。后经朋友介绍，到广东省东莞市虎门镇居岐管理区一家公司做保安。这个工作比较闲适，公司包吃包住，但工资很低，一个月仅800元左右工资，有时加班多一点也只拿900元工资。那时，他单身一人，没有家庭负担，应付个人生活还过得去。但时间久了，看周围人收入大都比他高，渐渐感到有了压力。他想，这样下去，何时才能成个家呀？

半年多后，有个战友来找他，希望与他合伙做餐饮生意。当时深圳外来人员多，快餐生意红火。他想与人合伙做生意，一来可多赚点钱，增加收入；二来可学习独立干事业。于是辞掉保安工作，与朋友一起开了间快餐店。开始，生意不错，每月纯收入 2000~3000 元。后来，由于同行竞争激烈，加上当地人排挤外来人，他们的快餐店很快就被挤垮了，这时他才体会到创业的艰难。这次生意虽然失败了，但获得了不少人生经验，感觉成熟了许多。最为幸运的是，他在创业过程中获得了爱情，结识了现在的妻子郑飞燕。2005 年 9 月，快餐店关门后回到汉川老家，国庆节时他们举行了婚礼。

结婚前，他家有父亲、母亲、弟弟、弟媳和奶奶。父母和弟弟、弟媳都在嘉鱼县渡普镇甲板厂工作，并居住、生活在一起。他们的工资与工作量挂钩，平均每人每月 1000 元左右，合计每月总收入 4400 元左右。奶奶身体还算硬朗，独自一人住在韩集乡老家，生活费由父母每月给她老人家寄一部分。由于家里没有劳动力，承包的田地只能交给亲戚帮忙耕种。

结婚后，他们从这个大家庭中独立出来。婚后半年，都在家里休息。一年后，孩子的出生给他们带来了喜悦，同时也加重了家庭的经济负担。为了缓解经济压力，他不得不开始四处寻找工作。这时候，生活出现了又一次转机：他有一位姑姑早年嫁到嘉鱼县官桥八组，听说他的基本情况后，就主动打电话问他愿不愿意到八组工作。

他对官桥八组并不陌生，小时候每逢放假或者农闲，姑姑常把他和弟弟接到官桥八组小住一段时间。那还是在 20 世纪 80 年代，听说八组赚到一大笔钱后，通过集体决议，按统一规划、分户施工、集体补贴方式，开始建设人均面积 50 平方米的别墅式住房。从那以后，八组的道路平坦了，宽阔了，周围环境大为改善，那是他小时候最想去的地方。

关于田野集团他也有所闻。还是在部队的时候，他经常与姑姑家通电话，知道田野集团是官桥八组村民和外来员工经过 20 多年艰苦创业才逐步发展起来的高新技术企业。这次，姑姑在电话中告诉他，目前田野集团处于稳步发展过程中，生产、经营态势非常好，现正在招收员工。听了姑姑介绍，他认为到这里打工是个不错的选择。他想，父母和弟弟一家都在嘉鱼县渡普镇工作和生活，若到田野集团上班，离家近，可随时回家。于是，他接受了姑姑的建议，同意到官桥八组应聘。2006 年 2 月春节刚过，他就迫不及待地赶到田野集团，通过面试和试用期后，被安排在集团下属的嘉裕管业股份有限公司工作。

二 做一个"田野"人

田野集团规定，每名新员工都有为期3个月的试用期，试用期内每月工资800元。田野集团有专门的培训部门，负责对员工进行岗前培训。在3个月培训和试用期中，他学会了热处理技术，掌握了基本操作技能，通过多次实践，已经可以独立完成相关工作任务。试用期结束时，他顺利通过了公司考核，成了田野集团的一名正式职工，被分配到嘉裕管业股份有限公司，主要从事热处理工作。

公司实行早、中、晚轮班制度，工作量视客户需求而定，没有完成任务就要加班生产，以保证完成订单，兑现对客户的承诺。说实话，他开始时确实有点不适应，与原来当保安、做快餐相比较，感觉要累许多，觉得其管理甚至比部队还要严厉一些。他认为这是一家以严格考评著称的公司，与他原来在东莞、深圳的两份工作是无法相提并论的。但是，他坚持下来了。毕竟不是天天加班，再说加班也有加班费。更重要的是，在这里，他感受到了平等与尊重，可以不断地充实自己，心灵可以不断地净化与升华。

为了提升员工素质，公司十分重视员工培训工作。除组织员工岗前培训、岗位培训外，还按照组建"学习型组织"的目标，举办各种业务培训班、科技培训班、学历培训班，要求在员工中形成爱学习、争创新、提效益的良好氛围。公司还通过外出交流、考察学习的方法，开拓他们的视野，增长才干。即使在车间办公室里，也摆满了各种有关冶金、锻造技术的书籍。例如，《热处理基础》、《金属热处理》、《热处理技术》等，余志威就常阅读几本书。通过培训和学习，他这个对金属加工一窍不通的门外汉，已逐渐成长为一个熟练的技术工人了。

以前，他看到别人在电脑前操作自如，非常羡慕，来田野集团后，他报名参加了夜校电脑培训班。经过一段时间培训，他已掌握了计算机的基本知识和技能，学会了用电脑上网查找资料，浏览新闻资讯。每到星期日，他都会到图书馆借阅与技术相关的书籍，希望不断充实自己。现在，他已能熟练操作电脑，公司和办公室的电脑有时出了问题，还请他去帮忙修理呢！在这里，他深深体会到培训、学习给个人带来了多方面深刻变化。

公司的考核结果与工资、奖励、选拔任免挂钩。现在，他每星期工作6天，平均每月工资能拿到1500元。2007年，他还被评为"公司劳动模范"，获得了2000元奖金，这是对他工作的肯定和对他未来的勉励，使这个外来员工有了归宿感和光荣感。与八组村民一样，外来员工也能享受养老保险、工伤保险和医疗保险，2008年4月公司组织外来员工到医院做了全套生化、B超等体检，这使他们感到非常温暖。

这里的领导非常关心员工，经常走访员工家庭，及时帮助有困难的员工。让他印象特别深刻的是去年中秋节，他因加班不能回家过节，心里有点伤感。下午快到吃饭时，同事跑来告诉他，今天领导来与加班工人一起过节，现在食堂饭菜已经摆好了，赶快去吧！来到食堂，里面摆满了桌子，鸡鸭鱼肉一盘盘端了上来。部门经理、车间主任及其他相关部门负责人都来向他们敬酒，陪他们聊天，与他们这些加班员工一起度过了一个美好的中秋佳节。

每年酷暑，公司都会发放一些防暑药品，配备足够的防暑降温用品，冬天则有"取暖费"，真正把员工利益放在心上。公司的员工也很团结，同事关系融洽，有什么技术难题，大家一起研讨；有什么生活困难，大家互相关心，邻里经常走动，像一个大家庭。这些外来工和八组村民的感情也很好，不因地域不同而产生隔阂，使外来员工感受到家的温馨。

在住宿方面，公司为员工提供了52平方米三室一厅的职工宿舍，每套住房都配备了电视机、电冰箱和洗衣机，每个员工一间，人均20平方米，客厅共用，家电和水、电全部免费。因为姑姑家在官桥，所以他们夫妻暂居住在她的房子里。现在公司正在新建一栋宿舍楼，听说主要是夫妻房，是为夫妻都在田野集团工作的双职工准备的。

公司建有幼儿园。在幼儿园里，孩子早、中、晚餐每月只需缴130元。他的孩子已两岁半，去年进了幼儿园。幼儿园上学、放学时间，都与员工上下班时间相衔接，他们上班送、下班接都十分方便。今年过年，幼儿园组织小朋友在文艺晚会上表演，看到孩子们在舞台上又唱又跳，他们这些当父母的别提多高兴了。

公司非常重视员工业余文化生活。经常放电影，组织卡拉 OK、篮球、乒乓球、台球、羽毛球、象棋、拔河等比赛；每年春节、"三八"、"五一"、"七一"、国庆等节日，歌咏大会、文艺晚会更热闹异常。每逢周末，公司都有专车接送员工进嘉鱼县城。春节时，公司还组织外来员工返乡过年，他家离官桥较远，同样可搭乘顺风车，减少旅途劳累之苦。

今天的官桥八组，村民富了、有钱了，乡风也文明了。道路上见不到烟头、纸屑，没人随地吐痰，上班时间不接打电话，没有封建迷信、抹牌赌博，更没有违法违纪等不良现象。老实说，他刚来这里时，真有点不习惯，不扔垃圾可以，但要经常打扫卫生，接受层层检查，感到非常麻烦。但是，经过一段时间调整，也就逐渐适应了。此外，公司还修建了文化活动中心、运动场、休闲广场、森林公园等设施，为员工提供了一个优美、舒适的环境。与东莞、深圳原来工作过的地方相比较，无论人文环境还是工作环境，田野集团都要好得多。

总之，在这里，他们已把自己视为八组人，积极主动地发挥主人翁作用。这既是为了赢得他人尊重，也是给予他人尊重；既是创造价值，也是实现自我价值！

三 对"田野集团"的希望

问他对田野集团有什么希望时，余志威接着说，他们这些外来的田野集团员工，有许多共同希望。

一是，希望加强对员工培训。他在这里工作，经常感到有压力。热处理是一种技术性很强的工种，要提升产品质量，改革生产工艺，仅靠现有知识是远远不够的。因此，他有一种紧迫感，一刻也不敢松懈。希望公司加强培训工作，不断提高员工知识和技术水平。

二是，希望能接纳双职工。田野集团正在盖双职工家属楼，等孩子再大点，他想让妻子也来这里上班。到那时，希望也能搬进去住。那样他们这个三口之家，将会完全融入这个集体。

三是，希望厚待重返员工。许多外来员工虽然对这里感到满意，但不敢

确定能长久在这里做下去，因为他们大都年轻，都想出去多闯一闯。如果出去闯得不如意，想再次回到这里来，希望田野集团能厚待这些原有员工，仍然能接纳他们。

四是，希望多做思想教育工作。在田野集团，乱扔乱倒垃圾、糟蹋粮食等不文明行为，都会受到重罚。但是，罚款不是目的，只是一种手段，关键是要加强思想教育，促使人们改变落后生活习惯和恶劣行为方式。只有如此，才能从根本上克服不良习惯，提高文明素养，优化生活环境。

笔者感到，对于外来人员而言，田野集团的最大馈赠，并不是每个月给他们发了多少工资，而是使他们开阔了视野，学习了知识，提高了技能，增长了才干，养成了文明的工作和生活习惯，把他们培养成了真正的社会主义新农村的建设者。

第三编

问卷调查报告

报告一　一支新型城镇化的生力军

——官桥八组村民家庭问卷调查报告

内容提要

2007年，官桥八组的村民已成为一支新型城镇化的生力军。

一　调查工作：2007年7月14日~2008年5月22日前后历时315天，其中培训和入户调查6天。调查员33人，调查对象56户（有两户因故未接受调查），调查时间户均63分钟。

二　家庭情况：56户，241人；核心家庭占46.4%，主干家庭占41.1%；户均4.3人、2.4代、1.3对夫妻；性别比例110，人均34岁，平均受教育9.2年。

三　在业人员：140人，其中，管理人员26人，专业人员8人，一般员工106人（含脑力劳动5人，技术工人43人），2007年人均工作266天。

四　家庭收支：收入户均53373元，人均12439元，其中工资占73.1%；支出户均36015元，人均8393元；恩格尔系数32.7%；人均收入最高6户与最低6户相比较，前者是后者的2.31倍（户均）和2.83倍（人均）。

五　住宅和耐用消费品：住宅基本上都是别墅式楼房，混凝土框架和预制件结构占98.2%；户均建筑面积211平方米；户均建房费5.1万元，现值17.5万元。户均拥有耐用消费品16.8件，现值2.03万元。

六　藏书和订阅报刊：户均藏书135册；户均订阅报纸杂志

1.53 份。

七　家庭财产：户均 212569 元，人均 49539 元（折 30367 美元和 7077 美元），其中住宅占 82.5%，耐用消费品占 9.8%，存款股票等占 6.7%。人均财产最高 6 户与最低 6 户相比较，前者是后者的 2.73 倍（户均）和 4.23 倍（人均）。

八　社会流动：2003 年管理人员占 7.6%，专业人员占 0.9%，一般员工占 91.5%；现在管理人员占 12.5%，专业人员占 1.8%，一般员工占 85.7%，代际流动呈向上流动趋势。代内流动也呈向上流动趋势。

九　社会活动：村务活动，人均学习 8.9 次，会议 3.7 次，决定村务 1.5 次，选举干部 0.9 次；文化活动，阅览占 59.8%，球类占 15.8%，看电影占 13.9%，比赛占 5.3%，棋类占 5.2%；公益活动，义务劳动占 85.1%，宣传占 12.1%，敬老爱幼活动占 1.8%，义务献血占 1.0%；人均捐献 212 元。

十　择偶和结婚：择偶标准中，情投意合占 42.6%，思想品德占 33.3%；认识对象途径，自己认识占 47.2%，他人介绍占 50.9%；与配偶家平均距离 9.4 公里。结婚方式，婚宴庆典占 84.9%；婚后生活，感受幸福占 84.9%。

十一　家庭关系和计划生育：涉及家庭、父子、婆媳、姑嫂、兄弟等关系和当家人问题；涉及生孩子的目的、数量、性别、超生等问题。

十二　对某些社会问题的看法：涉及收入分配、招聘外来人员、教育收费、医疗改革、计划生育、社会治安、今后打算、对孩子期望等问题。

城镇化是世界历史潮流。城镇化有三条途径：一是原有城镇扩张；二是新兴城镇建立；三是农村城镇化，即把农村改造成为城镇。农村城镇化，是一条新型城镇化道路。对于拥有 7 亿多农民的中国来说，探索这条新型城镇化道路具有特别重要的意义。

城镇化的全部含义，应该包括相互联系、相互影响的三个方面，即经济结构现代化、生活方式现代化和人口素质现代化。其中，经济结构现代化是基础，生活方式现代化是主体，人口素质现代化是核心。

1978年以来，官桥八组在新型城镇化道路上取得了巨大进步。他们在逐步实现经济结构现代化的同时，非常重视生活方式和人口素质的现代化。这次家庭问卷调查的结果说明，官桥八组的村民早已不是原来意义上的农民，而是一支新型城镇化的生力军了。

一 调查工作

《村民家庭问卷调查》从2007年7月14日实地考察开始，到2008年5月22日完成调查报告为止，前后历时315天。其中，实地考察、问卷设计、组织调查员队伍、印制调查问卷和调查员手册188天；调查员试填和培训3天（2008年1月18日~20日）；进村入户调查3天（2008年1月21日~23日）；审核、编码、录入、统计分析和撰写调查报告121天。

这次问卷调查的调查对象，是官桥八组全部58户村民，其中：2户拒绝回答，实际调查56户。在实际调查的56户中，有1户未回答收入、支出、财产等方面的问题。调查员共33人，其中：调查1户的11人，调查2户的21人，调查3户的1人。

据对55户调查的统计，共用时3450分钟，户均63分钟。其中，40分钟以下的5户，41~60分钟的21户，61~80分钟的14户，81~100分钟的9户，101~120分钟的2户，超过120分钟的4户；调查一次的51户，调查两次的3户，调查3次的1户。

56位回答人的基本情况见表1~5。

表1 回答人基本情况（一）

单位：人，%

合计	与户主关系					性 别	
	户主	配偶	父母	子女	兄弟姐妹	男	女
56	35	13	1	6	1	41	15
比例	62.5	23.2	1.8	10.7	1.8	73.2	26.8

表 2　回答人基本情况（二）

单位：人，%

合计	年　　龄								
	≤24 岁	25～29	30～34	35～39	40～44	45～49	50～54	55～59	≥60 岁
56	3	3	10	11	15	7	4	2	1
比例	5.4	5.4	17.9	19.6	26.7	12.5	7.1	3.6	1.8

表 3　回答人基本情况（三）

单位：人，%

合计	文 化 程 度								
	文盲	小学	初中	高中	中专	职高	大专	本科	研究生
56	3	6	27	12	5	0	1	2	0
比例	5.4	10.7	48.2	21.4	8.9	0	1.8	3.6	0

表 4　回答人基本情况（四）

单位：人，%

合计	政治面貌			在业和不在业状况			
	中共党员	共青团员	无党派	正常劳动	在校学生	家　务	丧失劳力
56	8	12	36	53	1	1	1
比例	14.3	21.4	64.3	94.6	1.8	1.8	1.8

表 5　回答人基本情况（五）

单位：人，%

合计	职业状况								
	管理层次			专业技术职称			一般员工		
	高层	中层	基层	高级	中级	初级	办事员	技术工人	体力劳动
56	1	5	1	1	0	0	4	21	23
比例	1.8	8.9	1.8	1.8	0	0	7.1	37.5	41.1

说明："管理层次"中的"高层"指企事业单位负责人，"中层"指科室、车间负责人，"基层"指班级负责人等；"一般员工"中的"办事员"指文职办事人员。下同。

表 1～5 的数据说明，回答人的主体是：户主及其配偶（占 85.7%），男性（占 73.2%），30～49 岁的中年人（占 76.7%），初、高中及中专文化程度者（占 78.5%），未参加党团组织的村民（占 64.3%），在业劳动者

（占94.6%），一般体力劳动者和技术工人（占78.6%）。回答者平均年龄38.8岁，平均受教育9.4年，参加党团组织比重占35.7%。

二 家庭情况

1. 家庭规模

2007年底，56户共有241人，户均4.3人，比全国农村户均人口3.8人多0.5人，① 即多13.2%。其中，2人户3户，占总户数5.4%；3人户16户，占28.6%；4人户12户，占21.4%；5人户15户，占26.8%；6人户6户，占10.7%；7人户4户，占7.1%。这说明，官桥八组村民家庭规模较大，3~5人户是主体，共43户，占总户数76.8%。

2. 家庭类型

在接受调查的56户村民中，核心家庭26户，占总户数的46.4%；主干家庭23户，占41.0%；联合家庭3户，占5.4%；单亲家庭3户，占5.4%；空巢家庭1户，占1.8%。

56户村民共有135代，户均2.4代。其中，1代户1户，占总户数的1.8%；2代户32户，占57.1%；3代户22户，占39.3%；4代户1户，占1.8%。据统计，全国1代户占总户数17.8%，2代户占62.0%；3代户占19.4%；4代户占0.8%。② 显然，官桥八组村民中1代户、2代户的比例大大低于全国平均水平，反之，3代户、4代户的比例大大高于全国平均水平。

56户村民共有夫妻74对，户均1.3对。其中，1对户33户，占总户数的58.9%；2对户19户，占33.9%；3对户1户，占1.8%。另有3户无夫妻，占5.4%。

总体来看，官桥八组村民中主干家庭、3代户家庭、2对夫妻家庭数量偏多、比例偏高，家庭规模较大。

---

① 国家统计局编《中国统计摘要（2006）》，中国统计出版社，2006，第121页。
② 国家统计局人口和社会科技统计司编《中国人口统计年鉴（2000）》，中国统计出版社，2000，第24~25页。

3. 人口结构

（1）性别结构。

在总人口241人中，男126人，占52.3%；女115人，占47.7%，性比例为110。2007年，全国人口性比例为106，[①] 官桥八组比全国平均水平高4个百分点。

（2）年龄结构。

2007年，全村241人共有8207岁，人均34岁。其中，0~14岁少年人口36人，占总人口14.9%；15~59岁180人，占74.7%；60岁及以上老年人口25人，占10.4%（含65岁以上12人，占5.0%）。2007年，全国人口的年龄结构是：0~14岁占19.4%，15~59岁占69.0%，60岁以上占11.6%（其中65岁以上占8.1%）。[②] 上述数据说明，官桥八组人口年龄结构中，0~14岁的少年人口和60岁以上的老年人口比例偏小，15~59岁的中年人口比例偏大，正处于"人口红利"的鼎盛时期。

4. 人口素质

（1）文化素质。

在6周岁以上的228人中，平均受教育9.2年。其中，文盲11人，占6周岁以上人口总数的4.8%；小学45人，占19.7%；初中101人，占44.3%；高中34人，占14.9%；中专11人，占4.8%；职高2人，占0.9%；大专11人，占4.8%；大学本科12人，占5.3%；研究生1人，占0.4%。全国各地区县6岁及6岁以上人口，平均受教育6.4年。其中，不识字或识字很少的占16.1%，小学占45.2%，初中占33.3%，高中占5.1%，大专以上占0.4%。[③] 这说明，官桥八组人口的文化素质高于全国平均水平。

（2）政治素质。

在14周岁以上的205人中，中共党员有24人，占11.7%；共青团员47

[①] 国家统计局：《中华人民共和国2007年国民经济和社会发展统计公报》，2008年2月29日《人民日报》。

[②] 国家统计局：《中华人民共和国2007年国民经济和社会发展统计公报》，2008年2月29日《人民日报》。

[③] 国家统计局人口和社会科技统计司编《中国人口统计年鉴2000》，中国统计出版社，2000，第34~35页。

人，占22.9%。2007年6月底，全国农村党员2310.2万人，① 约占农村14周岁以上人口的3.9%。2007年底，全国农村共青团员2032.5万人，② 约占农村14周岁以上人口的3.5%。显然，官桥八组14周岁以上人口中中共党员、共青团员比例大大高于全国平均水平。

5. 婚姻状况

在15周岁以上的201人中，未婚46人，占15周岁以上人口总数的22.9%；已婚145人，占72.1%；离婚未婚3人，占1.5%；丧偶未婚5人，占2.5%；同居2人，占1.0%。全国15周岁以上人口中，未婚占15周岁以上人口总数的18.8%，已婚74.3%，离婚占0.9%，丧偶占6.0%。③ 上述对比数据说明，官桥八组15周岁以上人口中，未婚、离婚、同居人口比例较高，已婚、丧偶人口比例较低，现代婚姻特色比较明显。

6. 残病情况

2007年底，官桥八组241人中有残疾人和重病患者7人，占2.9%，其具体情况如表6。

表6 残疾人和重病患者简况

单位：元

姓名	性别	年龄	残疾或重病的种类	已残病几年	已治疗几年	在何机构治疗	已花治疗费	是否继续治疗	如不治疗是何原因
任××	女	61	脑损伤	8	8	湖医	70000	是	
周××	男	64	职业病	10	10	武汉	40000	否	无法医治
周××	男	72	轻度中风	7	7	嘉鱼	3000	是	
周××	男	45	乙肝	5	5	武汉嘉鱼	5000	是	
何××	女	36	神经病	12	11	嘉鱼赤壁	10000	是	
周××	男	35	侏儒	30	5	武汉同济	30000	否	无法医治
江××	女	35	右腿残疾	20	5	武汉嘉鱼	10000	否	无法医治

---

① 《全国党员人数已达7336.3万名》，新华网，2007年10月9日。
② 《全国共青团员人数07年底达7543.9万人》，中新网，2008年5月4日。
③ 国家统计局人口和社会科技统计司编《中国人口统计年鉴2000》，中国统计出版社，2000，第40~41页。

仅就残疾人而言，据第二次全国残疾人抽样调查资料，2006年中国残疾人占总人口6.39%。[1] 与全国平均水平相比较，官桥八组残疾人的比例是较低的。

三　在业人员

1. 在业人员和不在业人员

在全村241人中，在业人员140人，不在业人员101人，其具体情况见表7。

表7　在业人员和不在业人员情况

单位：人，%

总计人数	在业人员			不在业人员					
	小计	正常工作	超龄工作	小计	学龄前儿童	在校学生	无业、未就业	家务	丧失劳动力
241	140	136	4	101	12	56	4	12	17
比例	58.1	56.4	1.7	41.9	5.0	23.1	1.7	5.0	7.1

2007年，全国总人口132129万人，其中城镇59379万人，乡村72750万人。全国就业人员76990万人，占总人口58.3%，其中城镇29350万人，占城镇人口49.4%；乡村47640万人，占乡村人口65.5%。[2] 官桥八组在业人员140人，占总人口58.1%，比全国就业人口比例低0.2个百分点，比全国乡村就业人口比例低7.4个百分点。

2007年，全国在校学生22868万人，占总人口17.3%。[3] 官桥八组不在业人员101人，占总人口41.9%。其中，在校学生比重最大，占总人口23.1%，高于全国在校学生比例5.8个百分点。这是官桥八组在业人员比例

---

[1] 《2006年第二次全国残疾人抽样调查——全国调查样本的基本情况》，中国残联信息中心，2008年4月7日。

[2] 国家统计局：《中华人民共和国2007年国民经济和社会发展统计公报》，2008年2月29日《人民日报》。

[3] 国家统计局：《中华人民共和国2007年国民经济和社会发展统计公报》，2008年2月29日《人民日报》。

低于全国乡村就业人口比例的主要原因,也是官桥八组今后发展的希望所在。

2. 在业人员简况

2007年,官桥八组在业人员工作地点、所在单位行业、职业和工作天数等情况如表8、表9、表10。

表8 在业人员简况(一)

单位:人,%

在业人数	工作地点					
	本村	本乡镇	本县市	本地市	本省市区	本省市区外
140	122	5	2	1	4	6
比例	87.1	3.6	1.4	0.7	2.9	4.3

表9 在业人员简况(二)

单位:人,%

在业人数	所在单位行业					
	采掘制造	交通邮电	商贸餐饮	教科文卫	基层自治	其他
140	120	3	3	5	1	8
比例	85.8	2.1	2.1	3.6	0.7	5.7

表10 在业人员简况(三)

单位:人,%

在业人数	职业状况								
	管理层次			专业技术职称			一般员工		
	高层	中层	基层	高级	中级	初级	办事员	技术工人	体力劳动
140	5	13	8	1	5	2	5	43	58
比例	3.6	9.3	5.7	0.7	3.6	1.4	3.6	30.7	41.4

表8~10的数据说明,官桥八组的140名在业人员,87.1%的人在本村工作,本县以外工作的仅占7.9%;85.8%的人在第二产业工作,在第三产业工作的仅占7.8%;75.7%的人为一般员工,管理人员占18.6%,专业技术人员仅占5.7%。总体看,在业人员素质较低。

2007年,官桥八组140名在业人员共工作37176天,人均266天,比国家规定劳动天数(365天-法定节假日114天)251天多15天(见表11)。

表 11　在业人员简况（四）

单位：人，%

在业人数	合计工作天数（天）	工作天数分组情况			
		<180 天	181~240 天	241~300 天	301 天>
140	37176	3	20	83	34
比例	100	2.1	14.3	59.3	24.3

四　家庭收支

在接受调查的 56 户村民中，有 1 户（5 人）未回答收入、支出方面的问题。表 12、表 13 是 55 户（236 人）2007 年的收入、支出情况。

1. 家庭收入

表 12、表 13 的数据说明：

表 12　家庭收入（一）

单位：元，%

合　计	（一）经营性纯收入	1）农林牧渔业收入	2）非农业收入	（二）工资性收入（含奖金、福利等）	（三）财产性收入（利息、房租、分红等）	（四）转移性收入
金　额	177700	500	177200	2145604	294800	317390
比　例	6.1	0.02	6.0	73.1	10.0	10.8
55 户户均	3231	9	3222	39011	5360	5771
236 人人均	753	2	751	9092	1249	1345

表 13　家庭收入（二）

单位：元，%

合　计	1）社会保障收入	2）社会救助收入	3）亲友馈赠收入	4）变卖财产和其他收入	（五）全家全年总收入	欠金融机构的贷款	欠非金融机构的债务
金　额	71590	0	162800	83000	2935494	17000	20000
比　例	2.4	0	5.6	2.8	100.0	0.6	0.7
55 户户均	1302	0	2960	1509	53373	309	364
236 人人均	303	0	690	352	12439	72	85

①从收入水平看，人均收入12439元，已相当于全国城镇居民人均可支配收入13786元的90.2%，比全国农村人均收入4140元[①]高8299元，即高200.5%。

②从收入结构看，工资性收入占73.1%，转移性收入（主要是亲友馈赠收入）占10.8%，财产性收入占10.0%，经营性收入仅占6.1%。

这就是说，无论从收入水平看、还是从收入结构看，官桥八组的村民早已不是原来意义的农民了。至于欠款，合计仅37000元，几乎可忽略不计。

2. 家庭支出

表14~16的数据说明：

①从支出水平看，户均36015元，人均8393元，即每人每月699元。

②从支出结构看，食品居第1位，占29.6%；家庭设备用品及服务居第2位，占16.2%；文化教育娱乐及服务居第3位，占13.7%；衣着居第4

表14 家庭支出（一）

单位：元，%

合计	（一）家庭经营支出	（二）购生产固定资产支出	（三）公益事业集资、摊派	（四）财产性支出（如支付租金等）	（五）转移性支出（如馈赠、捐献等）	（六）生活消费支出	1）食品支出
金额	0	0	2300	17000	170100	1791410	585650
比例	0	0	0.1	0.9	8.6	90.4	29.6
55户户均	0	0	42	309	3093	32571	10103
236人人均	0	0	10	72	721	7591	2354

表15 家庭支出（二）

单位：元，%

合计	2）衣着支出	3）居住支出	4）家庭设备用品及服务支出	购耐用消费品	5）医疗保健支出	6）交通通信支出	通信费用支出
金额	175800	159400	320990	271740	57180	158860	97600
比例	8.9	8.0	16.2	13.7	2.9	8.0	4.9
55户户均	3196	2898	5836	4941	1040	2888	1775
236人人均	745	675	1360	1151	242	673	414

---

① 国家统计局：《中华人民共和国2007年国民经济和社会发展统计公报》，2008年2月29日《人民日报》。

表16 家庭支出（三）

单位：元，%

合计	7)文化教育娱乐及服务支出	教育学习费用	订购书籍报刊	科技服务培训	旅游、娱乐支出	8)其他商品和服务支出	(七)全家全年总支出
金额	271505	231355	10180	700	7850	62025	1980810
比例	13.7	11.7	0.5	0.03	0.4	3.1	100.0
55户户均	4936	4206	185	13	143	1128	36015
236人人均	1150	980	43	3	33	263	8393

位，占8.9%；转移性支出（主要是馈赠）居第5位占8.6%；居住、交通通讯居第6、7位，各占8.0%；其他合计7.0%。这就是说，生存性支出（食品、衣着、居住）占46.2%，发展、享受性支出占53.8%。这种支出结构已超越了生存需求，正在向发展、享受需求转变。特别是教育学习费用占11.7%、交通通讯费用占8%，并且出现了旅游、娱乐等方面的开支，这说明保守、落后、闭塞等传统农民的特性，在官桥八组正在发生改变。

③从恩格尔系数看，食品支出占生活消费支出的比重仅为32.7%，大大低于全国农村居民的43.1%。[①]

④医疗保健支出占2.9%，订购书籍报刊支出占0.5%，科技服务培训支出占0.03%。这说明官桥八组村民对于提高健康水平，提高文化科技素质的投入仍然偏低。

3. 收入分组

在55户村民中，户均收入、人均收入分组情况如表17、表18。

表17 户均收入分组情况

单位：万元，%

合计	户均收入分组情况					
	<2	2~4	4~6	6~8	8~10	>10
55户	3	12	26	6	5	3
比例	5.4	21.8	47.3	10.9	9.1	5.4

[①] 国家统计局：《中华人民共和国2007年国民经济和社会发展统计公报》，2008年2月29日《人民日报》。

表 18　人均收入分组情况

单位：万元，%

合　计	人均收入分组情况					
	<0.5	0.5~0.8	0.8~1	1~1.5	1.5~2	>2
55 户	1	6	14	18	9	7
比例	1.8	10.9	25.5	32.7	16.4	12.7

表17、表18的数据说明，户均收入分组和人均收入分组都是："两头小、中间大"。其中，户均收入4万~6万的26户，占总户数的47.3%；4万元以下15户，占27.3%；6万元以上14户，占25.4%。人均收入1万~1.5万元的18户，占32.7%；1万元以下21户，占38.2%；1.5万元以上16户，占29.1%。这种"两头小、中间大"的"橄榄形"，下部较大、上部较小，它是正向"橄榄形"和上部较大"橄榄形"过渡的一个必经阶段。

4. 收入差距

在55户村民中，2007年人均收入最多6户与人均收入最少6户的对比情况如表19、表20。

表 19　人均收入最多 6 户的家庭收入

单位：元，%

合　计	工资性收入	财产性收入	转移性收入	全家全年总收入
金　额	391000	31000	51800	473800
比　例	82.5	6.5	11.0	100.0
6 户户均	65167	5167	8633	78967
22 人人均	17773	1409	2355	21536

表 20　人均收入最少 6 户的家庭收入

单位：元，%

合　计	工资性收入	财产性收入	转移性收入	全家全年总收入
金　额	169544	2000	10500	182044
比　例	93.1	1.1	5.8	100.0
6 户户均	28257	333	1750	30341
27 人人均	6279	74	389	6742

表 19 与表 20 的数据对比说明：

①从收入水平看，前者户均收入是后者的 2.31 倍。由于前者户均 3.67 人，后者户均 4.5 人，因而前者人均收入是后者的 2.83 倍。总体看，收入差距不算很大。

②从收入结构看，前者工资性收入占 82.5%，财产性收入占 6.5%，转移性收入占 11.0%；后者工资性收入占 93.1%，财产性收入占 1.1%，转移性收入占 5.8%。显然，户均人口多、工资性收入低、财产性和转移性收入少，是后者收入低的主要原因。

五　住宅和耐用消费品

1. 住宅

55 户住宅的房屋类型、结构、产权、面积、设施、建房费用和现值等情况如表 21~25 所示。

表 21~25 的数据说明：

①房屋类型：独门独院楼房 44 户，占总户数 80%；排列式楼房和平房 11 户，占 20%。

表 21　住宅情况（一）

单位：户，%

合计	房屋类型			房屋结构			
	排列式平房	排列式楼房	独门院楼房	土坯砖木结构	砖石瓦木结构	混凝土预制件	混凝土框架
55	1	10	44	0	1	51	3
比例	1.8	18.2	80.0	0	1.8	92.7	5.5

表 22　住宅情况（二）

合计	房屋产权			建筑面积（平方米）							
	自有全部产权	自有部分产权	集体所有	总面积	<100	101~150	151~200	201~250	251~300	301~350	>351
55 户	51	3	1	11606（平方米）	1	13	11	17	8	1	4
比例	92.7	5.5	1.8		1.8	23.6	20.0	30.9	14.5	1.8	7.4

表23　住宅情况（三）

单位：户，%

合计	水源：自来水		经常供电	有煤气罐供应	厨房			厕所		
	公用	独用			简易	有厨房	双厨房	有厕所	双厕所	其他
55	47	8	55	55	8	42	5	24	28	3
比例	85.5	14.5	100.0	100.0	14.5	76.4	9.1	43.6	50.9	5.5

表24　住宅情况（四）

合计	浴室			空调		内外装修		庭院面积（平方米）				
	无浴室	有浴室	双浴室	无空调	有空调	简单装修	豪华装修	总面积	无庭院	<100	100~150	151~200	>201
55户	5	35	15	15	40	50	5	4056	16	25	4	6	4
比例（%）	9.1	63.6	27.3	27.3	72.7	90.9	9.1		29.1	45.5	7.3	10.9	7.2

表25　住宅情况（五）

单位：万元，%

合计	有效回答户数	现值金额分组情况								
		合计	<2	2~5	5~8	8~10	10~15	15~20	20~25	25~30	>30
建房费	23	117.45	5	9	3	4	2				
比例	100.0		21.7	39.1	13.0	17.4	8.7	0.0	0.0	0.0	0.0
现值	55	964.30			3	6	20	12	6	6	2
比例	100.0		0.0	0.0	5.5	10.9	36.4	21.8	10.9	10.9	3.6

②房屋结构：混凝土预制件结构51户，占92.7%；混凝土框架结构3户，占5.5%；砖石瓦木结构仅1户，占1.8%。

③房屋产权：自有全部产权51户，占92.7%；自有部分产权3户，占5.5%；集体所有1户，占1.8%。

④建筑面积：55户合计11606平方米，户均211平方米。其中，201~300平方米25户，占45.5%；101~200平方米24户，占43.6%；301平方米以上5户，占9.1%；小于100平方的仅1户，占1.8%。

⑤水、电、气供应：自来水、电力和煤气，都能经常保持供应。

⑥厨房、厕所和浴室：42户有厨房，占76.4%，5户有双厨房，占

9.1%；28户有双厕所，占50.9%；24户有厕所，占43.6%；35户有浴室，占63.6%；15户有双浴室，占27.3%。

⑦空调：40户有空调，占72.7%；无空调15户，占27.3%。

⑧内外装修：50户简单装修，占90.9%；5户豪华装修，占9.1%。

⑨庭院面积：无庭院16户，占29.1%；有庭院39户，占70.9%。有庭院户庭院面积合计4056平方米，户均104平方米。其中，100平方米以下的25户，占45.5%；100～200平方米的10户，占18.2%；201平方米以上的有4户，占7.2%。

⑩建房费和现值：据23户回答，建房费合计117.45万元，户均5.11万元。其中，2万元以下5户，占21.7%；2～10万元16户，占69.6%；10万元以上2户，占8.7%。

另据55户回答，住宅现值合计964.3万元，户均17.53万元，比建房费增值2.43倍。其中，10万元以下9户，占16.4%；10万～20万元32户，占58.2%；20万～30万元12户，占21.8%；30万元以上2户，占3.6%。

2. 耐用消费品

55户拥有耐用消费品及其现值情况如表26～28所示。

表26 拥有耐用消费品情况（一）

项目	自行车（辆）	缝纫机（台）	洗衣机（台）	电冰箱（台）	饮水机（台）	煤气灶（个）	消毒柜（台）	电风扇（台）	收录机（台）	彩色电视（台）
55户	50	15	50	57	51	59	13	147	10	98
平均每百户拥有量	91	27	91	104	93	107	24	267	18	178
全国农村每百户拥有量*	—	—	40	20	—	—	—	—	—	84

*国家统计局编《2006中国统计摘要》，第118页。

表27 拥有耐用消费品情况（二）

项目	摩托车（辆）	空调机（台）	照相机（架）	汽车（辆）	抽油烟机（台）	录放像机（台）	固定电话（部）	移动电话（部）	组合音响（台）
55户	39	66	9	4	57	14	22	136	28
平均每百户拥有量	71	120	16	7	104	25	40	247	51
全国农村每百户拥有量	41	6	—	—	—	—	58	50	—

表28　拥有耐用消费品情况（三）

单位：万元，%

合　计	合计金额	现值金额分组情况					
		<0.5	0.5~1	1~2	2~5	5~8	>8
55户	111.78	3	12	21	17	1	1
比例	2.03	5.5	21.8	38.2	30.9	1.8	1.8

表26~28的数据说明：

①从拥有量看，2007年官桥八组村民拥有耐用消费品925件，户均17件。其中，自行车、洗衣机、电冰箱、饮水机、煤气灶、空调机、抽油烟机、摩托车8类已基本普及；彩色电视、电风扇和移动电话3类每户已达2~3件。与全国农村居民拥有耐用消费品相比较，洗衣机、电冰箱、彩色电视、摩托车、空调机、移动电话6项均高于全国平均水平，固定电话虽低18个百分点，但移动电话却高197个百分点。

②从现值金额看，户均2.03万元。其中，不足1万元的15户，占27.3%；1~5万元的38户，占69.1%；5万元以上的2户，占3.6%。

六　藏书和订阅报刊

55户家庭藏书和订阅报纸杂志情况如表29、表30所示。

表29、表30的数据说明：

①家庭藏书7428册，户均135册；按有藏书的40户计算，则是户均186册。其中，50册以下10户，51~100册10户，101~200册11户，200册以上9户。

表29　家庭藏书情况

单位：册，%

合　计	总册数	家庭藏书						
		0	1~20	21~50	51~100	101~200	201~500	>500
55户	7428	15	6	4	10	11	7	2
比例	100	27.3	10.9	7.3	18.2	20.0	12.7	3.6

表30　订阅报纸杂志情况

单位：份，%

合　计	总份数	报纸杂志						
		0	1	2	3	4	5	6
55 户	84	18	11	12	10	2	1	1
比例	100.0	32.7	20.0	21.8	18.3	3.6	1.8	1.8

说明：在对订阅了哪"3种主要刊物"的回答中，共涉及8类、65种刊物：a. 有关家庭生活方面的23份（其中：知音7份、家庭医生4份、幸福3份、家庭2份，家庭百事通、农村家庭、健康报、今日健康庭、人生与伴侣、分忧、人生各1份）；b. 有关"三农"问题的12份（其中：农村新报、农民报各3份，农村科技报、农业报各2份，农村信息报、新农村各1份）；c. 各种日报、晨报、晚报10份（其中：武汉晚报3份，楚天都市报、南鄂晚报各2份，湖北日报、经济日报、武汉晨报各1份）；d. 文摘类8份（其中：特别关注5份、读者2份、青年文摘1份）；e. 文学、故事类5份（其中：十月、田野、今古传奇、传奇故事、故事会各1份）；f. 文化类3份（中国国家地理、小学生天地、双语周刊各1份）；g. 法制类2份（法制报、警探各1份）；h. 电脑类2份（电脑迷、电脑报各1份）。

②订阅报纸杂志84份，户均1.53份；按订阅报纸杂志的37户计算，则是户均2.27份。其中，订阅1种11户，订阅2种12户，订阅3种10户，订阅4种及其以上4户。

七　家庭财产

1. 财产水平和结构

55户、236人拥有家庭财产情况如表31所示。

表31　家庭财产情况

单位：元，%

合计	拥有家庭财产现值						
	合　计	住　宅	耐用消费品	生活生产资料	股票和投资	债券存款等	其　他
55 户	11691300	9643000	1140300	51000	157000	627000	73000
比例	100.0	82.5	9.8	0.4	1.3	5.4	0.6
户均	212569	175327	20733	927	2855	11400	1327
人均	49539	40860	4832	216	665	2657	309

表31 的数据说明：

①从财产水平看，户均212569元，人均49539元。如果按1美元兑换7

元人民币计算,就是户均 30367 美元,人均 7077 美元。据巴克莱财富(Barclays Wealth)2008 年 5 月 6 日发表的研究报告称:2007 年"中国的家庭平均资产……1.8 万美元"。① 按此计算,2007 年官桥八组村民拥有家庭财产的水平,比全国平均水平高 68.7%。

② 从财产结构看,住宅居第一位,占家庭财产总额的 82.5%;耐用消费品居第二位,占 9.8%;债券、存款、股票、投资等居第三位,占 6.7%;其他,占 1.0%。这就是说,住宅和耐用消费品占 92.3%,其他财产有限。但是,可喜的是出现了占家庭财产总额 6.7% 的债券、存款、股票和投资。这说明,官桥八组村民已初步具备了开拓"财产性收入"的条件。

2. 财产分组

在 55 户村民中,户均财产、人均财产分组情况如表 32、表 33 所示。

表 32　户均家庭财产分组情况

单位:万元,%

合计	户均拥有家庭财产分组情况							
	<8	8~10	10~15	15~20	20~25	25~30	30~40	>40
55 户	2	1	14	12	7	10	7	2
比例	3.6	1.8	25.5	21.8	12.7	18.2	12.7	3.6

表 33　人均家庭财产分组情况

单位:万元,%

合　计	人均拥有家庭财产分组情况				
	<2	2~5	5~8	8~10	>10
55 户	1	35	13	4	2
比例	1.8	63.7	23.6	7.3	3.6

表 32、表 33 的数据说明,户均家庭财产分组和人均家庭财产分组都是"两头小、中间大"。其中,户均家庭财产 10 万~25 万的 33 户,占总户数的 60.0%;10 万元以下 3 户,占 5.4%;25 万~30 万元的 10 户,占

---

① 《港富豪密度冠全球》,香港,2008 年 5 月 7 日《星岛日报》;转引自 2008 年 5 月 8 日《参考消息》。

18.2%；30万元以上的9户，占16.4%。人均家庭财产2万~5万元的35户，占63.7%；2万元以下1户，占1.8%；5万~8万元的13户，占23.6%；8万元以上的6户，占10.9%。这种"两头小、中间大"的"橄榄形"，上部较大、下部较小，它是家庭财产逐步积累和正在扩大的必然反映。

3. 财产差距

在55户村民中，2007年人均家庭财产最多6户与最少6户的对比情况如表34、表35所示。

表34　人均家庭财产最多6户的情况

单位：元，%

合　计	拥有家庭财产现值			
	合　计	住　宅	耐用消费品	股票投资存款等	其他财产
金　额	1972900	1620000	131900	210000	11000
比　例	100.0	82.1	6.7	10.6	0.6
6户户均	328816	270000	21983	35000	1833
20人人均	98645	81000	6595	10500	550

表35　人均家庭财产最少6户的情况

单位：元，%

合　计	拥有家庭财产现值			
	合　计	住　宅	耐用消费品	股票投资存款等	其他财产
金　额	723600	620000	77600	15000	11000
比　例	100.0	85.7	10.7	2.1	1.5
6户户均	120600	103333	12933	2500	1833
31人人均	23342	20000	2503	484	355

表34与表35的数据对比说明：

①从财产水平看，前者户均财产是后者的2.73倍。由于前者户均3.33人，后者户均5.17人，因而前者人均财产是后者的4.23倍。户均、人均财产差距，都比收入差距大得多。

②从财产结构看，前者与后者相比较，住宅比重少3.6个百分点，耐用消费品比重少4个百分点，其他财产比重少0.9个百分点，但是，股票、投

资、存款等比重多8.5个百分点。显然，股票、投资、存款等比重大，是前者财产结构的主要特点。

八 社会流动

1. 代际社会流动

56位回答人与父辈文化程度和个人职业的变动情况如表36、表37所示。

表36 回答人与父辈文化程度的变动情况

单位：人

类别	合计	文盲	小学	初中	高中	中专	职高	大专	本科
父亲	56	11	29	10	5	—	—	—	1
母亲	56	29	25	2	—	—	—	—	—
配偶父亲	56	19	20	13	3	1	—	—	—
配偶母亲	56	31	21	2	2	—	—	—	—
回答人	56	3	6	27	12	5	—	1	2

表37 回答人与父辈个人职业的变动情况

单位：人

类别	合计	管理人员 高层	管理人员 中层	管理人员 基层	专业技术人员 高级	专业技术人员 中级	专业技术人员 初级	一般员工 办事员	一般员工 技术工人	一般员工 体力劳动
父亲	56	3	2	6	—	—	—	2	2	41
母亲	56	—	—	1	—	—	—	—	2	53
配偶父亲	56	2	1	2	—	1	1	3	—	46
配偶母亲	56	—	—	—	—	—	—	—	—	56
回答人	56	1	5	1	1	—	—	4	21	23

表36、表37的数据说明：

①从文化程度看，平均受教育年数父亲为6.1年，母亲为3年，配偶父亲为5.1年，配偶母亲为3年。回答人平均为9.5年，即比父亲多3.4年，比配偶父亲多4.4年，比母亲和配偶母亲多6.5年。

②从职业流动看，在父辈224人中，管理人员17人，占7.6%；专业技术人员2人，占0.9%；一般员工中的办事员5人，占2.2%；技术工人4

人，占 1.8%；体力劳动 196 人，占 87.5%。回答人中，管理人员 7 人，占 12.5%；专业技术人员 1 人，占 1.8%；一般员工中的办事员 4 人，占 7.1%；技术工人 21 人，占 37.5%；体力劳动 23 人，占 41.1%。从总体看，代际社会流动呈现出明显的向上流动趋势。

2. 代内社会流动

据 55 位被调查者的回答，他们参加工作以来共调换工作 168 人次，具体情况见表 38。

表 38　回答人调换工作次数

单位：人，人次

合计	调换工作次数					
	0	1	2	3	4	5
55	2	20	17	7	7	2
113	0	20×1=20	17×2=34	7×3=21	7×4=28	2×5=10

表 38 的数据说明，55 位被调查者从参加工作（生产劳动、经营活动）后算起，合计调换工作 113 人次，人均 2.05 次。其中，没有调换过工作的 2 人，占 3.6%；调换工作 1 次的 20 人，占 36.4%；2 次的 17 人，占 30.9%；3 次的 7 人，占 12.7%；4 次的 7 人，占 12.7%；5 次的 2 人，占 3.6%。总体来看，调换工作次数较少，其主要原因是绝大部分村民都在本村田野集团所属各单位工作。

但是，与参加工作时的职业相比较，2007 年 55 位被调查者的职业却发生了较大变化如表 39 所示。

表 39　回答人参加工作时的职业与 2007 年职业的变化情况

	合计	管理人员			专业技术人员			一般员工		
		高层	中层	基层	高级	中级	初级	办事员	技术工人	体力劳动
参加工作时	55 人	—	—	1	—	—	2	4	9	39
2007 年	55 人次	1	5	1	1	—	—	4	21	22

表 39 的数据说明：管理人员从 1 人增至 7 人，占比从 1.8% 升至 12.7%；专业技术人员从初级 2 人变为高级 1 人，占比从 3.6% 降至 1.8%；办事员 4 人，没有变化，占 7.3%；技术工人从 9 人增至 21 人，占比从

16.4%升至38.2%；体力劳动从39人减至22人，占比从70.9%降至40%。这就是说，代内社会流动也呈现出显著的向上流动趋势。

九　社会活动

1. 村务活动

据55位被调查者的回答，2007年他们参加村务活动的情况如表40～44。

表40　参加选举村干部次数

有效回答	0	1	2	3	4	5	6
55人	23	23	6	0	1	0	2
51人次	0	23	12	0	4	0	12
比例（%）	0	45.1	23.5	0	7.9	0	23.5

表41　投票决定村事务次数

有效回答	0	1	2	3	4	5	6～10	>11
55人	30	12	1	3	3	2	3	1
81人次	0	12	2	9	12	10	21	15
比例（%）	0	14.8	2.5	11.1	14.8	12.4	25.9	18.5

表42　参加村民会议次数

有效回答	0	1	2	3	4	5	6	7	8	9	10	>11
55人	8	3	11	11	7	6	1	0	2	0	4	2
204人次	0	3	22	33	28	30	6	0	16	0	40	26
比例（%）	0	1.5	10.8	16.2	13.7	14.7	2.9	0	7.8	0	19.6	12.8

表43　参加村民学习次数

有效回答	0	1～5	6～10	11～20	21～30	>31
55人	18	13	7	6	8	3
490人次	0	39	56	90	200	105
比例（%）	0	8.0	11.4	18.4	40.8	21.4

表 44　参加村务工作天数

有效回答	0	1~5	6~10	11~20	21~30	31~120	121~240	>240
55 人	18	14	7	8	5	1	1	1
840 天	0	40	60	120	120	80	160	260
比例（%）	0	4.8	7.1	14.3	14.3	9.5	19.1	30.9

表 40~44 的数据说明：

①从村务活动内容看，在表 40~43 的 4 项活动合计 826 人次中，参加村民学习 490 人次，占 59.3%；参加村民会议 204 人次，占 24.7%；参加投票决定村务 81 人次，占 9.8%；参加选举村干部 51 人次，占 6.2%。这说明，官桥八组村民学习最多，人均 8.9 次；参加村民会议次之，人均 3.7 次；投票决定村务较少，人均 1.5 次；选举村干部最少，人均 0.9 次。总体来看，村民自治中的民主选举、民主决策还有待进一步加强。

②从参加村务活动人数和次数看，表 40~43 的 4 项活动合计 220 人、826 人次。其中：参加 1~10 次 121 人、390 人次，分别占 55% 和 47.2%；参加 11~30 次 17 人、331 人次，分别占 7.7% 和 40.1%；参加 31 次以上 3 人、105 人次，分别占 1.4% 和 12.7%。未参加村务活动的 79 人，占 35.9%，即约 20 人未参加任何村务活动，这是不正常的。

③从参加村务活动天数看，表 44 合计 55 人、840 天。其中：参加 1~10 天 21 人、100 天，分别占 38.2% 和 11.9%；参加 11~30 天 13 人、240 天，分别占 23.6% 和 28.6%；参加 31 天以上 3 人、500 天，分别占 5.5% 和 59.5%。未参加村务活动的 18 人，占 32.7%，这个数据与②未参加村务活动的 20 人相近，说明这是比较可信的。

2. 文化活动

据 55 位被调查者的回答，2007 年他们参加文化活动的情况如表 45~49。

表 45　看电影次数

有效回答	0	1~5	6~10	11~20	21~30	>31
55 人	17	9	8	10	7	4
631 次	0	37	74	180	150	190
比例（%）	0	5.7	14.4	27.6	23.0	29.3

表46　参加球类活动次数

有效回答	0	1~5	6~10	11~20	21~30	31~60	>61
55人	23	16	4	4	1	3	4
714次	0	64	36	72	24	150	368
比例(%)	0	9.0	5.0	10.1	3.4	21.0	51.5

表47　参加棋类活动次数

有效回答	0	1~5	6~10	11~20	21~30	>31
55人	39	8	2	1	4	1
237次	0	32	18	17	105	65
比例(%)	0	13.5	7.6	7.2	44.3	27.4

表48　参加图书阅览次数

有效回答	0	1~5	6~10	11~20	21~60	61~120	121~240	>241
55人	26	6	6	3	4	4	2	4
2708次	0	28	60	60	230	450	460	1420
比例(%)	0	1.0	2.2	2.2	8.6	16.6	17.0	52.4

表49　参加文体比赛次数

有效回答	0	1~5	6~10	11~20	21~60	>61
55人	25	24	2	1	2	1
241次	0	94	14	16	50	67
比例(%)	0	39.0	5.8	6.7	20.7	27.8

表45~49的数据说明：

①从文化活动内容看，在表45~49的5项活动总计4531人次中，图书阅览2708人次，占59.8%；球类活动714人次，占15.8%；看电影631人次，占13.9%；文体比赛241人次，占5.3%；棋类活动237人次，占5.2%。这说明，图书阅览人次最多，球类活动和看电影次之，文体比赛和棋类活动人次最少。就参与人员来说，看电影人数最多，达38人，占总人数的69.1%；球类活动次之，32人，占58.2%；棋类活动最少，仅16人，占29.1%。显然，图书阅览、球类活动和看电影是官桥八组文化活动的主要内容。

②从参加文化活动人数和次数看，5 项活动合计 275 人、4531 人次。其中：未参加 130 人，占 47.3%；参加 1~10 次 85 人、457 人次，分别占 30.9% 和 10.1%；参加 11~20 次 19 人、345 人次，分别占 6.9% 和 7.6%；参加 21~60 次 25 人、899 人次，分别占 9.1% 和 19.8%；参加 61 次以上 16 人、2830 人次，分别占 5.8% 和 62.5%。一方面，47.3% 的人未参加任何文化活动；另一方面，5.8% 的人占有 62.5% 的活动人次。这说明，官桥八组的文化活动过分集中于少数积极分子，对一般村民来说还尚未普及。

3. 公益活动

据 55 位被调查者的回答，2007 年他们参加公益活动的情况如表 50~54。

表 50　参加义务劳动次数

有效回答	0	1~5	6~10	11~20	21~30	>31
55 人	14	5	6	10	14	6
900 人次	0	24	56	180	364	276
比例(%)	0	2.7	6.2	20.0	40.4	30.7

表 51　参加义务献血次数

有效回答	0	1	2	3
55 人	47	6	1	1
11 人次	0	6	2	3
比例(%)	0	54.5	18.2	27.3

表 52　参加义务宣传次数

有效回答	0	1~5	6~10	11~30	>31
55 人	46	3	3	1	2
128 人次	0	15	26	21	66
比例(%)	0	11.7	20.3	16.4	51.6

表 53　参加敬老爱幼活动次数

有效回答	0	1	2	3	4	>5
55 人	49	1	2	1	1	1
19 人次	0	1	2	6	4	6
比例(%)	0	5.3	10.5	31.6	21.1	31.6

表 54　参加各类捐献的金额

有效回答	0	1~10	11~50	51~100	101~200	201~300	>301
55 人	34	1	3	7	2	4	4
4460 元	0	10	150	560	200	1100	2440
比例(%)	0	0.2	3.4	12.5	4.5	24.7	54.7

表 50~54 的数据说明：

①从公益活动内容看，在表 50~53 的 4 项公益活动合计 1058 人次中，参加义务劳动 900 人次，占 85.1%；参加义务宣传 128 人次，占 12.1%；参加敬老爱幼活动 19 人次，占 1.8%；参加义务献血 11 人次，占 1.0%。这说明，在官桥八组参加义务劳动是最主要的公益活动，敬老爱幼、义务献血等公益活动则甚为少见。

②从参加公益活动人数和次数看，表 50~53 的 4 项活动合计 220 人、1058 人次。其中：未参加 156 人，占 70.9%；参加 1~5 次 21 人、63 人次，分别占 9.6% 和 6.0%；参加 6~10 次 10 人、88 人次，分别占 4.5% 和 8.3%；参加 11~30 次 25 人、565 人次，分别占 11.4% 和 53.4%；参加 31 次以上 8 人、342 人次，分别占 3.6% 和 32.3%。这就是说，参加公益活动的人仅占 29.1%，另 70.9% 的人未参加任何公益活动，这不能不说是一大缺陷。

③从捐献金额看，未捐献 34 人，占 61.8%；捐献 50 元以下 4 人、160 元，分别占 7.3% 和 3.6%；51~100 元 7 人、560 元，分别占 12.7% 和 12.6%；101~300 元 6 人、1300 元，分别占 10.9% 和 29.1%；301 元以上 4 人、2440 元，分别占 7.3% 和 54.7%。这就是说，参与捐献的 21 人，占 38.2%，人均捐献 212 元；另 61.8% 的 34 人，未参与任何捐献活动。对于官桥八组这种富裕村来说，经济因素可能不是主要原因。

十　择偶和结婚

1. 择偶情况

据 55 位被调查者的回答，他们择偶情况如表 55~57。

表 55　您选择配偶的主要标准

单位：人，%

有效回答	经济条件	长相身体	职业地位	思想品德	家庭背景	情投意合	其他
54 人	0	4	2	18	1	23	6
比例	0	7.4	3.7	33.3	1.9	42.6	11.1

表 56　您与对方认识的途径

单位：人，%

有效回答	自己认识	父母、亲属介绍	他人介绍	媒人介绍	婚介所介绍	其他
53 人	25	4	15	8	0	1
比例	47.2	7.5	28.3	15.1	0	1.9

表 57　您家与配偶家的距离

单位：公里

有效回答	<1	1~2	3~5	6~10	11~20	21~50	>51
52 人	0	10	17	10	12	2	1
比例	0	19.2	32.7	19.2	23.1	3.8	1.9

表 55~57 的数据说明：

①在择偶的单项标准中，"情投意合"居第一位，占 42.6%；"思想品德"居第二位，占 33.3%；"长相身体"居第三位，占 7.4%；"职业地位"居第四位，占 3.7%；"家庭背景"第五位，仅占 1.9%。这说明，个人情感因素已占绝对优势，传统的"门当户对"已退居末位，"长相身体"和职业等"经济因素"也处于下风。

②在认识对象途径方面，"自己认识"居第一位，占 47.2%；"他人介绍"居第二位，占 28.3%；"媒人介绍"居第三位，占 15.1%；"父母、亲属介绍"居第四位，占 7.5%。这就是说，一方面，"自己认识"占 47.2%，已居于第一位；另一方面，他人、媒人、父母、亲属仍居主体地位，合计达 50.9%。农村社交面狭窄，可能是造成这种现象的重要原因之一。

③在与配偶家的距离方面，3~5 公里居第一位，占 32.7%；11~20 公里居第二位，占 23.1%；1~2 公里和 6~10 公里并列第三位，各占 19.2%；

21~50公里第四位，占3.8%；51公里以上居末位，占1.9%。合计52人，488公里，平均距离9.4公里。显然，通婚范围以本乡、本村为主，除个别人外，基本上没有超出县境。

2. 结婚方式和婚后感受

据55位被调查者的回答，他们的结婚方式和婚后生活感受情况如表58~59。

表58　您与配偶结婚的方式

单位：人，%

有效回答	同拜天地	婚宴庆典	旅行结婚	集体婚礼	联欢舞会	宗教仪式	其他
53	1	45	0	0	0	0	7
比例	1.9	84.9	0	0	0	0	13.2

表59　您婚后生活的主要感受

单位：人，%

有效回答	非常幸福	幸福	比较幸福	一般	不太幸福	不幸福	很不幸福
53	22	16	7	3	1	0	4
比例	41.5	30.2	13.2	5.7	1.9	0	7.5

表58~59的数据说明：

①从结婚方式看，"婚宴庆典"居于绝对优势地位，占84.9%；传统的"同拜天地"虽仅占1.9%，但仍然存在。至于"旅行结婚"、"集体婚礼"、"联欢舞会"等时尚的结婚方式，在官桥八组完全没有市场。

②从婚后生活看，感觉"非常幸福"和"幸福"的38人，占71.7%；"比较幸福"的7人，占13.2%；"一般"的3人，5.7%；"不太幸福"的1人，占1.9%；"很不幸福"的4人，占7.5%。总体看，婚姻质量较高。但是，有5人感到不幸福，3人感到一般，即占总人数的15.1%的婚姻质量有问题，造成这种现象的原因值得深入研究。

3. 对某些婚姻问题的看法

据55位被调查者的回答，他们对某些婚姻问题的看法如表60~61。

表60　您认为缺乏爱情的婚姻应该离婚吗?

单位：人，%

有效回答	应该离婚	可以离婚	具体情况具体分析	社会责任重于爱情	不应离	说不清
53	9	5	15	6	8	10
比例	17.0	9.4	28.3	11.3	15.1	18.9

表61　您对"男到女家"持何态度?

单位：人，%

有效回答	应该提倡	应该允许	顺其自然	不应提倡	感觉不好	无所谓
52	10	3	23	4	1	11
比例	19.2	5.8	44.2	7.7	1.9	21.2

表60~61的数据说明：

①对于"缺乏爱情的婚姻应该离婚吗?"这个问题，回答"具体情况具体分析"的15人，占28.3%；"应该离婚"和"可以离婚"的14人，占26.4%；"不应离"的8人，15.1%；"社会责任重于爱情"的6人，占11.3%；选择"说不清"的10人，占18.9%。这说明，多数回答是认真的、理性的，已超越了传统观念的束缚。

②对于"男到女家"的看法，主张"顺其自然"的23人，占44.2%；"应该提倡"和"应该允许"的13人，25.0%；"无所谓"的11人，占21.2%；"不应提倡"和"感觉不好"的5人，占9.6%。这里的多数回答也是认真的、理性的、超越传统观念的，但是，传统观念没有完全消失，9.6%的人认为"不应提倡"或"感觉不好"就是很好的证明。

十一　家庭关系和生育观念

1. 家庭关系

据55位被调查者的回答，他们对某些家庭关系问题的看法如表62~68。

表62 您村家庭关系中最常见的问题

单位：人，%

有效回答	夫妻不和	代际矛盾	婆媳冲突	兄弟不和	妯娌矛盾	姑嫂纠纷	其他
49	3	5	11	0	5	0	25
比例	6.1	10.2	22.5	0	10.2	0	51.0

表63 您村父子关系中最突出的矛盾

单位：人，%

有效回答	当家理财	收支不公	思想品德	生活作风	职业活动	待人接物	其他
44	6	2	1	2	2	6	25
比例	13.6	4.6	2.3	4.6	4.6	13.6	56.8

表64 您村婆媳关系中最常见的问题

单位：人，%

有效回答	当家理财	对待子夫	姑嫂关系	生活作风	思想品德	待人接物	其他
50	4	7	0	1	2	11	25
比例	8.0	14.0	0	2.0	4.0	22.0	50.0

表65 您村姑嫂关系中最突出的矛盾

单位：人，%

有效回答	对待父母	收支不公	生活作风	思想品德	待人接物	其他
44	10	1	0	1	6	26
比例	22.7	2.3	0	2.3	13.6	59.1

表66 您村兄弟关系中最常见的问题

单位：人，%

有效回答	当家理财	收支不公	生活作风	职业活动	思想品德	待人接物	其他
43	6	6	1	0	0	3	27
比例	14.0	14.0	2.3	0	0	7.0	62.7

表67 您村引起家庭矛盾的主要原因

单位：人，%

有效回答	当家理财	收支不公	思想品德	生活作风	待人接物	职业活动	其他
47	8	1	3	5	11	0	19
比例	17.0	2.1	6.4	10.6	23.4	0	40.4

表68 您村多数家庭当家人是

单位：人，%

有效回答	父亲	母亲	儿子	媳妇	父母	子媳	其他
52	24	3	4	6	5	2	8
比例	46.2	5.8	7.7	11.5	9.6	3.8	15.4

表62~68的数据说明：

①家庭关系中最常见的问题，有效回答49人，除"其他"外，回答最多的是"婆媳冲突"11人，占22.5%；"代际矛盾"、"妯娌矛盾"各5人，分别占10.2%；"夫妻不和"3人，占6.1%。这说明，代际关系和非血缘关系是家庭矛盾的主要原因。

②父子关系中最突出的矛盾，有效回答44人，除"其他"外，回答最多的是"当家理财"和"待人接物"各6人，分别占13.6%；"收支不公"、"生活作风"和"职业活动"各2人，分别占4.6%；"思想品德"1人，占2.3%。显然，父子之间的代际矛盾，不仅源于"当家理财"、"收支不公"等经济问题，而且源于"待人接物"、"生活作风"等非经济问题。

③婆媳关系中最常见的问题，有效回答50人，除"其他"外，回答最多的是"待人接物"11人，占22%；"对待子夫（指婆婆的儿子、媳妇的丈夫）"7人，占14%；"当家理财"4人，占8%；"思想品德"和"生活作风"3人，占6%。这说明，引起婆媳矛盾的主要原因不是经济问题，而是"待人接物"、"对待子夫"等非经济问题。

④姑嫂关系中最突出的矛盾，有效回答44人，除"其他"外，回答最多的是"对待父母"10人，占22.7%；"待人接物"6人，占13.6%；"收支不公"和"思想品德"各1人，分别占2.3%。这说明，引起姑嫂矛盾的主要原因也不是经济问题，而是"对待父母"、"待人接物"等非经济问题。

⑤兄弟关系中最常见的问题，有效回答43人，除"其他"外，回答最多的是"当家理财"和"收支不公"各6人，均占14%；"待人接物"3人，占7%；"生活作风"1人，占2.3%。显然，兄弟之间的矛盾，尽管非经济因素占有一定比例，但是，"当家理财"、"收支不公"等经济问题，仍然是矛盾的主要根源。

⑥引起家庭矛盾的主要原因,有效回答47人,除"其他"外,回答最多的是"待人接物"11人,占23.4%;"当家理财"8人,占17%;"生活作风"5人,占10.6%;"思想品德"3人,占6.4%;"收支不公"1人,占2.1%。这说明,引起家庭矛盾的主要原因既有非经济问题,也有经济问题,而且非经济问题往往超过经济问题。

⑦关于官桥八组家庭的当家人,有效回答52人,除"其他"外,回答"父亲"、"母亲"和"父母"的32人,占61.6%;"儿子"、"媳妇"和"子媳"的12人,占23%。这说明,长辈当家是多数,但晚辈当家已接近1/4。在长辈当家人中,"父亲"24人,"母亲"3人,前者是后者的8倍;与此形成鲜明对比的是,在晚辈当家人中,"儿子"4人,"媳妇"6人,后者是前者的1.5倍。这说明,在长辈和晚辈中,男女地位已经发生了显著变化。

2. 生育观念

据55位被调查者的回答,他们对某些生育问题的看法如表69~75。

表69 您村多数村民生孩子的主要目的

单位:人,%

有效回答	传宗接代	养儿防老	子女多,拳头硬、势力大	天伦之乐	多子多福	其他
55	13	11	0	26	1	4
比例	23.6	20.0	0	47.3	1.8	7.3

表70 您村多数村民喜欢男孩,还是喜欢女孩

单位:人,%

有效回答	喜欢男孩	喜欢女孩	男孩女孩都喜欢	男孩女孩都不喜欢	无所谓
55	14	1	32	0	8
比例	25.5	1.8	58.2	0	14.5

表71 您村多数村民对计划生育工作是否满意

单位:人,%

有效回答	非常满意	满意	比较满意	一般	不太满意	不满意	很不满意
55	22	24	5	3	1	0	0
比例	40.0	43.6	9.1	5.5	1.8	0	0

表72　您村多数村民主张如何处理超生问题

单位：人，%

有效回答	应该重罚	应该批评教育	无所谓	可以理解	不必干预	其他
55	23	21	3	5	0	3
比例	41.8	38.2	5.5	9.1	0	5.5

表73　如果政策允许，您认为生几个孩子为好

单位：人，%

有效回答	还是一个好	两个最合适	三个不算多	顺其自然,不必干预	其他
55	16	37	2	0	0
比例	29.1	67.3	3.6	0	0

表74　您希望孩子今后从事什么职业

单位：人，%

有效回答	农民	工人	服务人员	专技人员	党政干部	个体、老板	其他
53	0	4	0	25	2	8	14
比例	0	7.5	0	47.2	3.8	15.1	26.4

表75　您希望孩子今后在什么地方工作

单位：人，%

有效回答	本村	本乡镇	本县	本市	本省	越远越好	其他
55	25	0	0	2	4	7	17
比例	45.5	0	0	3.6	7.3	12.7	30.9

表69～75的数据说明：

①生孩子的主要目的。有效回答55人，除"其他"外，回答最多的是"天伦之乐"26人，占47.3%；"传宗接代"13人，占23.6%；"养儿防老"11人，占20.0%；"多子多福"1人，占1.8%。这就是说，在官桥八组村民中，传宗接代、养儿防老等传统生育观念仍占相当大的比重，但是，天伦之乐的情感因素已初步居于主体地位。

②喜欢男孩，还是喜欢女孩。有效回答55人，除"无所谓"外，回答最多的是"男孩女孩都喜欢"32人，占58.2%；"喜欢男孩"14人，占25.5%；"喜欢女孩"1人，占1.8%。这说明，男孩女孩都喜欢已成主流民

意，但喜欢男孩的比重仍大大超过喜欢女孩的比重。

③对计划生育工作是否满意。有效回答55人，回答最多的是"满意"和"非常满意"46人，占83.6%；"比较满意"5人，占9.1%；"一般"和"不太满意"4人，占7.3%。显然，计划生育工作得到了广泛认同和称赞，但个别不太满意的问题仍值得重视。

④如何处理超生问题。有效回答55人，除"其他"外，回答最多的是"应该重罚"23人，占41.8%；"应该批评教育"21人，占38.2%；"可以理解"、"无所谓"8人，占14.6%。尽管主张重罚的比重最大，但认为应该宽容（即批评教育、理解和无所谓）的仍占多数。

⑤生几个孩子为好。有效回答55人，回答最多的是"两个最合适"37人，占67.3%；"还是一个好"16人，占29.1%；"三个不算多"2人，占3.6%。这说明，主流民意是"二个最合适"，但许多人已习惯"还是一个好"，多子多福已没有了市场。

⑥希望孩子今后从事什么职业。有效回答53人，除"其他"外，回答最多的是"专技人员"25人，占47.2%；"个体、老板"8人，占15.1%；"工人"4人，占7.5%；"党政干部"2人，占3.8%。这就是说，在官桥八组专业技术人员最吃香，个体、老板很行俏，当个工人也可以，公务员没有多少市场，农民和服务人员则完全被排除在视野之外。

⑦希望孩子今后在什么地方工作。有效回答55人，除"其他"外，回答最多的是"本村"25人，占45.5%；"越远越好"7人，占12.7%；"本省"4人，占7.3%；"本市"2人，占3.6%。这说明，近1/2人不愿意孩子离开本村，因为田野集团具有较大吸引力。但是，有近1/4的人希望孩子离开本县，甚至越远越好，这可能是因为认识到只有"远走"才能"高飞"。

十二 对某些社会问题的看法

1. 对官桥八组收入分配有什么看法和建议

有效回答65人，其中：走共同富裕之路、基本满意56人，占86.2%；

体力劳动与脑力劳动的收入、福利差距过大 5 人，占 7.7%；物价涨得快，工资涨得慢，应进一步提高工资 3 人，占 4.6%；不清楚 1 人，占 1.5%。

2. 对官桥八组田野集团干部收入有什么看法和建议

有效回答 56 人，其中：比较公平合理，干部多劳多得，多拿点没意见 37 人，占 66.1%；干部工资偏低，还应适当提高 4 人，占 7.1%；有些干部工资偏高 2 人，占 3.6%；不了解情况、不好说 13 人，占 23.2%。

3. 对高薪聘请专家来田野集团工作有什么看法和建议

有效回答 59 人，其中：应该尊重知识，尊重人才，专家创造价值高，应多取报酬 53 人，占 89.8%；聘请专家很有必要，但最好培养自己的专业技术人才 3 人，占 5.1%；有的专家报酬与实绩不符 1 人，占 1.7%；不了解情况、说不好 2 人，占 3.4%。

4. 对招聘外地劳动力来田野集团打工有什么看法和建议

有效回答 53 人，其中：本村劳力不足，需要招收劳力，还有助于技术交流 37 人，占 69.8%；外来工同工同酬，工资高一点正常 12 人，占 22.6%；外来人员不便管理，有的综合素质不高 2 人，占 3.8%；外来劳力比本地劳力月薪高 200~300 元，应该慎用 2 人，占 3.8%。

5. 对大、中、小学收费有什么看法和建议

有效回答 58 人，其中：国家实行免费义务教育，非常满意 22 人，占 37.9%；其他教育收费比较合理，可以承受，可以理解 21 人，占 36.2%；高中择校费、大学费用太高，希望降低一些 10 人，占 17.3%；不清楚 5 人，占 8.6%。

6. 对官桥八组合作医疗改革有什么看法和建议

有效回答 57 人，其中：比较满意，能为老百姓着想 36 人，占 63.2%；报销费用要看关系，报销比例太低、程序太烦琐 6 项，占 10.5%；管理不够规范，医疗保障不健全 5 人，占 8.8%；没有用过医疗费，不了解情况 10 人，占 17.5%。

7. 对官桥八组计划生育工作有什么看法和建议

有效回答 55 人，其中：抓得很好，非常满意 50 人，占 90.9%；希望允许生两个小孩 3 人，占 5.5%；应进一步加强计划生育工作 1 人，占 1.8%；

有意见 1 人，占 1.8%。

8. 对官桥八组社会治安有什么看法和建议

有效回答 55 人，其中：社会治安好，夜不闭户，路不拾遗，很满意 54 人，占 98.2%；经济条件好了，应该增加一些保安措施 1 人，占 1.8%。

9. 对自己未来有何安排和打算

有效回答 56 人，其中：把一生交给田野集团，老有所依，安享晚年 30 人，占 53.6%；不断提高自身素质，争取进入更高层次 10 人，占 17.8%；收入再高点，娶个好老婆，买辆小轿车，过上好日子 8 人，占 14.3%；亲属在集团上班，自己另外找一份好工作 3 人，占 5.4%；暂无打算 5 人，占 8.9%。

10. 对自己孩子有何期望和要求

有效回答 60 人，其中：希望孩子好好读书，成为德才兼备的技术人员或管理人员 39 人，占 65%；大学毕业后先在外见见世面，再回集团工作、报效家乡 9 人，占 15%；顺其自然，让孩子自己决定，干自己想干的事 6 人，占 10%；读书的考上大学，没读书的多赚钱，当老板，做大事，赚大钱 3 人，占 5%；暂无子女，未到考虑时候 3 人，占 5%。

※　※　※　※　※　※

城镇化是不断发展的，经济结构现代化、生活方式现代化和人口素质现代化更无止境。2007 年的官桥八组，无论在经济结构方面，还是在生活方式、人口素质方面，现代化水平都还不高，都还需要继续努力。但是，它已经迈入了农村城镇化的门槛，它的村民已经成为一支新型城镇化的生力军却是肯定无疑的。

报告二　一批闯入广阔天地的创业者

——田野集团职工问卷调查报告

内容提要

一　调查工作：与《村民家庭问卷调查》同时交叉进行，前后历时 321 天。调查员 22 人，有效调查对象 58 人，调查时间人均 36 分钟。

二　调查对象：男性占 70.7%，35～49 岁占 41.4%，高中文化及以上占 86.2%，参加党团组织的占 65.5%，官桥八组外职工占 86.2%，来田野集团工作 4 年以内的占 82.8%。

三　工作和劳动：58 人的职业状况；调换工作次数；工作时间和带薪休假情况；对工作、生活条件和收入的满意度；对人际关系的满意度；想不想改变工作的情况等。

四　工资、福利和社会保险：2007 年人均月工资 1594 元，全年福利每人次 1642 元，以及有关社会保险方面的情况。

五　社会关系：对他们帮助最大的有 145 人，人均 2.59 人。其中，上级占 57.2%，本村占 60.0%，制造业占 80.7%。

六　对领导人姓名的认知：回答正确率，中央 91.4%，省 64.7%，市 47.4%，县 61.2%，乡镇 46.6%，村 23.3%，组 98.3%；党委系统 69.0%，人大、政府系统 59.3%。

七　社会活动：参加各种会议、活动 3627 次，人均 64 次；3243 小时，人均 57 小时；每次活动平均 54 分钟。

八 业余活动：每天业余时间人均70分钟，每天读书看报时间人均65分钟。

九 打算和期望：打算继续在田野集团工作的占87.7%；想另找工作、自主创业的占12.3%；希望集团加快发展的占57.9%，希望改善待遇，提高素质的占42.1%。

田野集团成立于1994年。由于经济迅速发展，官桥八组的劳动力无论在数量上还是在素质上都无法满足集团发展的需求，因而不得不招聘越来越多的外来人员，直至外来人员成为田野集团职工队伍的主体。为了弄清外来人员的基本情况和对田野集团的看法，我们组织了这次问卷调查，现将调查结果报告如下。

一 调查工作

《职工问卷调查》的全部过程，都是与《村民家庭问卷调查》同时交叉进行的，前后历时321天。其中，实地考察、问卷设计等188天；调查员试填和培训3天；进单位面谈3天；审核、编码、录入、统计分析和撰写调查报告127天。

职工问卷调查的调查对象60人，其中：1人出差由别人代答、1人请人代答，均不可信，实际回收有效问卷58份。调查员22人，其中：调查1户3人，调查2户12人，调查3户3人，调查4户1人，调查6户3人。

据对58人调查的统计，共用时2093分钟，人均36分钟。其中，少于20分钟12人，21~40分钟35人，41~60分钟6人，超过60分钟5人；调查一次完成48人，调查两次完成9人，调查3次完成1人。

二 调查对象

据对58份有效调查问卷统计，调查对象的基本情况如表1~4。

表1 调查对象基本情况（一）

单位：人，%

合计	性别		年龄								
	男	女	<24	25~29	30~34	35~39	40~44	45~49	50~54	55~59	>60
58	41	17	10	4	8	8	10	6	7	3	2
比例	70.7	29.3	17.2	6.9	13.8	13.8	17.2	10.3	12.1	5.2	3.5

表2 调查对象基本情况（二）

单位：人，%

合计	文化程度					婚姻状况		政治面貌		
	初中	高中	中专	大专	本科	未婚	已婚	中共党员	共青团员	无党派
58	8	10	8	24	8	12	46	25	13	20
比例	13.8	17.2	13.8	41.4	13.8	20.7	79.3	43.1	22.4	34.5

表3 调查对象基本情况（三）

单位：人，%

合计	原籍何地						已工作时间			
	本村	本镇	本县	本市	本省	省外	1年以下	1~2年	3~4年	>9年
58	8	5	18	5	16	6	13	22	13	10
比例	13.8	8.6	31.0	8.6	27.6	10.3	22.4	37.9	22.4	17.2

表4 调查对象基本情况（四）

单位：人，%

合计	各年度来此的人数									
	1995年	1996年	1997年	1998年	1999年	2003年	2004年	2005年	2006年	2007年
58	1	4	1	3	1	5	6	14	10	13
比例	1.7	6.9	1.7	5.2	1.7	8.6	10.3	24.1	17.2	22.4

表1~4的数据说明，接受调查职工的主体是：男性（占70.7%），34岁及其以下的青年人和35~49岁的中年人（分别占37.9%和41.3%），高中及以下和大专及以上文化层次者（分别占31.0%和55.2%），参加党团组织的职工（占65.5%），官桥八组以外的职工（占86.2%），来田野集团工作2年以内和3~4年的职工（分别占60.3%和22.4%）。回答者平均年龄38.6岁，平均受教育13年。

与《村民家庭问卷调查》调查对象相比较，《职工问卷调查》调查对象的平均年龄大 4.6 岁，受教育年数多 3.8 年，参加党团组织比重高 29.8 个百分点。总体而言，《职工问卷调查》调查对象的综合素质明显高于《村民家庭问卷调查》的调查对象。

三 工作和劳动

1. 职业情况

58 位调查对象的职业情况如下。

表 5 职业状况

单位：人，%

合 计	管理人员	专业技术人员	办事员	技术工人	体力劳动
58	7	6	21	17	7
比例	12.1	10.3	36.2	29.3	12.1

表 5 的数据说明，管理人员占 12.1%，专业技术人员占 10.3%，办事员占 36.2%，技术工人 29.3%，体力劳动者仅占 12.1%。与《村民家庭问卷调查》在业人员相比较，管理人员少 6.5 个百分点，专业技术人员多 4.6 个百分点，办事员多 32.6 个百分点，技术工人少 1.4 个百分点，体力劳动者少 29.3 个百分点。这说明，尽管《职工问卷调查》调查对象中管理人员比重较小，但是，专业技术人员比重较大，特别是办事员比重更高，体力劳动者比重很小，因而，他们的职业层次总体上高于《村民家庭问卷调查》的在业人员。

2. 调换工作情况

从参加工作（生产劳动、经营活动）后计算起，58 位调查对象合计调换工作 153 次，人均 2.64 次，调换工作次数的具体情况见表 6。

表 6 的数据说明，调换工作 2~3 次 33 人，占 57.0%；4~5 次 11 人，占 18.9%；1 次 7 人，占 12.1%；6 次 2 人，占 3.4%；还有 5 人没有调换过工作。总体来看，调换工作次数不多，但比《村民家庭问卷调查》在业人员人均 2.05 次多 0.59 次。

表6 调换工作次数

单位：人，%

合计	0次	1次	2次	3次	4次	5次	6次
58	5	7	14	19	6	5	2
比例	8.6	12.1	24.2	32.8	10.3	8.6	3.4
153 人次	0	7×1=7	14×2=28	19×3=57	6×4=24	5×5=25	6×2=12

3. 工作时间和带薪休假

据58位调查对象回答，他们的工作时间和带薪休假情况如下。

表7 工作时间

有效回答	每周工作天数(天)			每天工作时数(小时)			
	5	6	7	8	9	10	>10
58 人	1	51	6	45	4	8	1
比例(%)	1.7	87.9	10.4	77.6	6.9	13.8	1.7

表8 享受带薪假天数

有效回答	3~7天	8~14天	>15天
11 人	4	5	2
比例(%)	36.4	45.4	18.2
122 天	4×5=20	6×11=66	2×18=36

表7、表8的数据说明：①每周工作6天占87.9%，每天工作8小时占77.6%，都占绝大多数。但是，有10.4%的人每周工作7天，有15.5%的人每天工作10小时及其以上，这种超负荷工作情况值得重视。②带薪假有效回答11人，占调查对象的19%；合计休假122天，人均11.1天。这说明，带薪休假制度的执行还不够理想。

4. 对工作、生活条件和收入的满意度

58位被调查对象对工作、生活条件和收入的满意度如表9~11。

表9~11的数据说明：对劳动、工作条件满意和较满意的占84.5%，对住房、生活条件满意和较满意的占63.8%，对劳动、工作收入满意和较满意的占43.1%。这就是说，对劳动、工作条件满意度最高，对住房、生活条件

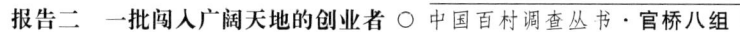

满意度次之，对劳动、工作收入满意度最低。职工的这种感受，值得管理者高度重视和认真对待。

表9 对劳动、工作条件是否满意

单位：人，%

有效回答	很满意	较满意	一 般	不满意	很不满意	说不清
58	21	28	9	0	0	0
比例	36.2	48.3	15.5	0	0	0

表10 对住房、生活条件是否满意

单位：人，%

有效回答	很满意	较满意	一 般	不满意	很不满意	说不清
58	17	20	18	2	1	0
比例	29.3	34.5	31.0	3.4	1.7	0

表11 对劳动、工作收入是否满意？

单位：人，%

有效回答	很满意	较满意	一 般	不满意	很不满意	说不清
58	9	16	30	3	0	0
比例	15.5	27.6	51.7	5.2	0	0

5. 对人际关系的满意度

58位被调查对象对人际关系的满意度如表12、表13所示。

表12、表13的数据说明：对与干部关系满意和较满意的占86.3%，对与同事关系满意和较满意的占93.1%。这表明，田野集团的人际关系是比较好的，其中同事关系更好于干群关系，这很可能是田野集团具有较强凝聚力的一个重要原因。

但是，应该指出，在干群关系和同事关系中，尽管没有回答"不满意"和"很不满意"的，却有回答"说不清"的。这很可能是"不满意"或"很不满意"的另一种表达方式。这类回答的比例仅分别占3.4%和1.7%，但仍然值得重视和研究。

表12 对与干部的关系是否满意

单位：人，%

有效回答	很满意	较满意	一般	不满意	很不满意	说不清
58	20	30	6	0	0	2
比例	34.5	51.8	10.3	0	0	3.4

表13 对与同事的关系是否满意

单位：人，%

有效回答	很满意	较满意	一般	不满意	很不满意	说不清
58	22	32	3	0	0	1
比例	37.9	55.2	5.2	0	0	1.7

6. 是否想改变工作岗位

58位被调查对象对"是否想改变工作岗位"、"想改变工作岗位的主要目的"和"不想改变工作岗位的主要原因"的回答情况如表14、表15所示。

表14 是否想改变工作岗位和想改变工作岗位的主要目的

单位：人，%

是否想改变工作岗位			想改变工作岗位的主要目的				
有效回答	是	否	有效回答	增加收入	改善劳动条件	发挥本人特长	学习新知识新技术
58	16	42	16	11	1	1	3
比例	27.6	72.4	100	68.7	6.3	6.3	18.7

表15 不想改变工作岗位的主要原因

单位：人，%

有效回答	缺乏资金	对这个单位很满意	缺乏技术	家庭拖累	缺乏知识	找不到更好的工作	其他
42	1	32	1	1	4	1	2
比例	2.4	76.1	2.4	2.4	9.5	2.4	4.8

表14、表15的数据说明：①不想改变工作岗位的占72.4%，这与前面对工作条件、生活条件、人际关系满意度较高的基本趋向是一致的。②想改变工作岗位的调查对象占27.6%，其中想"增加收入"的占68.7%，这与

前述对劳动、工作收入满意度较低是一致的。③在不想改变工作的主要原因中,"对这个单位很满意"的占76.1%,它说明田野集团具有很强的吸引力。但是,由于"找不到更好的工作"、"缺乏资金"、"缺乏技术"、"缺乏知识"和"家庭拖累"等原因而不想改变工作岗位的占19.1%。严格地说,这近20%的职工是不稳定的,一旦条件成熟他们就有可能离开。

四 工资、福利和社会保险

调查对象对2007年工资、福利和社会保险的回答情况如表16、表17、表18所示。

表16 2007年月工资收入

单位:人,%

有效回答	<1000	1000~1500	1500~2000	2000~3000	>3000
54	12	20	10	8	4
比例	22.2	37.1	18.5	14.8	7.4

表17 除月工资外,2007年还有哪些收入

有效回答	合计	年底分红	奖金	福利、补助	岗位津贴	节日补助	生日慰问金
人次	36	2	4	2	1	19	8
比例(%)	—	5.6	11.1	5.6	2.8	52.8	22.1
总金额(元)	59100	15000	15000	10500	5000	12800	800
最高(元)	10000	10000	10000	10000	5000	5000	100
最低(元)	100	5000	1000	500	5000	100	100
人次平均(元/人次)	1642	7500	3750	5250	5000	674	100

表18 您享受了哪几种社会保险

单位:人次,%

有效回答	养老保险	医疗保险	生育保险	工伤保险	失业保险	其他保险
98	36	20	3	28	9	2
比例	36.7	20.4	3.1	28.6	9.2	2.0

表 16~18 的数据说明：

①根据 54 人的回答计算，职工月工资总额为 86100 元，人均 1594 元。其中，1000~2000 元的占 55.6%，1000 元以下和 2000 元以上的各占 22.2%。

②根据 36 人次的回答，除月工资外还有 6 种收入，总计 59100 元，平均每人次 1642 元，比平均月工资多 48 元，即相当于多一个月的月工资。但是，回答人次仅占被调查对象 58 人的 62.1%，而且高低悬殊，最高 10000 元，最低 100 元，相差 99 倍。这说明，职工福利工作尚有很大改进的必要。

③根据 98 人次的回答，享受养老保险的占 36.7%，享受工伤保险的占 28.6%，享受医疗保险的占 20.4%，享受失业保险的占 9.2%，享受生育保险的占 3.1%，享受其他保险的占 2.0%。总体来看，各类社会保险的覆盖率都不高。

五　社会关系

据 56 人有效回答，对他们帮助最大的有 145 人，人均 2.59 人，其具体情况如表 19。

表 19　帮助最大的人

单位：人，%

有效回答	1 人	2 人	3 人
56	9	5	42
比例	16.1	8.9	75.0
合计 145 人	9×1=9	5×2=10	42×3=126

这 145 人的简要情况如表 20、表 21、表 22 所示。

表 20　与本人的关系

单位：人，%

合计	亲戚	上级	下级	同事	同行	朋友	战友	同学	其他
145	15	83	2	34	2	5	2	1	1
比例	10.3	57.2	1.4	23.5	1.4	3.4	1.4	0.7	0.7

报告二 一批闯入广阔天地的创业者 ○ 中国百村调查丛书·官桥八组

表 21 工作地点

单位：人，%

合计	本村	本乡镇	本县市	本地市	本省市区	省市区外
145	87	21	6	26	2	3
比例	60.0	14.5	4.1	17.9	1.4	2.1

表 22 所在单位行业

单位：人，%

合计	农林牧渔	采掘制造	交通邮电	商贸餐饮	金融保险	教科文卫	基层自治	其他
145	6	117	1	9	1	3	1	7
比例	4.1	80.7	0.7	6.2	0.7	2.1	0.7	4.8

表 20~22 的数据说明，对他们帮助最大的 145 人的基本情况是：

①从与本人的关系看，上级占 57.2%，同事占 23.5%，亲戚占 10.3%，三者合计占 91.0%；朋友、战友、同行、同学等合计仅占 6.9%。

②从工作地点看，本村占 60.0%，本地市占 17.9%，本乡镇占 14.5%，三者合计占 92.4%；本地市以外的仅占 3.5%。

③从所在单位行业看，制造业占 80.7%，商贸餐饮占 6.2%，农林牧渔占 4.1%，三者合计占 91.0%；其他行业合计仅占 9.0%。

显然，56 位回答人的社会关系比较狭窄，对他们帮助最大的 145 人中，绝大部分是官桥八组、田野集团内部的领导人或同事，超越亲缘、地缘、业缘的社会关系少之又少。

六 对领导人姓名的认知

据 58 位调查对象回答，他们对各级领导人姓名的认知情况如表 23、表 24 所示。

表 23~24 的数据说明：

①从不同级别看，认知领导人姓名的正确率，中央为 91.4%，省级为 64.7%，市级为 47.4%，县级为 61.2%，乡镇级为 46.6%，村级为 23.3%，

表 23 认知领导人姓名的情况（一）

单位：人，%

类别	人次	中共中央总书记	国务院总理	全国人大常委会委员长	中共湖北省委书记	湖北省省长	中共咸宁市委书记	咸宁市市长
合计	406	58	58	58	58	58	58	58
正确	289	58	57	44	44	31	30	25
正确率	71.2	100.0	98.3	75.9	75.9	53.4	51.7	43.1

表 24 认知领导人姓名回答的情况（二）

单位：人，%

类别	合计人次	中共嘉鱼县委书记	嘉鱼县县长	官桥镇委书记	官桥镇镇长	官桥村支部书记	官桥村委会主任	田野集团董事长
合计	406	58	58	58	58	58	58	58
正确	209	40	31	29	25	22	5	57
正确率	51.5	69.0	53.4	50.0	43.1	37.9	8.6	98.3

组级（即田野集团）为98.3%。可见，除组级外对中央领导认识正确率最高，省、县次之，市、乡镇再次之，村最低。

②从党政系统看，认知领导人姓名的正确率，党委系统为69.0%，人大、政府系统为59.3%（田野集团董事长与党委书记是同一个人，因此在计算正确率时，既参与党委系统计算，又参与人大、政府系统计算），前者比后者高9.7个百分点。

七 社会活动

据57人有效回答，2007年他们参加企业、车间、班组会议，党团、群众组织活动，以及各种社会义务活动3627次，人均64次；3243小时，人均57小时，其具体情况如表25、表26所示。

表 25 参加社会活动的次数

有效回答	活动次数（次）								
	0	1~12	13~24	25~52	53~104	105~155	156~208	209~360	>361
57（人）	2	16	10	6	10	2	1	3	7
比例（%）	3.5	28.1	17.5	10.5	17.5	3.5	1.8	5.3	12.3

表 26　参加社会活动的时间

有效回答	活动小时数(小时)								
	0	1~12	13~24	25~52	53~104	105~155	156~208	209~360	>361
57(人)	2	10	4	11	7	5	3	9	6
比例(%)	3.5	17.5	7.0	19.3	12.3	8.8	5.3	15.8	10.5

表 25~26 的数据说明：

①从参加社会活动次数看，除 2 人未参加活动外，1~24 次（即每月 2 次及其以下）26 人，占 45.6%；25~104 次（即每月 2 次以上至每周 2 次）16 人，占 28.0%；105 次以上（即每周 2 次以上至每天 1 次以上）13 人，占 22.9%。

②从参加社会活动时间看，除 2 人未参加活动外，105 小时以上（即每周 2 小时以上至每天 1 小时以上）23 人，占 40.4%；25~104 小时（即每月 2 小时以上至每周 2 小时）18 人，占 31.6%；1~24 小时（即每月 2 小时及其以下）14 人，占 24.5%。

据了解，活动次数 105 次以上、时间 105 小时以上的大都是车间、科室和企业负责人。其中，车间、科室负责人差不多每周都有 2 次活动；企业负责人有的则每天都有活动。

八　业余活动

据 41 人有效回答，每天业余时间 2830 分钟，人均 70 分钟；按 58 人计算则是人均 49 分钟。不同时间组的分组情况如表 27 所示。

表 27　平均每天业余时间

有效回答	基本没有	<30 分钟	31~60 分钟	61~90 分钟	91~120 分钟
41(人)	5	2	7	12	15
比例(%)	12.2	4.9	17.1	29.3	36.6

表 27 的数据说明，每天 61~120 分钟 27 人，占 65.9%；60 分钟以下 9 人，占 22.0%；"基本没有" 5 人，占 12.2%。

至于业余活动的内容,据 58 人的有效回答共有 137 人次参加业余活动,人均 2.36 次。其中,看电视 39 项,占 28.4%;打球、散步、跳舞等体育健身运动 36 项,占 26.3%;读书、看报、学习业务知识 26 项,占 19.0%;上网 16 项,占 11.7%;聚会、娱乐、听音乐 12 项,占 8.7%;逛街 4 项,占 2.9%;交友、聊天 2 项,占 1.5%;辅导孩子 2 项,占 1.5%。总体来看,职工业余活动的内容大都是健康的,积极向上的,但还有进一步丰富和提高的必要。

据 41 人有效回答,每天读书看报时间共 2673 分钟,人均 65 分钟;按 58 人计算则是人均 46 分钟。不同时间组的分组情况如表 28 所示。

表 28 平均每天读书看报时间

有效回答	0	1~30 分钟	31~60 分钟	61~90 分钟	>91 分钟
41(人)	5	2	7	12	15
比例(%)	12.2	4.9	17.1	29.2	36.6

表 28 的数据说明,每天 91 分钟以上 15 人,占 36.6%;61~90 分钟 12 人,占 29.2%;60 分钟以下 9 人,占 22.0%;承认没有读书看报的 5 人,占 12.2%。据了解,未回答的 17 人,基本上都没有读书看报习惯。这样,不读书、不看报的 22 人,占 37.9%。这也是值得高度重视和认真解决的问题。

九 打算和期望

1. 对个人的打算和安排

对于"您对自己的未来有何安排或打算?"这个问题,58 位调查对象作出了 73 人次回答,人均 1.26 项。其中,爱岗敬业,尽职尽责,努力做好本职工作 34 人次,占 46.6%;不断学习,提高自己的能力和水平 18 人次,占 24.7%;增加工资、买私房、私车,子女考上大学,有个好前程 7 人次,占 9.6%;找到合适工作,合适岗位,有所作为 7 人次,占 9.6%;不下岗、不失业，直到退休，安度晚年 5 人次，占 6.8%；有自己的公司，自主创业 2 人次，占 2.7%。

上述数据说明：①打算继续在田野集团干的 64 人次，占 87.7%；想另找合适工作、自主创业的 9 人次，占 12.3%。②在田野集团干的 64 人次中，限于做好本职工作 34 人次，占 46.6%；想进一步提高 18 人次，占 24.7%；只图增加工资、个人前程 7 人次，占 9.6%；仅指望不失业、安度晚年 5 人次，占 6.8%。总体看，爱岗敬业，尽职尽责的多，只图个人利益的少；限于做好本职工作的多，积极进取、争取提高的少。

2. 对单位的建议和希望

对于"您对现在的工作单位有何建议或希望？"这个问题，58 位被调查对象做出了 76 项回答，人均 1.31 项。其中，希望田野集团做大做强，改进管理，不断创新，走在全国前列 36 项，占 47.4%；提高职工待遇，提供社会保障，解决养老保险问题 20 项，占 26.3%；希望更多引进资金和人才，股票上市，加快发展 8 项，占 10.5%；希望改善职工食堂，加强文体活动，提高凝聚力 5 项，占 6.6%；希望增强职工民主权利，增加探亲假和双休日 4 项，占 5.3%；建议兴办夜校，加强培训，提高员工素质 3 项，占 3.9%。

上述数据说明，希望田野集团做大做强，加快发展 44 项，占 57.9%；希望改善职工工资待遇，提高职工权利和素质 32 项，占 42.1%。后者比例相当高，值得高度重视。

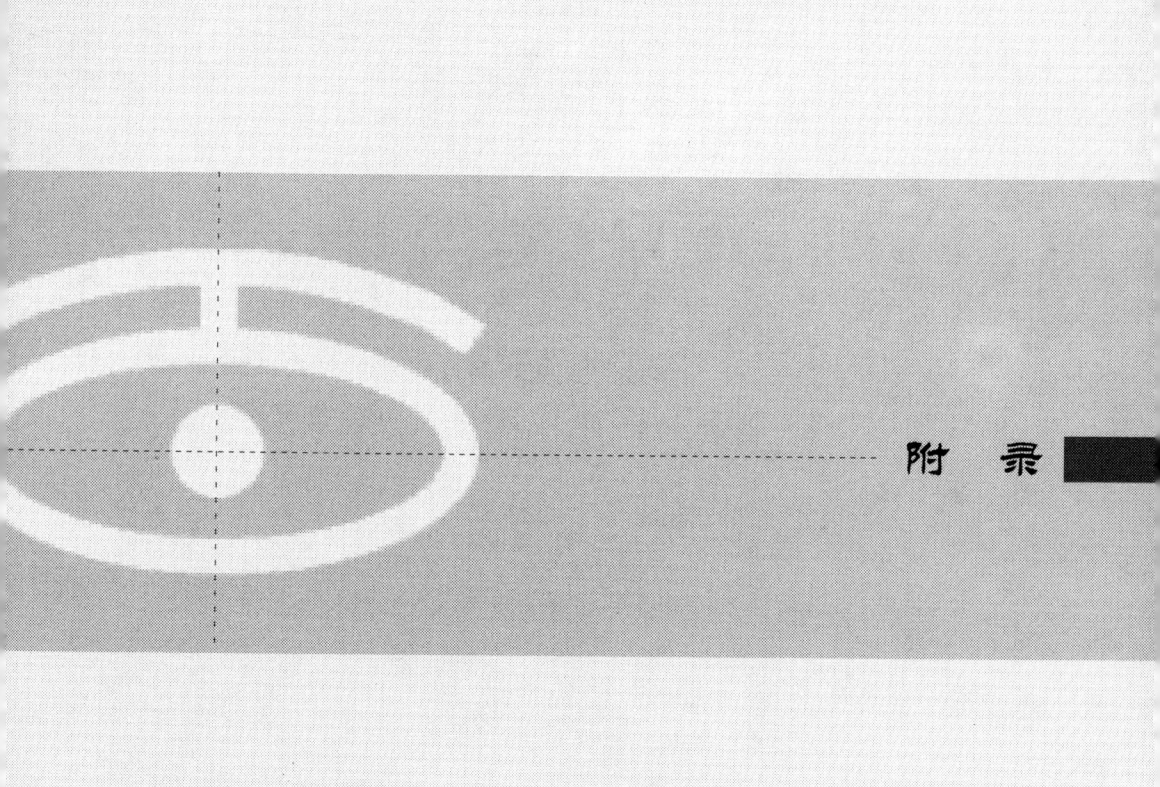

附 录

附录一　官桥八组、田野集团所获荣誉、信誉证书一览表

一　国家级

序号	受奖时间	所获荣誉	颁奖单位
1	1990.1	全国村镇建设文明单位	建设部
2	1997.8	全国体育工作先进单位	国家体委
3	1999.9	99中国国际农业博览会名牌产品(缆索)	99中国国际农业博览会
4	1999.9	99中国国际农业博览会名牌产品(合金)	99中国国际农业博览会
5	1999.9	99中国国际农业博览会名牌产品(焊丝)	99中国国际农业博览会
6	1999.11	国家重点新产品(斜拉索)	科技部等五部委
7	1999.12	国家科技型中小企业技术创新基金项目(斜拉索)	科技部、财政部
8	2000.4	国家重点技术创新项目(斜拉索)	国家经贸委
9	2000.6	全国乡镇企业管理先进单位	农业部
10	2000.9	全国乡镇企业创名牌重点企业	农业部
11	2000.11	国家高技术产业化推进项目(永磁合金)	国家计委
12	2001.2	中国乡镇企业科技园区	农业部
13	2001.2	全国乡镇企业质量管理先进单位	农业部
14	2001.5	全国法制宣传教育先进单位	中央宣传部、司法部
15	2001.10	国家重点高新技术企业	科技部
16	2001.12	全国守合同重信用企业	国家工商行政管理总局
17	2001.12	博士后科研工作站	人事部
18	2005.10	全国精神文明建设工作先进单位	中央宣传部
19	2006.6	全国先进基层党组织	中组部

二　省级

序号	受奖时间	所获荣誉	颁奖单位
1	1985.3	全省文明单位	湖北省人民政府
2	1989.8	全省文明单位	湖北省委、省政府
3	1990.3	全省爱卫生先进集体	湖北省爱国卫生运动委员会
4	1990.3	全省农村基层党组织建设十面红旗	湖北省委
5	1994.4	省级最佳文明单位	湖北省委、省政府
6	1994.12	档案管理省级先进单位	湖北省档案局
7	1995.12	全省档案工作先进集体	湖北省档案局
8	1996.4	列入"银桥工程"	中国农业银行湖北省分行
9	1996.4	湖北省AAA级信用企业	中国农业银行湖北省分行
10	1996.6	湖北省生态农业示范村	湖北省人民政府
11	1996.12	全省农村文化工作先进集体	省委宣传部、文化厅、财政厅
12	1997.4	湖北省AAA级信用企业	中国农业银行湖北省分行
13	1997.6	湖北省先进基层党组织	湖北省委
14	1998.3	湖北精品（缆索）	湖北省人民政府
15	1998.4	湖北省AAA级信用企业	中国农业银行湖北省分行
16	1998.5	省级管理样板企业	湖北省乡镇企业局
17	1998.8	湖北省重合同守信用企业	湖北省工商局
18	1998.11	全省安全生产安全级单位	湖北省经贸委
19	1998.12	省级最佳文明单位	湖北省委、省政府
20	1998.12	湖北省"六百两万工程"万村（厂）活动中心建设示范活动中心	湖北省委宣传部
21	1999.1	湖北省乡镇企业优秀QC小组	湖北省乡企局
22	1999.1	优秀QC成果三等奖（合金）	湖北省乡企局
23	1999.4	省级农业产业化重点龙头企业	省委办公厅、省政府办公厅
24	1999.4	省农行AAA级信用企业	中国农业银行湖北省分行
25	1999.5	98湖北工业企业综合实力500强	湖北省统计局
26	1999.5	全省百家乡镇企业重点企业	湖北省乡镇企业局
27	1999.6	湖北省乡镇企业技术创新示范企业	湖北省科委、省乡镇企业局
28	1999.6	先进基层党组织	湖北省委
29	2000.1	"田野"牌商标为"湖北省著名商标"	湖北省工商局
30	2000.1	全省安全文明单位	省社会治安综合治理委员会
31	2000.7	湖北省十强企业乡镇企业	湖北省委、省政府
32	2000.6	重合同守信用企业	湖北省人民政府

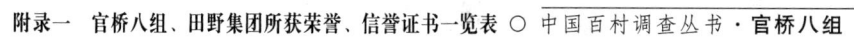

续表

序号	受奖时间	所获荣誉	颁奖单位
33	2000.9	湖北省名牌（缆索）	湖北省人民政府
34	2001.3	最佳文明单位	湖北省委、省政府
35	2001.8	湖北省名牌（合金）	湖北省人民政府
36	2001.4	省农行AAA级信用企业	中国农业银行湖北省分行
37	2001.10	全省技术创新优秀项目（缆索）	湖北省经贸委、省财政厅
38	2001.12	省科技进步三等奖	湖北省人民政府
39	2001.12	省科技进步三等奖	湖北省人民政府
40	2002.4	省农行AAA级信用企业	中国农业银行湖北省分行
41	2002.9	重合同守信用企业	湖北省人民政府
42	2002.11	湖北省著名商标（缆索）	湖北省工商行政管理局
43	2002.11	争创湖北省著名商标先进单位	湖北省工商行政管理局
44	2003.5	省农行AAA级信用企业	中国农业银行湖北省分行
45	2003.6	2001~2002年度最佳文明单位	省委、省政府
46	2003.11	全省优秀民营科技企业	省民办科技管理办
47	2004.4	省农行AAA级信用企业	中国农业银行湖北省分行
48	2004.12	湖北省著名商标（钎钢钎具）	湖北省工商行政管理局
49	2004.12	金桥工程项目三等奖（钎钢钎具）	省科技协会
50	2005.4	省农行AAA级信用企业	中国农业银行湖北省分行
51	2007.7	湖北省三农档案管理先进单位	省档案局、省农业厅
52	2007.8	湖北省农业产业化重点龙头企业	湖北省农业产业化经营领导小组

三 地、市级

序号	受奖时间	所获荣誉	颁奖单位
1	1989.4	咸宁地区红旗党支部	咸宁地委
2	1990.3	地级文明单位	咸宁地区行署
3	1991.7	咸宁地区先进党支部	咸宁地委
4	1994	咸宁地区第一组	咸宁地委、行署
5	1995.5	先进村民小组	咸宁地委
6	1995.5	鄂南乡镇企业第一组	咸宁地委
7	1995.6	先进基层党组织	咸宁地委
8	1995.12	全区科技工作先进单位	咸宁地委、行署
9	1995.4	咸宁地区乡镇企业十强企业	咸宁地委、行署

续表

序号	受奖时间	所获荣誉	颁奖单位
10	1996.5	特级信用企业	农行咸宁分行
11	1996.6	先进基层党组织	咸宁地委
12	1997.6	咸宁地区乡镇企业十强企业	咸宁地委、行署
13	1997.6	先进基层党组织	咸宁地委
14	1998.1	重商标守信誉企业	咸宁地区工商局
15	1998.3	质量管理先进单位	咸宁地区工商局
16	1998.5	地级重合同守信用企业	咸宁地区行署
17	1998.5	全区著名商标	咸宁地区工商局
18	1998.6	A级先进企业	咸宁地区工商局
19	1998.6	咸宁地区第二届重商标、讲信誉企业	咸宁地区工商局
20	1999.4	明星企业	咸宁市委、市政府
21	1999.8	全市乡镇企业十强企业	咸宁市委、市政府
22	2000.1	全市五好村党组织	咸宁市委
23	2000.4	科技进步一等奖（斜拉索）	咸宁市政府
24	2000.7	全市质量管理先进单位	咸宁市政府
25	2000.8	思想政治工作红旗单位	咸宁市委、市政府
26	2001.3	2000年度全市乡镇企业十强企业	咸宁市委、市政府
27	2001.3	咸宁市明星企业	咸宁市委、市政府
28	2001.10	咸宁市十佳守信企业	咸宁市银行同业公会
29	2006.2	咸宁市新农村建设示范村	咸宁市委、市政府

四　县级

序号	受奖时间	所获荣誉	颁奖单位
1	1985.2	先进单位	嘉鱼县委、县政府
2	1985.2	文明单位	嘉鱼县委、县政府
3	1986.1	民兵、预备役工作先进单位	嘉鱼县人武部
4	1989.7	先进党支部	嘉鱼县委
5	1990.2	文明单位	嘉鱼县委、县政府
6	1990.2	红旗单位	嘉鱼县委、县政府
7	1991.1	纳税先进单位	嘉鱼县政府
8	1991.2	两个文明建设先进单位	嘉鱼县委、县政府
9	1991.5	安全生产文明生产先进单位	嘉鱼县安全生产委员会

续表

序号	受奖时间	所获荣誉	颁奖单位
10	1991.7	两个文明建设先进单位	嘉鱼县委、县政府
11	1992.1	安全生产文明生产先进单位	嘉鱼县政府
12	1992.2	两个文明建设先进单位	嘉鱼县委、县政府
13	1992.5	十佳青年之家	共青团嘉鱼县委
14	1992.7	先进党支部	嘉鱼县委
15	1993.2	集体经济百强单位	嘉鱼县委
16	1993.5	体育先进单位	嘉鱼县政府
17	1993.5	重合同守信用企业	嘉鱼县政府
18	1992.5	十佳青年之家	共青团嘉鱼县委
19	1992.7	先进党支部	嘉鱼县委
20	1993.2	集体经济百强单位	嘉鱼县委
21	1993.5	体育先进单位	嘉鱼县政府
22	1993.5	重合同守信用企业	嘉鱼县政府
23	1994.3	工业经济工作先进集体	嘉鱼县委、县政府
24	1994.4	企业工业先进集体	嘉鱼县政府
25	1994.6	先进党组织	嘉鱼县委
26	1994.4	重合同守信用单位	嘉鱼县政府
27	1995.2	十强乡镇企业	嘉鱼县委、县政府
28	1995.2	红旗党支部	嘉鱼县委
29	1995.6	先进党组织	嘉鱼县委
30	1995	重合同守信用企业	嘉鱼县政府
31	1996.6	先进党组织	嘉鱼县委
32	1997.2	先进单位	嘉鱼县委、县政府
33	1997.6	先进党组织	嘉鱼县委
34	1999.8	防洪先进集体	嘉鱼县委

附录二 官桥八组组长、田野集团党委书记、董事长周宝生所获荣誉一览表

一 国家级

序号	所获荣誉	获奖时间	颁奖单位
1	全国人民代表大会代表（第七届）	1988.3	全国人大常委会
2	全国劳动模范	1989.9	国务院
3	全国人民代表大会代表（第八届）	1993.3	全国人大常委会
4	全国劳动模范和全国先进工作者表彰大会特邀代表	1995.5	国务院
5	全国人民代表大会代表（第九届）	1998.3	全国人大常委会
6	享受国务院特殊津贴的专家	1998.3	国务院
7	全国优秀乡镇企业厂长（经理、董事长）	1998.11	农业部
8	全国优秀共产党员	2001.7	中共中央组织部
9	中国共产党第十六次全国代表大会代表	2002.11	第十六次全国代表大会秘书处
10	全国人民代表大会代表（第十届）	2003.3	全国人大常委会
11	中国共产党第十七次全国代表大会代表	2007.10	第十七次全国代表大会秘书处
11	全国人民代表大会代表（第十一届）	2008.3	全国人大常委会

二 省级

序号	所获荣誉	获奖时间	颁奖单位
1	全省农村科普工作先进个人	1984.12	湖北省科协
2	全省优秀共产党员	1986.1	湖北省委
3	全省乡镇企业先进工作者	1986.3	湖北省人民政府

续表

序号	所获荣誉	获奖时间	颁奖单位
4	受湖北省各级政协委员为改革和建设作出贡献表彰大会的表彰	1987.2	湖北省政协五届委员会
5	全省优秀共产党员	1987.7	湖北省委
6	全省劳动模范	1987.10	湖北省委、省政府
7	全省优秀农民企业家	1988.1	湖北省委农工部、省经委
8	全省尊师重教先进个人	1994.11	湖北省教委、人事厅
9	湖北省优秀乡镇企业家	1996.5	湖北省委、省政府
10	全省社会治安综合治理先进个人	1996.12	湖北省委、省政府
11	湖北省十佳乡镇企业厂长(董事长、经理)	2000.7	湖北省委、省政府
12	省十佳村党组织书记	2000.7	湖北省委
13	省优秀经营师	2000.9	省劳动厅
14	湖北省优秀企业思想政治工作者	2000.12	省委宣传部、组织部
15	湖北省优秀共产党员	2001.6	中共湖北省委
16	湖北省十大杰出公民	2003.2.18	省委宣传部
17	省十佳村党组织书记	2004.9	湖北省委
18	湖北省农村党组织书记标兵	2008.2	湖北省委
19	改革开放30年影响湖北30人	2008.12	省委宣传部、楚天传媒集团

三　地、市级

序号	所获荣誉	获奖时间	颁奖单位
1	全区优秀共产党员	1989.7	咸宁地委
2	全区优秀植树造林先进工作者	1990.12	咸宁地区绿化委员会
3	全区优秀共产党员	1991.7	咸宁地委
4	全区优秀乡镇企业家	1994.8	咸宁地委、行署
5	咸宁地区首批地管优秀企业家	1994.12	咸宁地委、行署
6	全区明星乡镇企业家	1995.5	咸宁地委、行署
7	全区劳动模范	1996.1	咸宁地委、行署
8	全区优秀乡镇企业家	1996.9	咸宁地委、行署
9	全区劳动模范	1997.10	咸宁地委、行署
10	优秀共产党员	1999.7	咸宁市委
11	优秀共产党员	2001.6	咸宁市委
12	老区建设先进个人	2001.7	咸宁市老区建设委员会

四 县级

序号	所获荣誉	受奖时间	颁奖单位
1	全县优秀共产党员	1986.7	嘉鱼县委
2	全县农业劳动模范	1987.2	嘉鱼县委、县政府
3	全县党风建设先进个人	1987.6	嘉鱼县委
4	全县优秀共产党员	1987.7	嘉鱼县委
5	全县优秀共产党员	1988.7	嘉鱼县委
6	全县优秀共产党员	1989.7	嘉鱼县委
7	先进人大代表	1989.8	嘉鱼县人大
8	全县优秀共产党员	1990.7	嘉鱼县委
9	全县五年普法先进个人	1991.9	嘉鱼县普法领导小组
10	全县优秀共产党员	1991.7	嘉鱼县委
11	全县优秀人民代表	1992.2	嘉鱼县人大
12	全县十佳党务工作者	1995.2	嘉鱼县委
13	全县精神文明94十件好事之一	1995.3	嘉鱼县精神文明建设委员会
14	县级乡镇企业家	1995.3	嘉鱼县委、县政府
15	全县十佳厂长（经理）	1996.2	嘉鱼县委、县政府
16	优秀共产党员	2001.7	中共嘉鱼县委

"中国百村调查·官桥八组"
课题组工作大事记

2007 年 9 月 7 日

咸宁学院党委书记李友清教授、咸宁学院特聘教授水延凯在调查研究的基础上,向国家社科基金重点项目"中国百村调查"总课题组口头提出承担一个子课题的要求,获得总课题组口头应允。从此,开始物色调查对象。

2007 年 9 月 8 日

成立子课题调查工作班子。子课题负责人为李友清、水延凯,工作人员有王德芳、黎群武、徐启刚、石正义、曹小莉、魏一峰、汪虹等。经了解和联系,初步确定以嘉鱼县官桥镇官桥村第八组为调查对象。

2007 年 9 月 11 日

李友清、水延凯、王德芳、石正义、曹小莉等一行赴嘉鱼县官桥八组实地考察,初步拟定课题调研方案。受到中共嘉鱼县委、县政府和官桥八组领导的热烈欢迎和热情接待,中共嘉鱼县委书记王兆民,官桥八组组长、田野集团董事长周宝生均表示大力支持该课题的调研工作。

2007 年 9 月 12 日

填写"中国百村调查"子课题"中国百村调查·官桥八组"申请书，邮寄北京总课题组。

2007 年 9 月 14 日~9 月 16 日

水延凯、曹小莉驻官桥八组，实地考察访问村民家庭、工厂、文化活动中心、办公楼、田野山庄、运动场和社会环境等，搜集有关资料，为进一步设计调查方案和起草有关文件作准备。

2007 年 9 月 17 日~2008 年 1 月 17 日

李友清、水延凯主持设计调查工作方案、调查提纲、村民家庭调查问卷、职工调查问卷和调查员手册等文件。

2007 年 9 月 18 日

"中国百村调查"总课题组复函："咸宁学院：李友清、水延凯申报的'官桥八组'，已被批准为国家社会科学基金重点课题'中国百村经济社会调查'（批准号为98ASH001号）的子课题，课题承担单位是咸宁学院"。

2007 年 11 月 22 日

李友清、水延凯、王德芳、曹小莉等赴官桥八组，就《调查工作方案》、《调查提纲》、《村民家庭调查问卷》、《职工调查问卷》等文件，征求王兆民、周宝生的意见，得到他们的肯定。另外，商定了有关进村入户调查等事宜。

2007年11月24日~12月24日

李友清主持组建课题的领导机构和支持机构，成立编辑委员会，由咸宁学院、中共嘉鱼县委、县政府、中共官桥镇委、镇政府，以及官桥村、官桥八组主要领导人组成；组织调查队伍，落实调研、撰稿任务。

2008年1月13日

课题组召开第一次全体成员会议，课题组负责人李友清向与会人员深刻阐述了本课题的性质、内容、目的和意义，介绍了本课题前期所作的准备工作，布置了下一阶段的工作任务，并提出了具体要求。会议由王德芳主持。

2008年1月18~20日

课题组举办调查、编写人员培训班，培训班由李友清主持，水延凯对本课题的来源、目的、意义作了进一步阐述，对本次调查的方针和原则，调查提纲和调查问卷，调查方法和步骤以及撰写书稿的要求等作了全面辅导。此前，还组织调查员试填了调查问卷，并对试填问卷中的问题进行了讲解，回答了调查员提出的各种问题。

2008年1月21日~1月23日

1月21日，北风呼啸、漫天飞雪，李友清、水延凯带领课题组全体成员，冒着严寒，踏着冰雪赴官桥八组入户进行问卷调查，时间3天。1月21日上午，在田野集团办公大楼会议厅举行调查工作启动仪式，会议由李友清主持，中共嘉鱼县委书记王兆民作了题为《从官桥八组的发展看新农村建设的希望》的重要讲话，官桥八组组长、田野集团董事长周宝生向与会人员系统介绍了官桥八组的发展情况，嘉鱼县县长夏福卿、副县长廖朝晖参加了会议。

会后，与会人员集体参观了官桥八组成就展览。

上午 11 时，周宝生董事长在田野山庄接待厅接受调查人员集体采访。

从 1 月 21 日下午开始，66 名调查人员对 58 户村民和 60 名职工的问卷调查工作全面展开，各编章、各专题撰稿所需的资料搜集工作也同时有序进行。

调查人员顶风踏雪，晚上也不休息，冒着严寒深入农户、职工家中进行调查，整个调查工作也得到了官桥八组干部群众、企业职工的大力支持和积极配合，达到了预期效果，1 月 23 日下午全体调查人员顺利返校。

2008 年 1 月 24 日 ~ 4 月 13 日

课题组成员按照分工，有的审核调查问卷，处理后编码问题，录入调查问卷数据，进行统计分析；有的整理搜集的资料，起草总调查报告、专题调查报告初稿。

2008 年 3 月 7 日

李友清主持召开课题组负责人会议，检查各编、章、专题调研报告撰稿进展情况。回答了撰稿成员提出的有关问题，并与大家一起进行了热烈的讨论。

2008 年 5 月 16 日

部分课题组撰稿人员共 13 人赴官桥八组作补充调查，王德芳带队。

2008 年 4 月 9 日 ~ 5 月 25 日

课题组成员完成总调查报告和专题调查报告初稿 20 篇，约 28.2 万字。经水延凯审读、提出修改意见后，全部返还给原撰稿人进行修改和补充。

2008 年 5 月 29 日~30 日

李友清主持课题组全体成员会议，水延凯针对总调查报告和专题调查报告初稿中存在的问题，进行了讲解，并对初稿的修改和补充工作提出了具体要求。

2008 年 5 月 5 日~7 月 1 日

李友清主持讨论《研究报告》起草提纲，决定由李友清、水延凯执笔撰写《研究报告》，由水延凯、曹祥海、范杉执笔撰写《村民家庭问卷调查报告》，由水延凯、毛晔、陈拥彬执笔撰写《职工问卷调查报告》。经打印后，送各有关方面审核，并提出修改意见。

2008 年 5 月 29 日~8 月 22 日

课题组成员修改初稿，共完成总调查报告和专题调查报告修改稿 20 篇。其中，部分修改稿经水延凯审读、提出修改意见后，再次返还原撰稿人进行第二次、第三次修改和补充。最后形成 20 篇修改稿，约 35.4 万字。

2008 年 7 月 26 日

李友清主持课题组负责人会议，检查、督促稿件修改进度，就每编每章和专题报告存在的问题进行了讲解，回答了大家提出的有关问题，并明确要求在 8 月 10 日必须完成三稿，达到合格稿要求。

2008 年 8 月 1 日

王德芳带领 12 名课题组成员再次赴官桥八组作补充调查。

2008年7月7日~9月11日

水延凯对20篇修改稿进行改写,其中删除1篇、合并1篇,剩18篇,总字数由原来的35.4万字压缩至22.3万字,即压缩了37%。

2008年9月17日

李友清主持召开课题组负责人会议,水延凯报告稿件修改情况,进一步征求撰稿人员意见。李友清就调查报告书稿的定稿问题提出了要求,确定由王德芳负责审定编委会、编写组和调查人员名单,撰写大事记;石正义等负责照片、插图的安排整理工作。水延凯负责目录和后记的起草工作。

2008年9月21日

水延凯、王德芳赴北京向总课题组汇报子课题完成情况,送交初定稿,并与社会科学文献出版社联系出版事宜。

2008年9月25日~2009年1月13日

李友清负责整个书稿的修改、审定工作,王德芳协助完成。最终确定拟用书名为《神州第一组——鄂南明珠官桥八组》。

2009年1月14日

李友清、王德芳、曹小莉、魏一峰前往官桥八组,将送审稿递交给中共嘉鱼县委、县政府和田野集团,以书面形式征求意见,要求在2009年2月10日之前向课题组反馈修改意见。廖朝晖副县长和官桥八组负责人负责接待,并就有关后续问题交换了意见。

后　　记

中国改革开放三十周年，经济建设和社会发展取得了举世瞩目的成就。但"三农"问题依然是党中央、国务院关切的重点，也是党的十七大提出的全面建设小康社会的难点。为了探索和走出一条符合中国国情的社会主义新农村建设的新路子，为给各级党委政府提供战略思考，为给广大农村提供可供学习和借鉴的经验，发挥咸宁学院在服务地方经济建设和社会发展中的作用，我们决定向中国百村经济社会调查总课题组申报，做一个子课题，得到了总课题组的批准。2007年9月7日我们开始了《神州第一组——鄂南明珠官桥八组》（以下简称《神州第一组》）的调查、编撰工作，从2007年9月7日开始筹划，到2009年2月28日定稿完成，前后历时整整529天，大体上可分为4个阶段。

第一，准备阶段（2007年9月7日至2008年1月17日，计130天）。

这个阶段，主要做了以下几件工作：一是向《中国百村调查》总课题组申请立项，并获得批准，确定咸宁学院为课题承担单位，李友清、水延凯为课题组负责人；二是与中共嘉鱼县委、县政府和官桥八组、田野集团联系，并取得明确支持；三是组织调查研究队伍，初步确定编辑委员会和编写组成员名单；四是对官桥八组进行初步考察，设计调查工作方案、调查提纲和调查问卷，编写调查员手册，并印制有关文件。

第二，调查阶段（2008年1月18日至4月13日，计85天）。

这个阶段，完成了以下几个任务：一是培训调查人员，讲解调查方案、

调查提纲和调查问卷，试填调查问卷，安排调查任务；二是组织调查人员赴官桥八组和田野集团下属企业，开展入户调查和下厂调查，完成村民家庭问卷调查 56 份、职工问卷调查 58 份；三是组织调研人员多次赴官桥八组和田野集团下属企业进行补充性调查或深入性调查；四是审核调查问卷，录入村民家庭问卷和职工问卷调查数据，并进行统计分析。

第三，研究和撰写初稿阶段（2008 年 4 月 13 日至 7 月 6 日，计 83 天）。

这个阶段的主要工作：一是撰写初稿。从 2008 年 4 月 9 日至 5 月 25 日，分 8 批收总调查报告和专题调查报告初稿 20 篇，约 28.2 万字。经审读、提出修改意见后，全部返还给原撰稿人进行修改和补充；二是撰写调研报告。从 2008 年 5 月 5 日至 7 月 1 日，撰写《村民家庭问卷调查报告》、《职工问卷调查报告》和《研究报告》，约 6.9 万字。经打印后，送各有关方面审核，并提出修改意见。

第四，统稿、审改稿阶段（2008 年 7 月 7 日至 2008 年 10 月 8 日，计 91 天）。

在这个阶段的主要工作：一是修改初稿。从 2008 年 5 月 29 日至 8 月 22 日，分 12 批收总调查报告和专题调查报告修改稿 20 篇，其中，部分修改稿经审读、提出修改意见后，再次返还原撰稿人进行再次修改和补充，最后形成的 20 篇修改稿约 35.4 万字；二是改写修改稿。从 2008 年 7 月 7 日至 9 月 11 日，对全部修改稿进行改写，其中删除 1 篇、合并 1 篇，剩 18 篇，总字数由原来的 35.4 万字压缩至 22.3 万字，即压缩了 37%；三是整理目录、照片、插图等资料，撰写后记。

第五，审定稿阶段（2008 年 10 月 8 日至 2009 年 2 月 28 日，计 140 天）。

这个阶段由李友清同志负责、王德芳同志协助做了几件事：一是对研究报告进行了深入研究和修改；二是对总调查报告各章节、各专题报告进行了认真研读和修改；三是增加了组集体和周宝生个人在各个历史时期荣誉获奖情况；四是整理了课题组大事记；五是最后审定书名为《神州第一组——鄂南明珠官桥八组》。

《神州第一组——鄂南明珠官桥八组》是集体智慧的结晶，其初稿、修改稿撰稿人如下：

序：王兆民

研究报告：李友清　水延凯　王德芳　曹小莉　廖朝晖　杜承清

第一编：总调查报告

　　第一章：概述　石正义　何岳球　魏一峰

　　第二章：自然村庄　黎群武　谢成宇　吴玉梅　尧怀荣

　　第三章：经济发展　黎育松　龚国富　李文杰　王樱娜

　　第四章：政治事务　李志雄　徐志清　方高文　徐蕾

　　第五章：文化事业　黄知荣　刘金雄　刘畅　张晓燕

　　第六章：社会建设　商文斌　胡俊超　魏自涛　明智　刘宗南

　　第七章：婚姻、家庭和生育　邹绍华　陈国和　曹雨花

　　第八章：村庄建设　韩冰华　张敏　陈志　刘彦文　钟学斌
　　　　　　朱俊成　徐新创

　　第九章：社区精英　单长江　夏红星　郭彧　和凌娜　单怡

第二编：专题调查报告

　　专题一：周宝生——官桥八组的领头人　王德芳　汪虹　金建中

　　专题二：田野集团的形成与发展　陶炎武　余五洲　朱志先

　　专题三：武汉大学东湖分校的创立与发展　李文杰　李友清

　　专题四：一个现代化企业的崛起　黄瑞春

　　专题五：农民文化中心纪实　陈从阳　梅贤臣

　　专题六：发展中的田野山庄　陈睦富　陈志勇

　　专题七：一位村民的过去、现在和未来　祝敏鸿　周遐年

　　专题八：一位引进人才的感受和建议　周文　何三发　叶子溪
　　　　　　曹小莉

　　专题九：一位外来工的体会和希望　陈国和　谢文芳

第三编：问卷调查报告

　　报告一：一支新型城镇化的生力军——村民家庭问卷调查报告
　　　　　　水延凯　曹祥海　范杉　李华

　　报告二：一批闯入广阔天地的创业者——职工问卷调查报告
　　　　　　水延凯　毛晔　陈拥彬

附录一、二和大事记：王德芳

后记：李友清　水延凯

图片：赵　强　石正义

全书修改稿由李友清、水延凯改写，李友清、王兆民、周宝生审定，最后由李友清修改定稿，王德芳、石正义、魏一峰、汪虹为书稿做了大量的文字工作。《神州第一组——鄂南明珠官桥八组》在调查、编著、出版过程中，得到了中国社会科学院、社会科学文献出版社的支持和帮助，得到了中共嘉鱼县委和县政府，咸宁市科技局、财政局，中共官桥镇委和镇政府，中共官桥村总支和村委会，官桥八组和田野集团的支持和帮助，得到了咸宁学院的支持和帮助，特在此一并表示诚挚谢意！

由于历史资料短缺，调研时间紧促，调查和撰稿人员主客观条件各异，因而《神州第一组——鄂南明珠官桥八组》中许多论述和数据难免存在着某些缺陷，会出现某些错误和疏漏，各章节、各专题、各调研报告的质量也不尽相同。至于对官桥八组和田野集团成功经验的看法，更只是一家之言，希望得到广大读者、专家、特别是官桥八组研究者的坦率批评和指教！

　　　　　　　　　　　　　　　　　　　　　李友清　水延凯
　　　　　　　　　　　　　　　　　　　　　2009年2月28日于咸宁

社会科学文献出版社网站

www.ssap.com.cn

1. 查询最新图书　　2. 分类查询各学科图书
3. 查询新闻发布会、学术研讨会的相关消息
4. 注册会员，网上购书

　　本社网站是一个交流的平台，"读者俱乐部"、"书评书摘"、"论坛"、"在线咨询"等为广大读者、媒体、经销商、作者提供了最充分的交流空间。

　　"读者俱乐部"实行会员制管理，不同级别会员享受不同的购书优惠（最低7.5折），会员购书同时还享受积分赠送、购书免邮费等待遇。"读者俱乐部"将不定期从注册的会员或者反馈信息的读者中抽出一部分幸运读者，免费赠送我社出版的新书或者光盘数据库等产品。

　　"在线商城"的商品覆盖图书、软件、数据库、点卡等多种形式，为读者提供最权威、最全面的产品出版资讯。商城将不定期推出部分特惠产品。

咨询／邮购电话：010-59367028　　　邮箱：duzhe@ssap.cn
网站支持（销售）联系电话：010-59367070　　QQ：168316188　　邮箱：service@ssap.cn
邮购地址：北京市西城区北三环中路甲29号院3号楼华龙大厦　社科文献出版社市场部　邮编：100029
银行户名：社会科学文献出版社发行部　　开户银行：工商银行北京东四南支行　　账号：0200001009066109151

图书在版编目（CIP）数据

神州第一组：鄂南明珠官桥八组/李友清，水延凯主编.
—北京：社会科学文献出版社，2009.7
（中国百村调查丛书·官桥八组）
ISBN 978-7-5097-0841-5

Ⅰ.神… Ⅱ.①李…②水… Ⅲ.乡村-社会调查-嘉鱼县 Ⅳ.D668

中国版本图书馆 CIP 数据核字（2009）第 085520 号

神州第一组
——鄂南明珠官桥八组 ·中国百村调查丛书·官桥八组·

主　　编 / 李友清　水延凯
出 版 人 / 谢寿光
总 编 辑 / 邹东涛
出 版 者 / 社会科学文献出版社
地　　址 / 北京市西城区北三环中路甲 29 号院 3 号楼华龙大厦
邮政编码 / 100029
网　　址 / http：//www.ssap.com.cn
网站支持 /（010）59367077
责任部门 / 皮书出版中心（010）59367127
电子信箱 / pishubu@ssap.cn
项目经理 / 邓泳红
责任编辑 / 丁　凡
责任校对 / 王　军
责任印制 / 董　然　蔡　静
总 经 销 / 社会科学文献出版社发行部
（010）59367080　59367097
经　　销 / 各地书店
读者服务 / 市场部（010）59367028
排　　版 / 北京中文天地文化艺术有限公司
印　　刷 / 三河市尚艺印装有限公司
开　　本 / 787mm×1092mm　1/16
印　　张 / 23　插图印张 / 0.25
字　　数 / 352 千字
版　　次 / 2009 年 7 月第 1 版　印次 / 2009 年 7 月第 1 次印刷
书　　号 / ISBN 978-7-5097-0841-5
定　　价 / 59.00 元

本书如有破损、缺页、装订错误，
请与本社市场部联系更换

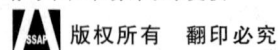

SSAP　版权所有　翻印必究